V&R

Maja Müller-Spahn

Symbolik – Traum – Kreativität
im Umgang mit psychischen Problemen

Mit einem Vorwort von Gaetano Benedetti
und einem Kommentar von Stavros Mentzos

Mit 25 Abbildungen

Vandenhoeck & Ruprecht

Bibliografische Information Der Deutschen Bibliothek

Die Deutsche Bibliothek verzeichnet diese Publikation
in der Deutschen Nationalbibliografie;
detaillierte bibliografische Daten sind im Internet
über ‹http://dnb.ddb.de› abrufbar.

ISBN 3-525-46236-0

Umschlagabbildung: Claude Monet, *Seerosen*,
1914/17, Öl auf Leinwand, 180 x 200 cm.

© 2005, Vandenhoeck & Ruprecht GmbH & Co. KG, Göttingen.
Internet: www.v-r.de
Alle Rechte vorbehalten. Das Werk und seine Teile
sind urheberrechtlich geschützt. Jede Verwertung in anderen
als den gesetzlich zugelassenen Fällen bedarf
der vorherigen schriftlichen Einwilligung des Verlages.
Hinweis zu § 52a UrhG: Weder das Werk noch seine Teile
dürfen ohne vorherige schriftliche Einwilligung des Verlages
öffentlich zugänglich gemacht werden. Dies gilt auch
bei einer entsprechenden Nutzung für Lehr- und Unterrichtszwecke.
Printed in Germany.
Satz: SchwabScantechnik, Göttingen
Druck und Bindung: Hubert & Co., Göttingen

Gedruckt auf alterungsbeständigem Papier.

Inhalt

Vorwort 7

Einleitung 9

Teil I · Symbolik
1 Entwicklung des psychoanalytischen Symbolbegriffs 13
2 Der Mythos als symbolisches Spiegelbild des Weltbewusstseins 22
3 Psychologische Mythendeutung 28
4 Mythos und Traum – Verflechtungen und Unterschiede 31
5 Die Urkraft der Symbole in der griechischen Mythologie 34
 Der Schöpfungsmythos der Elemente 38
 Mythos und Mystik der Zahlen 65
 Die Farben 82

Teil II · Traum
6 Kulturgeschichte des Traums 106
7 Moderne Traumdeutung 107
8 Die Traumlehre von Sigmund Freud 113
 Das System Unbewusstes 114
 Das System Bewusstes 119
 Das System Vorbewusstes 119
 Das Drei-Instanzen-Modell (Es, Ich, Über-Ich) 120
9 Funktionen des Traums 122
10 Die Traumarbeit 125
 Verdichtung 126
 Verschiebung 127
 Symbolisierung 128
 Sekundäre Bearbeitung 129
11 Traumserie Boris – eine Kasuistik 129

> Die Augenoperation 132
> Die Spritze 134
> Das Pferd 134
> Verlorene Zähne 135
> Der Samurai 136
> Der Badeausflug 137
> Der Tiger 139
> Ein Eimer voller Trauben 140
> 12 Trauminterpretation 141
> Die Erfassung des manifesten Trauminhalts 141
> Die Traumstimmung 145
> Die Erfassung der Assoziationen zum Traum 145
> Die Objektstufe 147
> Die Subjektstufe 148
> Die Symbolik des Traums 149
> Die Übertragung 149
> Der Widerstand 151

Teil III · Kreativität in der psychiatrischen Praxis
13 Der kreative modifiziert-analytische Umgang mit Schizophrenie 153
    Theoretische Konzepte der Entstehung 153
    Zwei kurze Fallvignetten 158
    Wichtige Abwehrformen für die schizophrene Dynamik 161
14 Die Therapeutische Zweierbeziehung 164
15 Kasuistik Bernd 169
16 Kasuistik Josef 174

Bilder aus der Kunsttherapie 194

Zusammenfassung 208

Kommentar zum Buch 212

Literatur 213

Danksagung 218

Vorwort

Das Buch von Frau Müller-Spahn ist ein gelungener Versuch, den Psychiater, den Psychotherapeuten und den allgemein gebildeten Leser über einen weit gespannten Bogen, der von der griechischen Mythologie über die Psychoanalyse bis zur Therapie der schwer psychisch Kranken reicht, immer wieder auf die Bedeutung des Traums in der Psychologie und der Psychopathologie aufmerksam zu machen.

Zusammenfassungen und prägnante Zitate der maßgebenden Autoren unterbauen den Versuch von Frau Müller-Spahn, in klarer und allgemein verständlicher Sprache die verschiedenen Hauptzüge eines so weit reichenden Stoffes zusammenzubringen.

Der originellste Teil des Buches findet sich wohl dort, wo die Autorin auf dem Hintergrund ihrer kulturgeschichtlichen und tiefenpsychologischen Erfahrung von der eigenen psychotherapeutischen Arbeit mit eindrucksvollen Fallbeispielen berichtet.

Es ist vor allem auf diesem Gebiet, nämlich auf demjenigen der Psychotherapie der Psychosen, wo ich mich aufgrund eigener Erfahrungen in meinem Vorwort berufen fühle, das Werk der Autorin zu würdigen.

Psychotische Menschen können sich entwickeln und heilen, wenn sie in der Psychotherapie, in der Verbundenheit mit einem sowohl sachkundigen wie auch affektiv teilnehmenden Therapeuten lernen, ihre Wahnvorstellungen als Symbole und Träume zu verstehen; sie können dann ein Selbst finden und entfalten, das nicht mehr symbiotisch mit den Weltbildern schmilzt, sondern diese reflektiert und abgrenzt.

Aber der erste Schritt einer solchen symbolischen Realisierung muss von uns Psychiatern und Psychotherapeuten getan werden, indem wir unsererseits lernen, die Symbole unserer Patienten – die für sie keine solchen, sondern Realitäten sind – zu verstehen und zu lieben.

Das ist der Weg der Autorin in diesem Buch. Sie schildert unter anderem einen psychotischen Patienten, der seine fehlende männliche Identität auf der oralen, regressiv vollzogenen Triebebene erlebte. So glaubte er zur Zeit des Golfkrieges (zu einer Zeit also, wo sich seine schwache männliche Selbstidentität herausgefordert fühlte), dass eine Geschäftsfrau ihm einen Fisch (ein offensichtliches Penissymbol) verkauft habe, um ihn zu mästen und ihm dann den Bauch aufzuschlitzen.

Später, in der positiven Übertragung, glaubte der Patient, dass seine Therapeutin ihm männliche, ernährende Kraft verleihen würde. Die ausplündernde Frau hatte sich in die sexuell ernährende Frau umgewandelt.

Wie war nun diese Umkehr geschehen? Nicht durch die deutende Klärung seiner Problematik (die wohl darin bestand, dass er seine männliche Identität nur »leihweise« durch eine ihn oral fixierende Mutter erlebte), sondern wesentlich durch die Partizipation der Therapeutin an seinen Symbolen. Sie konnte in sich – noch vor der Deutung – das Symbolverstehen vollziehen, das dem Kranken unmöglich war. Es ging darum, mit dem Patienten zuerst in seiner imaginativen Sprache zu reden, etwa durch die ihn beeindruckende Anregung, das verführende und vergiftende Sexualobjekt, den Fisch, im Stuhl zu zerstören und zu eliminieren.

Es geht in solchen Fällen grundsätzlich darum, zu verstehen, dass Symbole für die psychotischen Menschen keine eigentlichen Sinnbilder, sondern magische Zeichen sind, die auf konkrete Kausalitätsverknüpfungen hinweisen, und dass die psychotherapeutische Kommunikation mit ihnen zunächst in einer Zeichensprache, das heißt *ihrer* Sprache erfolgen soll.

Das gesunde Symbolverstehen setzt ein abgegrenztes Selbst voraus, das die Welt reflektiert und die Vieldeutigkeit aller Ereignisse durchschaut; das psychotische Zeichnen markiert aber ein für den Kranken unausweichliches Naturgeschehen, an welches das schizophrene Selbst symbiotisch ausgeliefert ist. Die Geburt des gesunden Symbols in einer »synthymen«, das heißt den Patienten akzeptierenden und positivierenden Weise, macht den Kranken symbolfähig.

Die dargestellte Krankengeschichte durch Frau Müller-Spahn – ein Beispiel unter vielen – gehört zu den schönsten, die ich gelesen habe. Sie ist bei der Autorin das Ergebnis einer lebensgeschichtlichen Vertrautheit mit den Symbolen, welche der Begegnung mit den psychisch Kranken lange vorausging und die lange Reise durch die griechische Mythologie rechtfertigt; denn wir lesen in der Einleitung des Buches:

»Die Offenbarungen über die Weltentstehung, die Götter und den ewigen Kampf der Erdlinge mit ihnen berührten mein Herz und beflügelten damals meine lebhafte kindliche Phantasie.«

Prof. Dr. Gaetano Benedetti

Einleitung

Die Welt der Mythologie übte schon in der Kindheit große Faszination auf mich aus und hat mich seitdem in ihren Bann gezogen. Der Zauber und die Magie jener mythischen Erzählung weckten mein Interesse, mich damit intensiv zu beschäftigen. Die Offenbarungen über die Weltentstehung, die Götter und den ewigen Kampf der Erdlinge mit ihnen berührten mein Herz und beflügelten damals meine kindliche Phantasie.

Am Anfang meiner therapeutischen Arbeit merkte ich allmählich, dass mir meine Wissbegierde über mythische Kosmologien, gerade in Hinblick auf ihren bildhaften Ausdruck von Traum und Vision, von Nutzen war. Die Fragen nach Leben und Tod, Werden und Vergehen, nach Scheitern und Gelingen, nach Verzauberung und Erlösung in den alten mythischen Geschichten haben nichts von ihrer Kraft verloren, sondern sind so aktuell wie am heutigen Tag.

Aufgrund ihrer Einbildungskraft und Gefühle haben Menschen laut Heinrich Zimmer (1946) die Neigung das Absolute zu personifizieren und in Form einer obersten, menschengestaltigen Gottheit, »des Herrn«, des Lenkers der Lebensvorgänge im Kosmos zu verehren. In seinem Buch »Myths and Symbols in Indian Art and Civilisation, 1946) führt er die Große Zeit als ein Werkzeug der Erkenntnis ein. Aus Vishnus (das höchste Wesen) hört Indra (König der Götter) »die wahrhaftige Geschichte der ewigen Erschaffung und Vernichtung der Welten … Die wahre Geschichte ist es, die Ihm die Große Zeit offenbart, die mythische Zeit, welche die wahrhaftige Quelle allen Seins und allen kosmischen Geschehens ist … Die profane Zeit transzendieren, die Große Zeit des Mythos wieder finden, kommt einer Offenbarung der höchsten Wirklichkeit gleich« (Eliade 1952/1998, S. 70f.).

Sein Freund und Schüler Joseph Campbell, ebenfalls ein Mythenkenner, findet in jedem mythischen Motiv ein Stück menschliche Seelengeschichte. Der Mythos ist »der geheime Zufluss, durch den die unerschöpflichen Energien des Kosmos in die Erscheinungen der menschliche Kultur einströmen … Denn die mythischen Symbole … sind spontane Hervorbringungen der Psyche und jedes trägt in sich, als unbeschädigten Keim, die Kraft seines Ursprungs« (1949/1978, S. 13).

Carl Gustav Jung (1935) sieht in den mythischen Gestalten und Entwicklungsprozessen Archetypen des kollektiven Unbewussten, was bedeutet, dass die bildhaften Darstellungen des Mythos universale Themen zum Ausdruck bringen. In jeder realen individuellen Beziehung klingen die Archetypen wie ein Grundmotiv mit an. Mythen, Märchen und Sagen verkörpern damit die tiefen Seelenschichten des archetypischen Bilderschatzes und sprechen demzufolge in ihrer Symboltradition eine verwandte Sprache wie die der Träume. Das Schicksal der mythischen oder geträumten Gestalten spiegelt einen Teil unseres eigenen Geschicks wider.

Trotzdem erscheint uns die eigene Existenz oder die unserer Mitmenschen in ihren Äußerungsformen oft rätselhaft. Die Symbole, die uns die Psyche in ihrer unerschöpflichen Erfindungskraft anbietet, wollen erst entschlüsselt werden, um vollständig aufgenommen, begriffen und assimiliert zu werden.

Die schöpferischen und gestaltenden Mächte des Mythos werden von Traum und Vision gespeist. Aus diesem Grund geht dieses Buch anfangs auf die Symbolik und ihre Ursprünge in der griechischen Mythologie und Philosophie ein.

Es ist jedoch nicht mein Anliegen, griechische Mythologie nach den üblichen strengen Kriterien der Altertumswissenschaften zu behandeln. Vielmehr liegt es mir am Herzen, die Betrachtungsweise analog zur animistischen Weltauffassung zu bewahren. Diesem Bedürfnis folgend, habe ich mich bemüht aufzuzeigen, dass die Gesetze des Magischen tief in unserer Kollektivpsyche verankert sind. Der Leser mag beurteilen, ob es mir gelungen ist, in einer mit Bedacht kurz gewählten Form, die tiefenpsychologische Entsprechung mythologischer Bilder und ihre emotionale Besetzung in den Elementen, Gestirnen, Zahlen und Farben wiederzugeben. Die an manchen Stellen vorgebrachte Interpretation mythologischer Zusammenhänge und analoge Zuordnung griechischer Gottheiten zu bestimmten Farben entspricht meinem eigenen Verständnis.

Der Teil I des Buches – Symbolik – beschäftigt sich mit Geschichte und Entstehung der Mythen. Die darin enthaltenen Symbole werden aus theoretischer, aber auch praktischer Sicht anhand vieler Beispiele aufgeschlüsselt. Der Teil II beschäftigt sich mit den Träumen und ihrer Interpretation. Schließlich bergen unsere Tag- und Nachtträume in ihrem archetypischen

Charakter die Quintessenz der Erfahrungen vergangener Zivilisationen und Kulturen. In Teil III ist der Niederschlag meiner persönlichen Erfahrung mit diesen Bildern und Symbolen in die Praxis übertragen. Hier wird anschaulich gezeigt, wie der kreative Umgang mit dem Patienten, unter Anwendung von Symbolik und Trauminterpretation, einen interessanten und viel versprechenden Therapieansatz eröffnet.

Ich bin seit über 20 Jahren als Ärztin an psychiatrischen Kliniken (Universitätsklinik und Bezirkskrankenhaus) tätig. Nachdem der überwiegende Teil meiner Patienten an einer schizophrenen Störung leidet, ist es verständlich, dass mein therapeutischer Schwerpunkt neben einer differenzierten und individuell abgestimmten Pharmakotherapie die analytisch-modifizierte Psychotherapie von schizophrenen Menschen beinhaltet.

Unter einer Psychose versteht man phänomenologisch betrachtet die Gesamtheit psychischer Störungen, die in unterschiedlicher Ausprägung die Ich-Funktion, die Sinnkontinuität und den Realitätsbezug betreffen. Ich beziehe mich in Teil III auf psychotische Störungen, die nach ICD-10 die Kriterien für Schizophrenie (F20) erfüllen. Schizophrene Störungen sind im Allgemeinen durch grundlegende und charakteristische Störungen von Denken, Wahrnehmung, Affektivität und Antrieb gekennzeichnet. Die Erlebens- und Daseinsstrukturen des schizophrenen Patienten werden im Wesentlichen durch die besondere Denkweise geprägt, die Konkretismus und Symbolismus umfasst. Im Zusammenhang mit diesen Denkstörungen verlieren die Begriffe ihre exakte Bedeutung und ihre Abgrenzung gegenüber anderen Begriffen – mit anderen Worten, dem schizophrenen Menschen fehlt das Symbol. Konkrete Vorstellungen nehmen den Platz abstrakter Gedanken ein. Dieses Phänomen wird von Arieti (1955) »Konkretisierung« genannt. Die Symbole des Schizophrenen sind für ihn Zeichen; der Kranke lebt als Objekt in einer ihn kausal zeichenhaft determinierenden Welt, beschreibt Benedetti (1992).

Wenn sich Begriffe nicht mehr vom Zeichen oder Bild unterscheiden, wie kann der Therapeut den Kranken verstehen? Indem er lernt, diese Zeichen und Bilder des Unbewussten zu lesen und zu übersetzen. Der schizophrene Mensch drückt sich über eine konkretistisch-bildhafte Sprache aus. Wird das entstandene »Bild« als Kommunikationsversuch und -möglichkeit interpretiert, eröffnet sich damit der therapeutische Zugang. Die Behandlung psychotischer Funktionsstörungen gewinnt unter diesem Aspekt eine neue Dimension. Ich hoffe, der psychotherapeutisch interessierte Leser wird durch die hier dargestellten, neuen Kommunikationsansätze viele wertvolle Anregungen für seine eigene Arbeit finden.

Teil I · Symbolik

1 Entwicklung des psychoanalytischen Symbolbegriffs

Die Symbolbildung geht Hand in Hand mit der Evolution des Menschen. Der Primitive versucht der »unberechenbaren« Wirklichkeit durch magisch-mystische Rituale eine Form zu geben, die ihm den Umgang mit ihr erleichtert. Das magische Mittel des Ritus als Vorläufer des späteren Symbols wird eingesetzt, um der Realität Herr zu werden. Diese Auseinandersetzung mit der Angst führt zu einer Stärkung des Ich und ermöglicht eine realistischere Bearbeitung. Das Symbol, ursprünglich magische Geste und Ritual, bekommt das Kleid einer sprachlichen Mitteilung. So vermittelt es in einer späteren Ausdrucksform komplexe Gedanken, Ideen und Gefühle.

Das griechische Wort Symbolon bedeutet das Zusammenfügen verschiedener Teile zu einem Ganzen. Es kann auch heißen: Getrenntes vereinen. Mit diesem Wort bezeichnen die alten Griechen ein Beweisstück, aus zwei korrespondierenden Hälften, wie die beiden Teile einer Münze, um die Identität zweier, einander fremden Menschen auszuweisen. So bildet in dem Fall das Symbol eine Brücke zwischen dem Bekannten und dem Unbekannten und stellt die Verbindung zwischen zwei Menschen her, die einander fremd sind, aber etwas Gemeinsames besitzen.

Die Fähigkeit zur Symbolbildung stellt eine komplexe psychische Funktion dar. Der Mensch vollführt zuerst symbolische Gesten, dann folgt der Denkprozess, ausgedrückt durch die Sprache, und schließlich das durchdachte Handeln als dritter logischer Schritt der Symbolentwicklung. Symbole begegnen uns in Mythen, Märchen, Bildern, der Dichtung, in Phantasien sowie in Träumen. Die Symbollehre, als ein am meisten kritisierter und umstrittener Teil der psychoanalytischen Theorie wird Anfang 1894 von Sigmund Freud begründet. Er gebraucht im Laufe der Zeit den Ausdruck »Symbol« auf verschiedene Weise.

Der Begriff *Erinnerungssymbol* taucht nach Strachey zum ersten Mal um 1894 auf (Lorenzer 1970, S. 13). Wie das »Erinnerungssymptom« erscheint es als Darstellung eines traumatischen Erlebnisses. Das Symbol bekommt in diesen Fällen die Bedeutung von »metaphorisch-stellvertretendem Zeichen« mit zeitlicher Markierung. Das Erinnerungssymbol ist also durch eine direkte Beziehung mit einer psychischen Ursache charakterisiert. Durch assoziative Vorgehensweise wird der jeweilige »Sinn« gefunden, da er in der Lebensgeschichte der betreffenden Person liegt.

Beim Studium hysterischer Phänomene verwendet Freud (G. W. Bd. I, S. 248) den Begriff der *Symbolisierung*, der sich von den Erinnerungssymbolen abgrenzt. Hiermit sind die symbolischen Symptome gemeint. Die hysterischen Erscheinungen sind Folgen von neurotischer Verarbeitung intrapsychischer Konflikte. Der für die Hysterie typische Modus der Symptombildung ist die Konversion. Die symbolische Funktion der Konversionssymptomatik drückt verdrängte Inhalte, Vorstellungen und Gefühle durch Somatisierung aus. Die psychogene Blindheit ist der symbolische Ausdruck dafür, dass man die Welt oder die Bezugspersonen nicht mehr sehen kann und will. Mit anderen Worten ist sich der hysterisch symbolisierende Mensch dessen körperlichen Ausdrucksweise nicht bewusst und seine Symbolisierung verrät den verborgenen Inhalt. A priori stellt die Symbolisierung nichts Krankhaftes dar. Die Symbolisierungsfähigkeit ist eine Grundeigenschaft des Menschen, ein »Urphänomen«, das nicht weiter ableitbar ist, behauptet der Marburger Philosoph und Neokantianer Ernst Cassirer (1953).

Die dritte Ebene der Symbolbegriffsentwicklung erreicht Freud mit seiner Traumdeutung. Unter dem Einfluss der Arbeiten des intuitiv begabten Stekel wird Freud der enge Anschluss der psychoanalytischen Traumdeutung an die einst so hoch gehaltene Traumdeutekunst in der Antike bewusst (Lorenzer 1970, S. 19f.). Es handelt sich um die so genannte »eigentliche Symbolik«, für die er folgende Kriterien ansetzt:
- Stellvertretung für das Unbewusste,
- entwicklungsgeschichtliche Grundlage,
- phylogenetische Parallelen,
- konstante Bedeutung und Unabhängigkeit von individuellen Bedingungen.

In seiner »Traumdeutung« finden sich Beispiele wie: »König und Königin stellen zumeist die Eltern des Träumers dar. Prinz oder Prinzessin ist er selbst … Alle in die Länge reichenden Objekte, Stöcke, Baumstämme …, alle scharfen Waffen, beispielsweise Messer, Dolche, … wollen das männliche Glied vertreten … Dosen, Schachteln, Kästen, Schränke, Öfen entsprechen dem Frauenleib, aber auch Höhlen, Schiffe und alle Arten von Gefäßen«. »Mannsbilder« und »Frauenzimmer« sprechen für sich. Stiegen und Treppen sind mit ihren Auf- und Abwärtsbewegungen für Freud symbolische Darstellungen des Geschlechtsakts.

Er führt weiter aus: »glatte Wände … entsprechen aufrechten menschlichen Körpern … Tische … sind gleichfalls Frauen … Holz scheint … ein Vertreter des weiblichen Stoffes (Materie) zu sein« (Freud 1900, S. 360).

»Auch Kinder bedeuten im Traum oft nichts anderes als Genitalien, wie ja Männer und Frauen gewohnt sind, ihre Genitalien liebkosend als ihr ›Kleines‹ zu bezeichnen. Mit einem kleinen Kinde spielen … usw. sind häufig Traumdarstellungen der Onanie … zur symbolischen Darstellung der Kastration dient … die Kahlheit, das Haarschneiden, der Zahnausfall und das Köpfen« (S. 362).

Während bei den »Erinnerungssymbolen« und den »Symbolisierungen« die Assoziationsmethode angewandt wird, um den Sinn des Symbols herauszufinden, nutzt Freud die »Symbolik« beim Versagen der Einfälle des Träumers. Erst dann sieht er die Berechtigung, die Deutung durch Symbolersetzung zu versuchen.

Die Entwicklung der eigentlichen Symbolik wird von Alfred Lorenzer (1970) als eine, zwar problematische, aber notwendige Erkenntnisstufe in der psychoanalytischen Triebbildung gesehen. Um der Gefahr einer Verabsolutierung der Symbole zu entgehen und zu verhindern, dass sich die Resultate der Symbolikdeutung als Emanationen eines transzendenten Reiches von Wesenheiten durchsetzen, muss ein wesentlicher, dynamisch-systematischer Gesichtspunkt in der psychoanalytischen Theorie berücksichtigt werden. Wenn das Subjekt in irgendeiner Weise an der Symbolproduktion beteiligt ist, können die Symbole als Äußerungen des Unbewussten dennoch als Leistungen des Objekts angesehen werden. Lorenzer postuliert zwei Bedingungen, die eine psychoanalytische Symbolkonzeption in ihrer Form der damaligen Entwicklung erfüllen müsste:
– Das Konzept der Symbolik muss mit einem funktionalen Begriff vom Unbewussten verbunden werden.
– Es muss strikt zwischen zwei Organisationsebenen, dem Primär- und Sekundärprozess, unterschieden werden (Lorenzer 1970, S. 27).

Die psychoanalytische Theorie sieht in den Symbolen Primärvorstellungen, von denen sie ihre Bedeutung bekommen. Die Beziehung zwischen den Symbolen und ihren Primärvorstellungen entsteht nicht durch das vernünftige (sekundärprozesshafte) Denken der Erwachsenen, sondern in erster Linie durch das infantile, unbewusste Denken. Hier werden typischerweise Objekte, die eine gewisse Ähnlichkeit aufweisen, miteinander gleichsetzt (= Primärprozess). Nachdem sich das Interesse des kleinen Kindes in erster Linie auf das Körperliche bezieht, gewinnt das Konkrete Vorrang vor dem Abstrakten.

Aus dem Gesagten geht hervor, dass die analytische Definition des Symbols im Unterschied zum nichtanalytischen Wortgebrauch, zu dem Metaphern und Allegorien gehören, eng ausgelegt ist.

Der psychoanalytischen Auffassung nach beruht das Symbol auf Konflikt und Verdrängung. Um die Symbolik des Unbewussten zu verstehen, muss man also nach dem verdrängten Äquivalent suchen.

Für Otto Rank, Sachs und Sándor Ferenczi ist das Symbol ein mit »Vorliebe verwendetes Ausdrucksmittel des Verdrängten ... Das Symbol stellt die ideale Vereinigung all dieser Ausdrucksmittel dar ... Sein Wesen liegt in der Zwei- und Mehrdeutigkeit ... Seine Tendenz vom Begrifflichen nach dem Anschaulichen stellt es in die Nähe des primitiven Denkens« (Lorenzer 1970, S. 29).

Auch Ernest Jones (1918) prägt in seiner Arbeit über die Theorie der Symbolik einen strikten psychoanalytischen Symbolbegriff. Seine charakteristische Aufzählung verschiedener, unabdingbarer Merkmale prägt auf Jahrzehnte das analytische Symbolverständnis. Darunter finden sich:
– Substitution,
– Gemeinsamkeit von Zeichen und Bezeichnetem,
– Verdichtung des Zeichens gegenüber dem Bezeichneten,
– ein primitiver Stand symbolischer Denkweise,
– Verborgenheit des Bezeichneten und Vergleich mit dem Witz.

Nur das Verdrängte bedarf der symbolischen Darstellung (Jones 1918). Sein »true symbol« relativiert somit zwei Hauptgesichtspunkte der eigentlichen Symbolik, nämlich die der konstanten Bedeutung und der Unabhängigkeit von individuellen Bedingungen. Durch die Betonung der Primärvorgänge bei dem Symbolbildungsprozess wird die Methode der freien Assoziation erneut zum wichtigsten Instrument bei der Dechiffrierung des Symbols. Die Differenz zwischen Symbol und Symbolisierung wird durch Jones' Arbeit nivelliert.

Insgesamt bekommt das Jonessche Symbol eine abwehrende Funktion; die verpönte Idee ist trotzdem durch Assoziation im Symbol enthalten und verbindet Verdrängung mit Ausdruck.

Bedeutende psychoanalytische Einsichten in das Wesen der Symbolbildung verdanken wir der Schule von Melanie Klein, zu der Hanna Segal, Herbert Rosenfeld und Wilfred Bion gehören. Melanie Klein (1930) äußert wichtige Gedanken zur Welt des Kleinkindes mit seinen frühen Objektbeziehungen und seiner präverbalen Symbolbildung. Sie erarbeitet als erste das Konzept der ursprünglich physiologischen Spaltung, die sie »paranoid-schizoide Position« nennt. Diese ist dadurch gekennzeichnet, dass der Säugling anfänglich kein Bewusstsein von »Personen« hat und er Beziehungen zu Teilobjekten entwickelt. Das Kind versucht das Schlechte in sich, Angst und Wut loszuwerden, indem es sie nach außen projiziert, was zwar innen entlastet, aber außen zum Erleben von bösen, rachsüchtigen Objekten führt. Sie postuliert die These von einem rudimentären Ich am Anfang des Lebens, das in Beziehung zu äußeren Objekten tritt, die im Zentrum der unbewussten Phantasie stehen. Klein beschreibt die Grundfunktionen des Ich als Erleben und Abwehr von Angst, Prozesse der Introjektion und Projektion.

Das heißt in der paranoid-schizoiden Position bedrohen primitive Ängste das Ich und mobilisieren primitive Abwehrmechanismen wie Spaltung, Idealisierung und projektive Identifizierung. Der Einsatz solcher primitiver Abwehrmechanismen schafft rudimentäre Strukturen, die aus idealisierten guten Objekten bestehen, welche in größerem Abstand von den verfolgenden bösen Objekten gehalten werden. Die wesentliche Angst ist infolge der Projektion paranoider Art und das »Überleben« des Selbst wird zum Hauptanliegen.

Im Fortschreiten der Entwicklung wird um den sechsten Lebensmonat nach Klein die paranoid-schizoide Position zugunsten der so genannten »depressiven Position« aufgegeben, die durch das allmähliche Ende des Teilobjektstadiums und die Anerkennung der Mutter als ganze Person gekennzeichnet ist. Das Hauptcharakteristikum der depressiven Position ist das als Ganzes empfundene Subjekt. Damit existiert eine differenziertere Wahrnehmung für die Trennung von Ich und Objekt, Außen- und Innenwelt.

Laut Klein beginnt die Symbolbildung im Rahmen der paranoid-schizoiden Position, wenn destruktive Triebregungen im Zustand infantiler Wut auf die Außenwelt projiziert werden. (Die moderne Säuglingsforschung sieht im Gegensatz dazu den Anfang der Symbolbildung erst mit

1½ Jahren.) Klein beschreibt jedoch einen frühen Prozess, bei dem ein Teil des Ich abgespalten und auf ein Außenobjekt projiziert wird, was sowohl die Verleugnung des abgespaltenen Ich-Anteils als auch eine veränderte Objektwahrnehmung zur Folge hat.

Während Klein nur zwischen Projektion und projektiver Identifizierung unterscheidet, differenziert ihr Schüler Rosenfeld (1989, 1990) den Begriff der projektiven Identifizierung weiter in einen kommunikativen, einen defensiven und einen kontrollierenden Aspekt. Bion (1954) macht sich Gedanken über die Unterschiede zwischen normalem und abweichendem Verlauf der paranoid-schizoiden Position. Diese veranlassen ihn zur Unterscheidung von projektiver Identifizierung – als Mittel, um psychische Inhalte abzustoßen und zu fragmentieren (was in Richtung Psychose geht) – und projektiver Identifikation – als Kommunikationsform, die in wechselseitiger Einflussnahme mit dem Empfänger steht.

Die Symbolbildung erfolgt nach Klein aus dem mächtigen Drang des Seelenlebens, Schlechtes wie Gutes auf verschiedene Objekte realer wie phantasierter Natur zu projizieren. Über die Prozesse der Projektion und Introjektion werden die Objekte zu Symbolen. Während die Symbole anfangs noch Teilobjekte repräsentieren, stellen sie bereits in der depressiven Position die vollständigen Objekte dar. Diese symbolischen Prozesse sind ihrer Meinung nach lebensrettend. Nur über die Symbolisierung des Konflikts zwischen Liebe und Hass, Zerstörungswut (in der paranoid-schizoiden) und Wiedergutmachung (in der depressiven Position) und Leben und Tod ist eine Verschmelzung und somit eine Integration der Triebe (libidinös und aggressiv) zu erreichen. So wird die Symbolisierung zur Grundlage aller Sublimation und jeden Talents, weil Dinge, Tätigkeiten und Interessen aufgrund von symbolischer Gleichsetzung zum Gegenstand libidinöser Phantasien werden (Klein 1930).

Segal (1990), eine Schülerin von Klein, verfeinert das Symbolverständnis weiter. Auch sie vertritt die Ansicht, dass die Symbolbildung sehr früh mit Aufnahme der Objektbeziehungen seitens des Säuglings beginnt. Sie postuliert, dass sich deren Charakter und Funktionen gemeinsam mit den Wandlungen im Charakter des Ich und der Objektbeziehungen verändert. Nicht allein der tatsächliche Inhalt des Symbols, sondern die Art und Weise, wie Symbole gebildet und benutzt werden, scheint den Entwicklungsgrad des Ich und dessen Umgang mit seinen Objekten widerzuspiegeln.

Die Kleinianische Schule stellt fest, dass die projektive Identifikation die früheste Form der Symbolbildung darstellt. Indem es Teile des Selbst auf das Subjekt projiziert und Teile des Subjekts mit Teilen des Selbst identifiziert, bildet das Ich seine ersten primitiven Symbole. Die frühen Symbole werden vom Ich jedoch nicht als Symbole oder Substitute, sondern als das ursprüngliche Objekt selbst empfunden. Segal (1990) nennt diesen Vorgang »symbolische Gleichsetzung«.

Diese Gleichsetzung zwischen dem ursprünglichen Objekt und dem Symbol der inneren und äußeren Welt, bildet die Grundlage für das so genannte konkretistische Denken, das bei Psychosen zu beobachten ist. Somit ist die Nicht-Unterscheidung zwischen der symbolisierten Sache und dem Symbol Teil der Beziehungsstörung zwischen dem Ich und dem Objekt. Die symbolische Gleichsetzung führt somit dazu, dass das Symbol-Substitut empfunden wird, als *sei es* das ursprüngliche Objekt.

Segal betrachtet die Symbolisierung als eine triadische Beziehung zwischen dem Ich, dem Objekt und dem Symbol. Die Aktivität des Ich, Symbole zu bilden, ist eine Ausdrucksmöglichkeit mit Ängsten umzugehen, die von den Beziehungen zu den Objekten herrühren. Es geht dabei um die Angst vor bösen Objekten, dem Verlust oder der Unerreichbarkeit guter Objekte. Somit ist die symbolische Gleichsetzung ein Mittel, um die Abwesenheit des idealen Objekts zu leugnen, oder ein verfolgendes Subjekt zu kontrollieren. Das eigentliche Symbol dagegen wird empfunden, als *repräsentiere es* das Objekt, und wird benutzt, um den Verlust zu überwinden und nicht zu verleugnen.

Die Symbolbildung entscheidet über die Kommunikationsfähigkeit des Menschen, da jede Verständigung mit Hilfe von Symbolen durchgeführt wird. Bei diesem Prozess wird ständig die Innen- mit der Außenwelt, das Subjekt mit dem Objekt und die infantilen emotionalen Erfahrungen mit den späteren zusammengebracht.

Die moderne Säuglingsforschung, mit dem Entwicklungspsychologen Daniel Stern an ihrer Spitze, hat die dargestellte klassische psychoanalytische Theorie über die präverbale Zeit in ihrer bisherigen Hypothesenbildung angefochten (Dornes 1993). Die kognitiven Aktivitäten des Säuglings werden im Lichte von Piagets Theorie (1945) neu betrachtet. Nach ihm steht am Anfang des Lebens das intelligente Handeln, wobei die kognitiven Strukturen (Schemata) Aufzeichnungen dieses Tuns darstellen. Es gibt noch kein geistiges Bild, kein symbolisches Denken – die Objektvorstellung ist nach Piaget in den ersten achtzehn Monaten kein Bild sondern ein Schema. Seiner Meinung nach entsteht das Bild erst aus der Anwesenheit des Objekts heraus – aus Nachahmung und Verinnerlichung des Anwesenden.

Die Entwicklungspsychologie geht in der Symbolfrage einen unterschiedlichen Weg. Piaget gebraucht den Begriff Symbol in einer anderen Weise. Für ihn sind Symbole wie Zeichen Ergebnisse eines einheitlichen Bildungsprozesses. Symbolisches wird mit Vorbegrifflichem gleichgesetzt, Zeichen entsprechen den höheren Operationsstufen. Das spätere Produkt ist die Ausbildung des begrifflichen Denkens – mit anderen Worten, das Operieren mit klar ausgebildeten Begriffen. Auch Stern ist der Meinung, dass die frühen mentalen Repräsentationen keine Bilder und Symbole sind, sondern präsymbolische psychobiologische Aufzeichnungen. Der Erwerb der Symbolfähigkeit erfolgt etwa ab eineinhalb Jahren. Von diesem Zeitpunkt an sind Kinder in der Lage, sich ein Objekt trotz seiner Abwesenheit bildhaft vorzustellen. Damit löst sich das Denken von der konkreten Wahrnehmung und kann unabhängig von der Realität frei phantasieren.

Während psychoanalytische Symbole etwas Verdrängtes mental wiedergeben, repräsentieren Kognitive etwas Abwesendes, das nicht verdrängt werden muss. Beim psychoanalytischen Symbol im engeren Sinne ist die Beziehung zwischen Zeichen und Verdrängtem unbewusst, beim semantischen oder kognitiven Symbol liegt sie hingegen klar auf der Hand.

Jung spricht dem psychischen Phänomen, das »allgemein mit dem Begriff Symbol« bezeichnet wird, zentrale Bedeutung zu (Jacobi 1977). Er differenziert hierbei die Begriffe Symbol, Zeichen und Allegorie. So ist beispielsweise die Signalflagge eines Schiffes ein Zeichen für eine bestimmte Botschaft. Mit der Übersetzung derselben erschöpft sich auch der Inhalt des Zeichens. Die Allegorie (griechisch = das Anderssagen) ist die verstandesmäßig fassbare Darstellung eines abstrakten Begriffs oder Vorgangs, oft in Form der Personifikation. Eine allegorische Darstellung, wie wir sie alle kennen, ist beispielsweise das Bild der Justitia als eine Frau mit verbundenen Augen und einer Waage in den Händen. Im Unterschied zum »sinnfälligen« Symbol enthält die Allegorie eine gedanklich-konstruktive Beziehung zwischen dem Dargestellten und dem Gemeinten. Die personifizierten Darstellungen geben zum Beispiel durch Gebärden, Kleidung, Attribute oder Schrift, Hinweise auf den Sinn der Allegorie.

Eine Metapher (griechisch = Übertragung oder anderswo hintragen) ist ein sprachliches Ausdrucksmittel, bei dem ein Wort durch ein Gleichnis ersetzt wird, das entweder sachliche oder gedankliche Ähnlichkeit, oder auch dieselbe Bildstruktur aufweist. Die Sprache springt unmittelbar von einem Vorstellungsbereich in einen anderen, beispielsweise Flussarm, Fuß des Berges, kaltes Herz, schreiende Farbe, faule Ausrede. Die Metapher als besonderes Kennzeichen schöpferischer Phantasie bestimmt in hohem Maß den Grad der Versinnlichung und Vergeistigung einer Aussage.

Für Jung haben die Symbole gleichzeitig Ausdrucks- und Eindruckscharakter, weil sie einerseits das innerpsychische Geschehen bildhaft ausdrücken und es andererseits – nachdem sie Bild geworden sind – durch ihren Sinngehalt beeindrucken (Jacobi 1977, S. 97).

Das deutsche Wort für Symbol heißt *Sinnbild* und drückt laut Jung mit dieser Wortverbindung vortrefflich aus, dass sein Inhalt beiden Sphären entstammt und angehört: Als Sinn ist es dem Bewusstsein, dem rationalen, als Bild, dem Unbewussten, irrationalen Bereich zugeordnet. Darum spricht es die Psyche mit ihren bewussten wie auch unbewussten Anteilen in ihrer Ganzheit an (Jacobi 1977, S. 100). Das Symbol ist nach Jung eine individuelle Konkretisierung eines kollektiven seelischen Urbildes (= Archetypus) und dient dem Austausch zwischen Bewusstsein und Unbewusstem. Die in der Phantasie und Traum des Individuums auftauchenden, Mythen bildenden Strukturelemente (= Archetypen) sieht er als Bedingung für die »psychische Ganzwerdung« des Menschen an.

Nach den mehr oder weniger umfangreichen Zusammenfassungen über das Symbolverständnis in der Es-Psychologie, in der Entwicklungspsychologie, in der Kleinianischen Schule und bei C. G. Jung wollen wir uns nun dem Ich zuwenden. Während in der Triebpsychologie das Konzept des Es im Mittelpunkt steht, beschäftigt sich die psychoanalytische Weiterentwicklung mit den Funktionen des Ich. Zwei tragende Säulen sind in dieser Hinsicht insbesondere Anna Freud mit ihrem Buch »Das Ich und die Abwehrmechanismen« und Heinz Hartmann (1939) mit seiner Arbeit über »Ich-Psychologie und Anpassungsproblem«. Ernst Kris liefert mit seiner »Regression im Dienste des Ich« (1946) einen wichtigen Beitrag zum Verständnis der Symbolbildung. Als Voraussetzung für menschliche Aktivität in Form eines schöpferischen Leistungsvorganges, sieht er die Notwendigkeit einer vom Ich kontrollierten funktionalen Regression an, und grenzt sie klar von der genetischen Regression einer Neurose ab.

Die Synopsis von psychoanalytischer Theorie und Symbolverständnis gelingt Lorenzer (1970) in seiner Arbeit »Kritik des psychoanalytischen Symbolbegriffs«. Unbewusste Inhalte werden freigegeben, um anschließend vom Ich erkannt, aufgenommen und verarbeitet zu werden; das Symbol ist somit das Produkt eines Erkenntnisvorgangs.

Seine These einer zweipoligen Anlage der Erkenntnisbildung – das Ich als Organisationszentrum im Sinne einer Form gebenden, Symbol bildenden Instanz und das Unbewusste als Reservoir von reizaktivem, noch nicht oder nicht mehr bewusstseinsfähigem Material – ist überzeugend. Er ersetzt den Begriff Primärprozess durch »Primärorganisation« und löst dadurch die Zuordnung zu den psychischen Instanzen. Primärorganisation ist in seinen Augen weder dem *Ich* noch *Es* oder *Über-Ich* zugehörig, sondern repräsentiert entweder eine niedere Stufe von Ich-Funktionen oder eine Dynamik unter dem Einfluss des *Es*. Die Funktion der Symbolbildung – von der Traumproduktion bis zu den hoch entwickelten abstrakten Operationen mit Symbolen – kommt für Lorenzer einer einzigen Bildungsinstanz, nämlich dem *Ich* zu. Die Unterscheidung zwischen unbewusstem und bewusstem Symbol wird im Lichte seines neuen Symbolverständnisses irrelevant. Seine Definition lautet: »Symbole sind psychische Gebilde, die äußere Objekte und Vorgänge oder innere Vorgänge repräsentieren, die von diesen Objekten im Wahrnehmungs- und Erkenntnisprozess unterschieden werden können, und die als selbständige Einheiten Gegenstand der Denk- und Erkenntnisprozesse werden« (Lorenzer, S. 91).

Abschließend kann festgehalten werden: Es existieren unterschiedliche Symboltheorien. Während Freud, Ferenczi, Jones und andere einen restriktiven Symbolbegriff vertreten, betrachtet die Symbolschule von Jung, Fromm und Lorenzer das Symbol nicht ausschließlich unter dem Aspekt des Verdrängten, sondern als spezifische menschliche Erkenntnis- und Darstellungsleistung. In der Theorie der *Es*-Psychologie wird das Symbol unter dem Aspekt des Primärvorganges als Ausdruck unbewusster, verdrängter Impulse angesehen. Die *Ich*-psychologische Richtung betrachtet die Symbolik hingegen als kreatives Produkt des Ich, an dem auch sekundäre Denkleistungen beteiligt sind.

2 Der Mythos als symbolisches Spiegelbild des Weltbewusstseins

Die Wiedergabe der Mythosforschung in ihrem gesamten Spektrum würde bei weitem den Rahmen dieses Buches sprengen. Aus diesem Grund ist es auch unrealistisch Vollständigkeit anzustreben. Bei den nachfolgenden Texten werde ich mich deshalb auf einzelne, ausgesuchte Streifzüge beschränken, auf denen ich die Darstellung der Elemente, Gestirne, Zahlen und Farben in Bezug auf ihren Symbolgehalt begründen werde.

Im ganzheitlichen Weltverständnis sind Mythen Erzählungen, die Fragen des Menschen nach sich und seiner Umgebung wiedergeben, weil sie für ihn übermächtig, geheimnisvoll und von göttlichem Wirken durchdrungen scheint. Mythen kreisen um zentrale Ereignisse und Situationen des menschlichen Lebens wie Geburt, Pubertät, Ehe, Familie, Liebe und Hass, Strafe und Vergeltung, Treue und Verrat, Krieg und Frieden, sowie Krankheit und Tod.

Fast so alt wie die mythischen Erzählungen selbst sind die Fragen nach ihrem Ursprung, ihrer Wahrheit und ihrem Verhältnis zu Philosophie und Wissenschaft. In Anlehnung an William Fox (1944), Baumann (1959) und Wolfgang Schmidbauer (1999) wird der Mythos definiert als eine Erzählung, die für wahr erklärt wird und die Weltanschauung wie Geschichtsauffassung einer Gesellschaft ausdrückt, obwohl sie mit einem rationalen, kausal-erklärenden Weltbild verglichen als unsinnig erscheint. Die mythische Erzählung präsentiert sich als eine in Symbolen ausgedrückte Feststellung von Attributen der Natur oder Lebewesen mit übermenschlichen Kräften und Eigenschaften, über göttliches Wirken an den Menschen und über das Schicksal der Götter selbst.

Die Einteilung der Mythen erfolgt nach verschiedenen Gesichtspunkten. Karl Kerényi (1951, 1958) unterteilt sie vereinfacht und grob in Götter- und Heldensagen. Robert von Ranke-Graves (1960) trennt den »echten« Mythos von Allegorien, Fabeln, Legenden, Erzählungen, Anekdoten. Fox (1944) entscheidet sich für zwei Klassifikationstypen: nach äußeren Elementen (wie beispielsweise Herkunft, Rassenzugehörigkeit, regionale Begrenzung etc.) und nach Inhalten. Darunter sind Götter-, Natur-, und Ursprungsmythen sowie philosophische und allegorische Mythen einzuordnen.

Noch komplizierter als die Einteilung erweist sich der Versuch, wissenschaftlich an die Methoden der Mythendeutung heranzugehen. Es gibt die so genannte rationalistische Deutungsmethode, die explizit den Glauben an Mischwesen und deren Heldentaten verneint und die Entstehung des Mythos als Ausschmückung realer historischer Gegebenheiten ansieht. Dieser rationalistischen Haltung nahe stehend ist der Euhemerismus, wo Götter auf Menschen zurückgeführt werden, die von ihren Untertanen zu Göttern erhoben wurden. Die allegorische Deutungsmethode wiederum ist mit der Symbolischen verwandt. Nach ihr sind es religiöse Grundwahrheiten, die von klugen Priestern symbolisch verkleidet an das Volk weitergegeben wurden. Der naturalistische Deutungsansatz erklärt den Mythos als Reaktion der primitiven Menschen auf Naturgewalten, die in ihrer Phantasie Götter mit den Phänomenen der Naturgleichsetzten, wie Zeus mit dem Himmel oder Hephaistos mit dem Feuer. Ein großer Vertreter dieser Theorie ist Max Müller, der längere Zeit sehr populär blieb, aber heute leider viel von seiner Beliebtheit einbüßt.

Deutungen der Mythen gibt es vom Anfang der Spätantike, durch das Mittelalter hindurch bis hin zur Neuzeit, in der neben dem Wissensdurst nach Deutung noch eine zweite Frage auftaucht – die nach dem Ursprung. Seitdem lassen sich beide Zielsetzungen schwer voneinander trennen. Alle Hypothesen und Tendenzen werden im Laufe der Zeit abgeändert, verworfen, neu geschaffen, wieder angefochten und neu beleuchtet.

Euhemeros, der frühhellenistische Schriftsteller, sorgt zu jener Zeit für Aufsehen mit der Behauptung, die volkstümlichen Götter seien nichts anderes als vergöttlichte Menschen der Vorzeit. Während Platon die Mythen für die Zwecke seines dialektischen und ethischen Denkens nutzt und sie in neuer, philosophisch gereinigter Form propagiert, bewahren die alten Mythen für Aristoteles, als Vorstufe der Philosophie, das Wissen der Vorzeit. Der Neoplatonismus entdeckt im Mythos tiefste philosophische Wahrheit. Die Naturmythen-Theorie ist wiederum bei den Stoikern sehr beliebt, die Erklärung, dass die Götter Naturkräfte sind, findet sich aber auch bei Platon.

Das frühe Christentum nimmt gegenüber der Mythologie eine feindselige Haltung ein, die sich mit dessen zunehmender Etablierung allerdings zusehend liberalisiert. Die Renaissance und der Humanismus bringen dem Mythos neues Interesse entgegen. Gegen Ende des 18. Jahrhunderts führt Heyne die Mythologie in den akademischen Unterricht ein. Er sieht das von mythisch-symbolischer Sprache geprägte »Mythische Zeitalter« als geschichtlich notwendige Entwicklungsstufe der Menschheit an. In die gleiche Richtung geht auch von Herders Deutung, der Mythen als religiöse, poetische und zugleich volkstümliche Schöpfungen betrachtet. Von Schlegel versteht die Mythologie der Antike als »Kunstwerk der Natur«. Die vom neoplatonischen Gedankengut durchdrungene Mythosdeutung erreicht ihren Höhepunkt mit dem klassischen Philologen Georg Friedrich Creuzer. In seinem Hauptwerk »Symbolik und Mythologie der alten Völker« (1836) stellt er seine »Symbolische Theorie« vor. Nach ihr kamen die Symbole mit der Priesterschaft zu den alten Völkern (Ägypter, Inder, Griechen), die darin religiöse Grundwahrheiten, wie die vom Monotheismus verpackten. Creuzers Mythosverständnis wird als philosophische Spekulation angesehen und löst beim rationalistisch-philologischen Methodenbewusstsein lebhafte Diskussionen aus. Johann Jakob Bachofen (1861), Georg Wilhelm Friedrich Hegel und Friedrich Wilhelm Joseph

Schelling scheinen sich dem jedoch nicht entziehen zu können. Von Schelling stellt sich die Welt als fortwährenden Schöpfungsprozess und Manifestation des Göttlichen vor. Den Beginn der menschlichen Geschichte bildet in seinen Augen das »mythische Bewusstsein«, ein Ur- und Naturzustand, der sich im Gefühl der Einheit mit der Welt ausdrückt.

Die Kulturphilosophen Friedrich Nietzsche (1871), Max Horkheimer und Theodor Adorno (1947) und Hans Blumenberg (1996) verstehen den Mythos als Bild des Menschen selbst, das er aufgrund seines Erlebens auf das Göttliche, Himmlische und Übernatürliche projiziert. Mircea Eliade (1961) und Walter Otto (1955) vertreten eine andere Richtung, die sich mit dem Ursprung und Funktion des Mythos beschäftigt. Für sie sind es transzendente Mächte, die sich dem Menschen in Form von göttlichen oder heroischen Taten offenbaren. Nach Eliade ist der »Mythos eine schöpferische und vorbildliche Selbstoffenbarung eines ursprünglichen Ereignisses, welches entweder eine Struktur der Wirklichkeit oder ein menschliches Verhalten begründet hat« (1961, S. 11-13). Ähnlich wie Nietzsche sehen auch Horkheimer und Adorno die Triebfeder der Mythenbildung in der Angst des Urmenschen vor einer übermächtigen Natur. Sind es zu Beginn noch personifizierte Naturgewalten, werden aus eindimensionalen Göttern allmählich differenzierte Personen. So wird aus Zeus ursprünglich nur die Personifikation von Blitz und Donner, später das Symbol patriarchalischer Macht. In seinem Werk »Arbeit am Mythos« stellt Blumenberg (1996) die übermächtige Natur, die Nietzsche, Horkheimer und Adorno als Ursprungskraft der Mythen sehen, als »Absolutismus der Wirklichkeit« dem »Absolutismus der Bilder und Wünsche« gegenüber. Für ihn ist der Mythos ein Kompromiss zwischen der Schrecken erregenden, unheimlichen Natur und den Wunschvorstellungen. In seiner Theorie wird der zunächst passiv in Ohnmacht gehüllte und den Naturgewalten ausgelieferte Mensch aktiv, indem er den überwältigenden Kräften einen Namen gibt und sie somit zu Göttern und Helden personifiziert. Die relative Entmachtung dieser Wesen erfolgt durch ihre Zuordnung zu verschiedenen Ebenen, die wiederum miteinander in Beziehung gebracht werden. Dadurch wird Kommunikation möglich, Verhandlungen werden aussichtsreich und Kompromisse wahrscheinlich – indem eine Ordnung in der Welt entsteht, wird die Gefahr gebannt. In den Augen Blumenbergs liegt die ursprüngliche Funktion des Mythos im »Abbau des Absolutismus der Wirklichkeit«, was durch Gewaltenbildung und -bindung ermöglicht wird. Cassirer führt Kants transzendentalphilosophischen kritischen Idealismus fort und sieht die gesamte kulturell-geistige Wirklichkeit als eine

Vielfalt von »Bildwelten«, deren spezifische Formen (Mythos, Kunst, Sprache etc.) eigenständige Schöpfungen des Geistes sind. Sein zentrales Theorem dreht sich um die »symbolische Form«, worunter er die sinnfällige Manifestation geistiger Inhalte versteht. Sein erkenntnistheoretischer und anthropologischer Ansatz findet in der Mythosforschung lebhafte Resonanz. Im Mythos erkennt Cassirer die typische symbolische Form, durch die der Mensch Eindrücke der Wirklichkeit deutet und in einen sinnvollen, geordneten Zusammenhang bringt. Die Geistesgeschichte wird in diesem Sinn als Symbol gestaltender Ideenprozess verstanden.

Anders ausgedrückt untersucht Cassirer in seiner »Philosophie der symbolischen Formen« nicht nur die Funktion der Symbole im Bereich des abstrakten Denkens, sondern auch die Symbolbildung des mythischen Denkens. Sein Begriff des »Mythischen Bewusstseins« beziehungsweise Modus scheint in Übereinstimmung mit Susanne Langer (1942) und Lorenzer (1970) große Gemeinsamkeit mit Freuds System des Unbewussten aufzuweisen, das die Vorgänge unter Einwirkung des Primärprozesses darstellt. Insbesondere die mangelnde Abstraktion, die Ungeschiedenheit des Ganzen wie seiner Teile sowie die Zeitlosigkeit bilden hierbei große Parallelen. Cassirer postuliert, dass jede Form der Erkenntnis ein mythisches Stadium durchläuft, ehe sie logisch geprägt wird. Im Gegensatz zum Primärprozess wird das mythische Denken durch diese Annahme aufgewertet und von Pathologie wie auch Primitivität ferngehalten. Es wird als Ursprung der menschlichen Weltsicht und elementarste Form der Kreativität anerkannt.

Langer, die in ihren Werken Philosophie und Ästhetik verbindet, sieht im Sinne der Cassirer'schen Tradition die Kunst als symbolische Form der menschlichen Kommunikation. Sie bereichert die Symbolbildung um eine wichtige Ergänzung und unterscheidet diskursive von präsentativen Formen. Diskursiv soll in diesem Zusammenhang als Begriff der Erkenntnislehre das begriffliche Denken vom intuitiven Denken unterscheiden. Den artikulierten Symbolismus der Sprache bezeichnet sie als diskursive Symbolik, jenen Bereich, der Mythos, bildende Künste und Musik umfasst als präsentative Symbolik. Im Unterschied zum diskursiven, sprachlichen Symbolismus hat die non-diskursive, wortlose Symbolik Bezüge zur primärprozesshaften Denkweise. Sie unterliegt den Baugesetzen der Verdichtung und Verschiebung, Wunscherfüllung und Projektion, die in der psychoanalytischen Lehre die wichtigsten Charakteristika des Primärvorganges darstellen. Diese Art von Symbolik ist für Langer ein »logisches« Bild der Emotionen, eine Leistung des menschlichen Geistes. »Als Modi der präsentativen Symbolik stehen nach Langer jene Bilder und Phantasien, die in der Psychoanalyse als Produkte der Primärprozesse gelten, in der kontinuierlichen Reihe der Symbolbildung. Sie sind Resultate eines Erkenntnisprozesses«, formuliert Lorenzer (1970, S. 52).

Aus diesem Grund ist für Langer der Mythos als wörtliche Formulierung der fundamentalen Abstraktionen der unerlässliche Vorläufer für die Metaphysik, die als philosophische Grundwissenschaft und Erkenntnislehre jenseits der sinnlich-körperlich erfahrbaren Welt liegt.

Die Mythendeutung bildet auch einen zentralen Berührungspunkt von Religionswissenschaft, Anthropologie und Ethnologie. Lucien Lévy-Bruhl (1923, 1926) untersucht die unterschiedlichen Arten kollektiver Wirklichkeitsauffassungen innerhalb sozialer Gruppen, was ihn zur Unterscheidung der »primitiven« von der abendländischen, rationalen Mentalität führt. Er beschreibt, das prälogische Denken der Naturvölker folge der »mystischen Partizipation« und der »affektiven Kategorie des Übernatürlichen«. Die Struktur der »primitiven« Denkweise ergründend prägt er den Begriff des »Prälogischen« und enthüllt auf diese Weise die Bedeutsamkeit der Symbolik für das archaische Denken.

Wichtige Vertreter der modernen Philosophie verstehen das Symbol als eigengesetzliche Form der Erkenntnis. Eliade schreibt in diesem Zusammenhang: »Das Symbol enthüllt ganz bestimmte Aspekte der Wirklichkeit – Jene, die die größte Tiefe ausloten, jene die sich allen anderen Hilfsmitteln des Erkennens widersetzen. Die Bilder, die Symbole, die Mythen sind keineswegs ›nicht verantwortete‹ Schöpfungen der Psyche; sie entsprechen einer Notwendigkeit und erfüllen eine Funktion, nämlich die geheimsten Formen des Seins bloßzulegen« (1952/1998, S. 13). Somit gehört für Eliade »das Symbol, der Mythos, das Bild zur Substanz des geistigen Lebens … sie bilden einen Teil des Menschen« (S. 25).

Aufgrund der neueren naturwissenschaftlichen Erkenntnisse ist die Gleichsetzung von Mythos mit Irrationalität und Wissenschaft mit Rationalität wohl überwunden. Die Weltsicht des Mythos wird aufs Neue entdeckt, die Hermeneutik bekommt freiere Entfaltungsmöglichkeiten. In seiner »Arbeit am Mythos« unterstreicht Blumenberg (1996) den dogmenfreien Spielraum der Imagination und versteht ihn als Indikator eines sich wandelnden Wirklichkeitsverständnisses.

3 Psychologische Mythendeutung

Die Entwicklung der psychologischen Mythendeutung nimmt ihren Anfang mit Wilhelm Wundt. In seiner »Völkerpsychologie« (1910) wirft er die Frage nach der Entstehung und Entwicklung des Mythos auf und betrachtet ihn unter historischen und psychologischen Aspekten. Die historische Betrachtungsweise bezieht sich auf das Hervortreten der Erscheinungen und die allgemeinen Kulturbedingungen. Der psychologische Aspekt beleuchtet hingegen die seelischen Motive der Erscheinungen und deren Zusammenhang mit dem menschlichen Bewusstsein. Wundts System der Mythenentstehung basiert auf den Phänomenen des Animismus und der »mythologischen Apperzeption«. Animismus als Glaubensgebäude umfasst alle Vorstellungen von Geistern und Dämonen, die in positiver oder negativer Richtung das menschliche Leben beeinflussen. Auf einer höheren Stufe des Bewusstseins hilft die mythologische Apperzeption die Naturerscheinungen zu »poetischen Mythenbildungen« zu verarbeiten. Der Naturmythos entsteht auf dem Boden einer animistischen Weltanschauung. Aus fest an Orte gebundenen Geistern und Dämonen entstehen Vorstellungen von freien Göttern, die menschenähnliches Aussehen und Verhalten aufweisen, aber überirdische Macht besitzen. Wundts Erklärung des Mythos – auch wenn sie auf heftige Kritik späterer Ethnologen stößt – weist als erste auf die Bedeutung *affektiver* Vorgänge bei der Mythenbildung hin.

Freuds Platz in der psychologischen Mythendeutung ist bedeutend, wenn auch umstrittenen. In Analogie zur Neurose nutzt er sein Modell »Triebwunsch – Abwehr« und versucht, den Mythos als projektive Fortsetzung der infantilen Bindung zu den Eltern dazustellen. Auf der gleichen Ebene sieht er den Traum als kategorialen Rahmen zum mythischen Verständnis. Seine Theorie fasst die Menschheit als kollektives Subjekt auf und legt die Geburtsstunde des Mythos in dessen frühes Entwicklungsstadium. Das Hervorheben des Wunschcharakters und die Betonung des regressiven Aspekts schaffen günstige Voraussetzungen für eine Gleichbehandlung von Traum und Mythos, den Freud als »Säkulartraum der jungen Menschheit« ansieht (Freud 1908, S. 222). Seiner Meinung nach werden Triebe zu Beginn der menschlichen Kulturentwicklung direkt ausgelebt, fallen dann aber der Abwehr durch Schuldgefühle zum Opfer, bis sie später als »Wiederkehr des Verdrängten« im Mythos erscheinen. »Urphantasien« als eine Art biologisch fundierte Form der Erinnerung dienen der Reproduktion mythischer Phantasiebildungen. Dadurch sollen Situationen und Ereignisse, die sich früher real zugetragen haben, verarbeitet werden. Auf diese Weise schlägt sich ein kulturelles Kollektivbewusstsein im Mythos nieder. Ein Kritikpunkt an der Freud'schen Mythostheorie ist die Diskrepanz zwischen seiner klinischen und Gesellschaftstheorie. In der klinischen Theorie besagt seine Verführungshypothese, die Phantasien der Klienten seien weitgehend Erinnerungen eines realen Ereignisses. Jenes werde später allerdings verworfen um stattdessen die entstandenen Phantasien als »psychische Realität« anzuerkennen. Seine Gesellschaftstheorie beharrt im Rahmen der so genannten Urhordenhypothese bis zuletzt darauf, dass es reale Ereignisse in der Urzeit seien, die für die phylogenetisch verankerten Erinnerungsspuren im Mythen bildenden Unbewussten eines jeden Menschen verantwortlich sind. Somit behält Freuds Mythostheorie ihren endopsychischen Schwerpunkt, in dem der gesellschaftlich-historische Kontext wie auch die Phänomene der äußeren Natur nicht genügend Berücksichtigung finden.

Freuds Schüler Karl Abraham (1909), Ferenczi (1938), Rank (1909) und Jung (1954) sind ebenfalls auf der Suche nach Widerspiegelung klinischer Theorien und fasziniert durch die kollektive Symbolik. Sie bemühen sich unter Einbeziehung kulturhistorischer und ethnologischer Betrachtungen, Parallelen zwischen Traum- und Mythologiesymbolen zu finden. Jung erkennt in den Mythen die anfänglichen Formen des Lebens, die tiefen Urgründe der menschlichen Seele. Die Jung'sche Schule erhebt die mythologische Amplifikation in den Rang einer psychotherapeutischen Methode. Für ihn sind Mythen und Märchen ein »wohlbekannter Ausdruck der Archetypen« (Jung 1954, S. 5). Er sieht im Archetypus eine kollektive Erlebnisbereitschaft und folgt der Erklärung der Mythen bildenden Apperzeption von Wundt. So behauptet er, dass nicht die Naturphänomene wie Sturm, Donner, Regen oder Blitz als Bilder in der Seele haften bleiben, sondern die durch den Affekt verursachten Phantasien. Im Mythos spiegelt sich die Begabung des Menschen wider, durch das Prinzip des magisch-mystischen Denkens, mannigfaltige Symbole seiner unerschöpflichen inneren Welt zu schaffen. Nach Jung ist es ein überindividuelles Reservoir archaischer Bilder, die den Stoff unserer Träume weben. Erich Neumann versteht den Mythos als Projektion des »transpersonalen kollektiven Unbewussten« und deutet ihn objektstufig oder subjektstufig, aber »keineswegs personalistisch« (Schmidbauer 1999, S. 132). Während die objektstufige Deutung als Sinnbild meteorologischer Prozesse zu verstehen ist, sind es in der subjekstufigen Betrachtung die Seelenteile der handelnden Personen – eine Vorgehensweise, die Jung bei der Trauminterpretation anwendet. Damit nimmt der Jung-Schüler eine Kollektivpsyche an, die theoretisch fragwürdig bleibt. Jedenfalls interpretiert er die Weltschöpfungsmythen in Sinne einer »Ursprungsgeschichte des Bewusstseins«. Meer, Brunnen, Teich, Erde, Unterwelt und Höhle stellen für ihn archetypische Symbole der seelischen Wirklichkeit dar. Erich Fromm beschäftigt sich mit der »vergessenen Sprache des Mythos« und sieht in der Symbolsprache eine Art Universalsprache (Schmidbauer 1999, S. 146). Für ihn drückt sie unsere Erlebnisse, Gefühle und Gedanken so aus, als wären sie sinnliche Erfahrungen und Ereignisse der Außenwelt. Das Verständnis dieser Sprache »bringt uns in Beziehung mit einer der bedeutendsten Quellen der Weisheit, mit der des Mythos, vermittelt uns die Kenntnis der tieferen Schichten unserer eigenen Persönlichkeit« (Fromm 1957, S. 11). Der Neo-Adlerianer Fromm unterscheidet sich in seiner individualpsychologischen Mythendeutung in positiver Hinsicht von den anderen analytischen Schulen. Bachofens (1861) historische Hypothese eines Matriarchats aufgreifend, das vor dem Siegeseinzug der olympischen Religion in Griechenland herrscht, interpretiert Fromm den Mythos nicht als eine Funktion individueller psychischer Prozesse, sondern ganz allgemeiner sozialer Vorgänge.

Für die wissenschaftliche Vorgehensweise ist es ohne Belang, ob die Psychologie im Mythos den Niederschlag unbewusster infantiler Wünsche einer Gesellschaft sucht oder den Ausdruck archetypischer Struktureigenschaften der Psyche. Wenn seine Deutung die Religion, Sozialisationsprozesse und die Historie eines Volkes unberücksichtigt lässt, führt sie unweigerlich zu missglückten Schlussfolgerungen. Ranke ist in dieser Hinsicht unerbittlich: »Eine echte Wissenschaft vom Mythos sollte mit dem Studium der Archäologie, Geschichte und vergleichender Religionswissenschaft beginnen und nicht im Behandlungszimmer des Psychotherapeuten« (1960, S. 20). Trotzdem kann die Tiefenpsychologie bei methodisch korrekter Anwendung einen wichtigen Beitrag zur Mythendeutung leisten. Allerdings nur, wenn sie sich dessen bewusst ist, dass ihre vorhandenen Theorien über die menschlichen Erlebens- und Handlungsweisen den Mythos nicht in seiner ganzen Vielfalt erfassen können. Diese Einschränkung ermöglicht der psychologischen Betrachtungsweise die Freiheit, nicht mit religionswissenschaftlichen und sozialgeschichtlichen Studien zu konkurrieren, sondern sie vielmehr zu bereichern. Der Verzicht auf eine umfassende Theorie eröffnet die Möglichkeit, auch mit Hypothesen arbeiten, deren Schwächen bekannt und tolerierbar sind. Durch die so gewonnene Wahlfreiheit zwischen ein oder mehreren theoretischen Modellen können dem entsprechend auch mehrere Aspekte erfasst werden. Allerdings sind nur jene erkenn- und nachvollziehbar, die heute noch im Mythos vorhanden sind. Dieser pluralistische Ansatz findet sich auch in der Philosophie wieder, wo Cassirer ein fortschrittliches Konzept der Mythosauffassung vorstellt. Die Grundlage der metaphysischen Ebene des Mythos bildet seiner Meinung nach die vorrationale Erkenntnis der kosmischen Einheit allen Lebens. Dieses, freilich nicht widerspruchsfreie Konzept bereichert der Ethnologe Bronislaw Malinowski durch seine soziologische Betrachtung, der Mythos sei ein Mittel um sozial notwendige Bräuche, Ritten und Institutionen zu begründen. Malinowski beurteilt den Mythos funktionalistisch nach seiner »Fähigkeit, individuelle und kollektive ›kritische Punkte‹ im Leben des Individuums und seiner Gesellschaft zu bewältigen« (Schmidbauer 1999, S. 224). Wir können trotzdem erkennen, dass der Dualismus metaphysischer und funktional-soziologischer Aspekte keinen Widerspruch bedeuten muss. Schmidbauer kommt zu folgender Einteilung: Dem metaphysischen Ansatz ordnet er die symbolischen, allegorischen und transzendentalen – die »idealistischen« Theorien des Mythos zu, dem funktionalen Ansatz die »realistische« Auffassung. Wundt und Freud stehen für ihn in dieser Hinsicht eher auf der realistischen, Jung und Neumann hingegen auf der idealistischen Seite. Nach Schmidbauer interpretiert die »idealistische« Auffassung den Mythos als ein »Gefäß transzendentaler Symbole, als Abbild ewiger Wahrheiten« (S. 225). Mit seiner Aussage: »Der idealistische Ansatz sucht dem Sinn des Mythos gerecht zu werden, der realistische seiner Bedeutung. Beide ergänzen sich«, versagt er ihnen die universelle Geltung und sucht sie einander näher zu bringen (S. 226).

4 Mythos und Traum – Verflechtungen und Unterschiede

Im klassischen Sinne versteht man unter Deutung das Bewusstmachen unbewusster Phänomene. Diese stellt damit eine wesentliche Aufgabe des Psychotherapeuten dar. Im Verlauf der therapeutischen Arbeit mit dem Klienten kann die Deutung unbewusster Zusammenhänge zur Einsicht in die Entstehung neurotischer Konflikte und Symptome beitragen. Dies kann im Zuge der Durcharbeitung im Idealfall zur Auflösung der Neurose führen. Dennoch stehen die Aussagen des Patienten und des Therapeuten in einem komplexen Beziehungsrahmen, in dem sowohl beim Hilfesuchenden als auch beim Helfer viele Vorgänge verbal und nonverbal ablaufen. Vor dem lebensgeschichtlichen Hintergrund und der Übertragungssituation bilden die Deutungen und Rekonstruktionen die Brücke zwischen Vergangenheit und Gegenwart und tragen zur Einsicht in das gegenwärtige Beziehungsmuster bei. Auf der *intra*psychischen Seite läuft ein Erkenntnisprozess im Therapeuten ab. Darin versucht er, aufgrund der Erzählungen des Klienten, des Mosaikgeflechts seiner vielen Eindrücke und des Übertragungsgefühls unbewusste Zusammenhänge zu erkennen und für sich zu interpretieren. *Interpersonell* erfolgt dann zur richtigen Zeit die verbale Intervention, mit den nacheinander folgenden Schritten Konfrontation, Klarifizierung und Deutung (Greenson 1967). Unter Konfrontation versteht Greenson die Aufmerksamkeit des Patienten auf ein bestimmtes Phänomen zu lenken. Die Klarifikation, wie der Name schon sagt, dient der Fokussierung und Ausarbeitung bestimmter, wichtiger Details. Erst dann kann die Deutung dem Patienten einen ihm bisher unbewussten Sinnzusammenhang erschließen. Dabei wird mit verschiedenen Deutungstypen wie Symbol-, Inhalts-, Widerstands- und Übertragungsdeutung gearbeitet. Während die Inhaltsdeutung intrapsychische Vorgänge widerspiegelt, die ohne Einbeziehung der gegenwärtigen Beziehung angesprochen werden können, schließen Widerstandsdeutungen interpersonelle Abläufe mit ein. Es wird klar, dass die tiefenpsychologische Deutungsarbeit zugrunde liegende seelische Vorgänge klärt, indem sie gegenwärtige psychische Prozesse zur Hilfe holt, die der Klient mit erarbeiteten Einsichten und spürbaren Fortschritten verifiziert. Anders ausgedrückt, macht der Therapeut im psychoanalytischen Entwicklungsprozess den Analysand auf eine verdrängte und verleugnete innere Wirklichkeit aufmerksam. Die Deutungen beinhalten zwei Ebenen: die der rationalen Forschung und die des emotionalen Agierens, denn ohne Erstere ist die Analyse in ihrer Wahrnehmung verzerrt, ohne emotionales Durchdringen inhaltslos.

Aber können wir die griechischen Mythen deuten, indem wir uns ausschließlich auf Textinterpretationen stützen, denen jeglicher emotional getönter, interpersoneller Verifizierungsrahmen fehlt? Hier helfen uns die Geschichtswissenschaften, im Kontext mit sozialen Umwälzungen und religiösen Reformen unseren Blick auf den Mythos zu korrigieren.

Die Tiefenpsychologie als geisteswissenschaftliche Hermeneutik ist keine mathematisch exakte Wissenschaft, die nur eine »richtige« Deutung zulässt. Bei seelischen Vorgängen, wie denen eines Traums greift Freuds

Konzeption der mehrfachen Determination. Die Entschlüsselung eines latenten Traumgedankens führt in der Regel zu einer Reihe von Deutungen, die einander ergänzen oder sich teilweise widersprechen, jedoch alle ihre Berechtigung haben. Die Tiefe der Seele erfordert eine Vielfalt von Interpretationsmöglichkeiten. Die Traumdeutung als psychologische Technik hat die Interpretation von Mythen stark beeinflusst, obwohl sie durch die fehlenden Assoziationen des »Träumers« beziehungsweise mythenbildenden Menschen eingeschränkt ist. Nach Freud (1900) werden Vorstellungsinhalte im Traum in »sinnliche Bilder verwandelt«. Seine Regressionstheorie erklärt diesen Vorgang als eine Auflösung des Traumgedankengefüges in sein Rohmaterial, die Assoziationen, aus denen sich der Traum zusammensetzt. Dieses Geschehen wird von unterdrückten, infantilen Erinnerungsspuren veranlasst, die ihre sinnliche Lebhaftigkeit bewahrend, nach Neubelebung streben. Durch die Übertragung auf Gegenwärtiges wird der Traum zu einem »veränderten Ersatz der infantilen Szene«. Neben dieser *topischen* Form der Regression gibt es noch die *temporale*, die auf »ältere psychische Bildungen« zurückgreift; gemeint ist die Regression der Libido, die eng mit der Libidofixierung zusammenhängt. In der *formalen* Regressionsform sind die gewohnten Ausdrucksmittel durch eine »primitive« Sprech- und Darstellungsweise ersetzt. Freud (1900) versteht Träumen als ein Stück Regression zu den frühesten Verhältnissen des Träumers, ein Wiederbeleben seiner Kindheit, der in ihr herrschend gewesenen Triebregungen und verfügbar gewesenen Ausdrucksweisen. Durch den Schlüssel zum individuellen Unbewussten glaubt er die archaische Erbschaft des Menschen zu erkennen. Hier berühren sich seine Deutungen von Traum und Mythos, wobei er den Mythos konsequenterweise auf die imaginäre Erfüllung unbewusster, infantiler und sexueller Wünsche reduziert. Obwohl ethnologische und religionswissenschaftliche Betrachtungen in diesem Konzept unbeachtet bleiben, ist doch eine Gemeinsamkeit vorhanden: Beide – Mythos und Traum – sind als Äußerungen einer menschlichen Grundtendenz zu verstehen. Beide führen zu menschlichen Ursprüngen zurück: der Traum durch die Regression zu den frühesten individuellen Verhältnissen, der Mythos in seiner kosmogonischen Gestalt zu den Anfängen der menschlichen Welt. Aber ein großer Unterschied darf nicht übersehen werden; der Traum bleibt immer individuell, der Mythos dagegen ist nach Eliade immer »vorbildlich und allgültig«.

Gewinnbringender als die Traumdeutung erweisen sich für das tiefenpsychologische Verstehen des Mythos Lorenzers Überlegungen zum psychoanalytischen Symbolbegriff (Kap. I. 1). Wer sich ernsthaft mit der Symbolik in der Mythologie beschäftigen will, muss einen pluralistischen Weg gehen und sowohl die Philosophie im Allgemeinen als auch Cassirers und Langers Ergebnisse hinsichtlich des mythischen Denkens (Kap. I. 2) im Speziellen mit einbeziehen. Für das Mythenverständnis im Lichte der Sozialpsychologie und Soziologie empfiehlt Lorenzer (1974) die Unterscheidung von drei Analyseebenen: die des Subjekts, die seiner Sozialisation und die Ebene, wodurch diese Sozialisation in objektiver, politisch-ökonomischer und historischer Hinsicht bedingt ist. Die psychoanalytische Methode lässt sich seiner Meinung nach aber nur auf die ersten beiden übertragen. Die dritte Ebene dient der Analyse der objektiven Struktur und kann auf die erste (= subjektive Struktur) nicht angewendet werden. Alle drei Ebenen haben ihre Daseinsberechtigung; keine kann den alleinigen Anspruch erheben, denn die ausschließliche historische Analyse könnte die motivationalen Aspekte geschichtlich handelnder Personen reduzieren, während die Psychoanalyse die *kulturell* spezifische Ausformung der psychischen Grundkonflikte vernachlässigt.

Halten wir abschließend fest: Die psychologische Interpretation kann grundsätzlich nur einen Aspekt des Mythos erfassen, ist aber dennoch imstande, Antworten auf geisteswissenschaftlichen Fragestellungen zu geben. Nach Beachtung der historischen und sozialpsychologischen Aspekte, darf die psychologische Deutung eingesetzt werden, die mit ihrem vielfältigen Motivationsmodell, die im Mythos ausgedrückten Gefühle, Hoffnungen, Wünsche und Befürchtungen der Gesellschaft sehr differenziert darstellen kann. Vor dem Hintergrund, dass auch Kulturbedingungen und nicht nur Naturbedingungen einen Einfluss auf die Symbolsprache (Mythos) haben, kann die psychologische Interpretation der Mythologie dazu beitragen, die Traditionen einer Gesellschaft, deren soziale Strukturen und Riten lebendig werden zu lassen.

5 Die Urkraft der Symbole in der griechischen Mythologie

Wie wir in den vorangegangenen Kapiteln erfahren haben, führen viele verschiedene Wege zu den Göttern der Griechen. Die reiche schriftliche Tradition der griechischen Dichter, ohne deren Werke die Götter nicht denkbar wären, die Kulturbeschreibungen der antiken Historiker, die Kommentare ihrer Gelehrten sowie die damalige Bildkunst lassen sie lebendig werden. Obwohl wir moderne Menschen die antiken Götter nicht mehr so real empfinden, wie sie damals in ihrem kultischen Rahmen erschienen, lässt sich dennoch das Bild des Göttlichen im Spiegel des griechischen Geistes betrachten, der dank seiner schöpferischen Symbolbildung in der Mythologie auch heute noch lebt. Martin Grotjahn sieht das Symbol als die Wiege und den Ursprung aller Kreativität, da es die Macht über das Denken, die Ideen und die Gefühle begründe. »Wird eine symbolische Repräsentanz in die Außenwelt projiziert, so errichtet sie dort eine magisch-mystische Herrschaft über die Realität. Eine solche Herrschaft kann, auch wenn sie nur illusorisch ist, Angst verhindern und später zu einer schöpferischen Aktion führen«, formuliert Grotjahn (1977, S. 200).

Campbell sieht im Mythos den geheimen Zufluss, durch den die unerschöpflichen Energien des Kosmos in die Erscheinungen der menschlichen Kultur einströmen. Für ihn sind mythische Symbole spontane Produkte der Psyche, von denen jedes die Kraft seines Ursprungs als unbeschädigten Keim in sich trägt. Er geht sogar soweit »den Traum als *verpersönlichten* Mythos und den Mythos als *entpersönlichten* Traum, beide auf die gleiche Weise symbolisch für die Dynamik der Psyche« (1949/1978, S. 26) zu verstehen.

Die in den antiken Mythen symbolisierten Botschaften spiegeln wider, dass das Unbewusste und seine Symbole so alt sind, wie die menschliche Geschichte selbst.

In Ägypten, Mesopotamien und Asien ist jede Religion ein Versuch, durch Magie und Mystik kosmische Gewalten zu erklären und begreiflich zu machen. Ihre Gottheiten sind phantastische Figuren, die tierische und menschliche Züge in sich vereinen. Mit ihren Hunde-, Vögel- oder Krokodilsköpfen sind sie übermenschlich. Ehrfurcht einflößend wollen mit dem Menschen wenig zu tun haben und halten ihn auf Distanz.

In dem Griechenland von Hesiod und Homer schafft sich dagegen das Universum seine Götter selbst, und zwar nach menschlichem Vorbild. Es sind junge Männer und Frauen, im Vollbesitz ihrer physischen und erotischen Kraft, die nicht nur tugendhaft erscheinen, sondern mit einer langen, sehr menschlich anmutenden Reihe von Schwächen behaftet sind.

Zum Zeitpunkt des Hellenismus besitzen die Griechen dank ihres offen gelebten Erkenntnisdrangs und poetischen Einfühlungsvermögens eine enge Beziehung zu ihrem Unbewussten. Aus diesem schöpferischen Potential heraus bringen sie Erklärungsmodelle ihrer Innen- und Außenwelt hervor. Griechische Dichter, Sänger und Erzähler schöpfen ihre Kreativität aus, um die Wirklichkeit zu beherrschen und äußere wie innere Erlebnisse zu bewältigen.

Die griechische Mythologie überrascht immer wieder mit dem erstaunlichen Einblick, den die Menschen der Antike in seelische Zusammenhänge hatten. Seit der Geburtsstunde der Psychoanalyse gilt der griechische Mythos als eine Schatzkammer an Einsichten und tiefenpsychologischen Konzepten – als Abbildung menschlicher Motivdynamik und ihrer typischen Konfliktmöglichkeiten.

In Anlehnung an Wundt (1910) können Mythen historisch interpretiert werden. Die Rückschau wirft ihr Licht auf die Kampfgeschichte des zurückgedrängten Matriarchats und den neu aufkommenden patriarchalischen Repräsentanten. In diesem Licht erscheint die griechische Mythologie als eine politisch-religiöse Geschichte, in der sich die menschliche Seele spiegelt. Die griechische Götterwelt entwickelt ihre Dramen im Hinblick auf die große geschichtliche Auseinandersetzung zwischen der alten asiatischen Kultur, die die Muttergöttin anbetet und des an Substanz und Struktur gewinnenden Patriarchats. Jahrtausendelang wird vorher die »Große Göttin« als unsterblich und allmächtig verehrt. Die Tatsache, dass die Bedeutung der Vaterschaft nicht in der religiösen Vorstellung Platz hat, spricht für die ungeheure weibliche Macht. Mittelpunkt des Lebens, Zentrum der Gesellschaft und Symbol für das Mysterium der Mutterschaft, bildet der Herd in Höhlen und Hütten, an dem die Frau herrscht. Doch allmählich erfolgt die Befreiung des Mannes durch die Unterwerfung der Mutter. Mit dem Patriarchat kommen Ordnung und Gesetz, Ehe und Eigentum auf, ebenso das Wissen um den Tod und der Glaube an ein Leben nach dem Tod. Die Zeugung als solche und die Geburt interessieren den patriarchalischen Menschen nicht übermäßig, er beschäftigt sich vielmehr mit Leistung und Tod.

Ein Beispiel dieser konfliktreichen griechischen Geschichte ist der symbolische Kampf der Erinnyen oder Eumeniden. Die ehemalige Göttinnen des Lebens und Fruchtbarkeit verwandeln sich zu kinderlosen Müttern der Nacht, die im dunklen Schoß der Erde leben. Ihre Benennung bedeutet an sich einen Zorn- und Rachegeist. Als Rächerinnen des Matriarchats jagen sie die jungen Götter und Helden des Patriarchats.

Im Gegensatz zu Wundt (1910) interpretieren Jung und Kerényi (1951, 1958) die Mythen aus psychologischer Sicht. Die Analytische Psychologie erkennt in den Mythen die anfänglichen Formen des Lebens, die tiefen Urgründe der menschlichen Seele. Unter diesem Blickwinkel, erscheint uns die Götterwelt in der Pracht und Buntheit einer Vielzahl von Personen und Ereignissen. Sie verbindet Seele und Welt, Geistiges und Materielles; in ihr erkennt man sowohl einen breiten Fächer menschlicher Gefühle als auch höhere abstrakte Prinzipien. Die Götter und ihre Helden durchleben eine Vielzahl aggressiv oder libidinös besetzter Abenteuer. Diese symbolisieren gleichzeitig Initiationsriten. Nach der Bewältigung schwieriger Aufgaben – mögen sie Ausdruck innerseelischer Ereignisse oder realer Erscheinungen sein – erwartet die Götter höhere Erkenntnis und die Helden vielleicht Unsterblichkeit.

Dahinter verbirgt sich ein grundsätzlicher Dualismus: Das männliche Prinzip (= kosmisches Bewusstsein) vereint sich dank der bindenden Kraft des Eros mit dem weiblichen Prinzip (= kosmische Kraft der Natur) – daraus entsteht das Sein in seiner unendlichen Fülle. Die sexuelle Kraft aus der Vereinigung von Mann und Frau verwandelt sich in einen energetischen Strom, der zur Grundlage geistiger Erfahrung wird. Symbolisch wird diese aufsteigende Energie als Schlange dargestellt. Viele Götter, wie Zeus, Athene, Dionysos, Asklepios tragen Schlangen mit sich. Der Stab von Hermes, dem Götterboten, wird von zwei Nattern umringelt, die Pythia in Delphi ist eine Schlangengottheit. Allerdings wird der Heros – vom Himmel herabsteigend, um Abenteuer zu bestehen und höhere Bewusstseinsstufen zu erreichen – als Verkörperung eines moralischen Prinzips betrachtet, das der triebhaften Lebensenergie der Schlange überlegen ist.

Herakles ist ein geschworener Feind der Schlangen auf Erden. Bereits als kleines Kind erwürgt er in seiner Wiege die Schlangen, die ihm die eifersüchtige Hera schickt. Im erwachsenen Alter geht er im Kampf mit der Hydra als Sieger hervor.

Ebenso mehrdeutig wie die Symbole hat auch das Schlangenmysterium neben seinem hellen einen dunklen Aspekt. Einerseits symbolisiert sie animalische, giftig-verschlingende Triebhaftigkeit, andererseits wird die Schlange auch mit Weisheit, Prophetie und Heilung (s. Aesculap) in Verbindung gebracht. Einige Reliquien, die symbolisch für Erkenntnis und kosmisches Bewusstsein stehen – wie die goldenen Äpfel der Hesperiden oder das Goldene Vlies – werden von Schlangendämonen bewacht. In dieser Hinsicht sind diese Tiere Schatzhüter. Sie wachen an einer Schwelle über eine besondere Kostbarkeit oder tiefenpsychologisch gesprochen über ein noch nicht zur Entfaltung gelangtes seelisches Potenzial. In der Schlange verschmelzen dunkle Kraft und Erleuchtung – ihre Windungen stehen symbolisch für den verschlungenen Initiationsweg des Helden. Klaus-Uwe Adam (2000), ein Jungianer, unterscheidet interessanterweise die aufgerichtete von der kriechenden Schlange. Während sie aufrecht eine Beziehung zu Bewusstwerdung und Heilung hat, betont ihr Kriechen das Dunkle und Unbewusste. Ob es die Argonauten Herakles, Orpheus und Theseus oder andere große Helden sind – die Initianten haben wirkliche Ungeheuer zu besiegen und ihre inneren Dämonen zu überwältigen, bis sie die höheren Erkenntnisstufen erklimmen.»Während der Triumph des Märchenhelden ein mikrokosmischer ist, ist der des Mythenhelden ein weltgeschichtlicher, makrokosmischer«, behauptet Campbell (1949/1978, S. 42). Die Heldenabenteuer und gefährlichen Reisen gelten der Wiederentdeckung. Die gesuchten und unter Gefahren gewonnenen göttlichen Kräfte, so stellt es sich heraus, sind schon immer im Herzen der Helden vorhanden gewesen, formuliert der Mythenkenner.

Der Schöpfungsmythos der Elemente

Sowohl die Sehnsucht nach geheimnisvollen Tiefen als auch das Bedürfnis nach Transparenz legen es nahe, auf den Wellen der Naturmythen-Theorie in die bunte, symbolische Bilderwelt einzutauchen. Die nachfolgenden Mythen von den Anfängen des Kosmos und den Abenteuern vorgeschichtlicher Menschen bewegen sich im geheimnisvollen Feld zwischen den hellen Flammen der Erkenntnis und dem dunklen Schattenreich der Irrationalität. Der kritische Leser mag sich selbst ein Urteil bilden, wie viel Wahres und Falsches darin enthalten ist. Es kommt darauf an, nachzuvollziehen, dass es sich hierbei um Inhalte schöpferischer Phantasie handelt. Letztendlich schafft sich jeder von uns seine eigene Welt. Der eine wird sich am vordergründigen narrativen Gestaltcharakter erfreuen und seine alten Erinnerungen aus der Schulzeit auffrischen, als Mythologie noch Thema war – der andere macht sich Gedanken über den hintergründigen, transzendenten Bezug. Wieder andere mögen den Zusammenhang zwischen den beiden Welthälften – Innen und Außen – in der reziproken Beziehung Ich als Spiegelbild des Alls und Kosmos als vergrößertes Selbstbildnis herstellen. Die vom Menschen wahrgenommenen Erscheinungen wie die Elemente (Wasser und Feuer), die Gestirne mit ihrem Licht und ihrer Dunkelheit (Sonne und Mond) werden nicht umsonst *Ursymbole* genannt, da sie den Grund jeder Weltanschauung bilden, wie uns Manfred Lurker (1990) in der »Botschaft der Symbole« vermittelt.

Das Denken des Vorzeitmenschen ist tief im Magischen verwurzelt. Die

Naturphänomene ereignen sich selbsterklärend und ganzheitlich – alles um ihn herum ist beseelt. Der Mensch erlebt sich als Teil des Ganzen. Instinktiv setzt er seine eigene »magische« Fähigkeit ein, die vielfältigen Wesen um ihn herum mittels Zauberformeln zu beschwören, hinzuhalten oder ihnen zu dienen. Die Begabung, sich in diese beseelte Welt hineinzuversetzen, ermöglicht es ihm ihr Verhalten vorherzusehen und sich darauf einzustellen. Es ist das Zeitalter der elementaren Ganzheit. Die Sehnsucht nach Ganzheitlichkeit, die den modernen Menschen heute angesichts der Fragmentierung durch die Zivilisation beherrscht, dürfte das idealisierte Bild einer vergangenen Zeit enthalten, in der der Mensch sich noch als verbundener Teil einer heilen Welt verstand.

Im 8. bis 6. Jahrtausend v. Chr., so die Katastrophentheorie, soll die Geburt der menschlichen Zivilisation stattgefunden haben. Gewaltige kosmische Ereignisse sind an den größeren kulturellen Entwicklungen schuld. Kometen und himmlische Katastrophen veranlassen den protomythischen Menschen mystische Bilder zu schaffen und himmlischen Ereignissen eine mythische Deutung zu geben, denn seiner magischen Denkweise entsprechend betrachtet er alle Dinge als beseelt.

Nach dieser Entstehungstheorie beschreiben die zwischen 8.000 und 800 v. Chr. bedeutsamen Urmythen reale Vorgänge – ihre Elemente werden als beseelte Wesen empfunden.

Hesiod, der griechische Bauerndichter und mythologische Chronist, berichtet etwa 800 v. Chr. die Entstehung der Götter und der Erde. In seinem Schöpfungsmythos ist Chaos – der grenzenlose, mit finsterem Nebel erfüllte, unermessliche Weltraum – das ursprünglichste Element. Obwohl furchtbar, ungeordnet, ungezügelt, nicht fassbar, birgt Chaos dennoch die Grundbestandteile allen Seins: Erde, Wasser, Luft und Feuer; er ist Alles oder auch Nichts, bevor etwas war. Aus der ungeformten Leere geht Gaia, die Erde, hervor; daneben erwächst Eros, die im ewigen Weltall wirkende Liebe. Während Chaos das Unermessliche darstellt, repräsentiert Gaia die fruchtbare Mutter Erde. Damit eine Genesis entstehen kann, bedarf es eines schöpferischen Prinzips in der Gestalt von Eros. Gaia erzeugt unter dem Einfluss von Eros den Himmel, Uranus genannt. Eros, die alles bezwingende Liebe, das schöpferische Lustprinzip, sorgt für die weitere Entstehungsgeschichte der Götter. Der Mangel an Urgöttern führt zur Inzucht, die als etwas Natürliches angenommen wird.

Neben dem Hesiod'schen gibt es auch andere Schöpfungsmythen, darunter auch von Homer (griechischer Epiker des 8. Jh. v. Chr.). Alle haben etwas gemeinsam: Es sind Erzählungen über die Weltentstehung, die einen

Urgrund für das anbieten, was sich ereignet. Das Element Chaos (das Alles-oder-Nichts-Prinzip) stellt den materiellen und dynamischen Ausgangspunkt dar. Hinter der entstandenen Kosmogonie verbirgt sich der angestrengte Versuch, Ordnung in Ereignisse, Dinge, Eigenschaften und Verhaltensweisen zu bringen, die das Dasein bestimmen. Sie ist zugleich ein Spiegelbild der geschichtlichen Ereignisse der griechischen Frühzeit. Das Stammgeschlecht späterer Götter nimmt seinen Ursprung mit Chaos, Gaia und Uranus. Aus der Verbindung der beiden letzten entstammen zwölf Titanen, urgewaltig an Gestalt und Macht; Okeanos, Hyperion und Kronos gehören zu den berühmtesten männlichen, Thetis, Themis und Rhea zu den weiblichen Titanen. Aus der Ehe von Okeanos, dem großen Weltstrom, und Thetis, der quellenden, nährenden Feuchtigkeit, entstammen viele Fluss-Götter. Themis pflegt in der Weltordnung seit Urzeiten Gerechtigkeit, Sitte und Naturgesetz, während aus der Paarung von Theia und Hyperion, den beiden Lichtgestalten, Sonne und Mond entspringen.

Kronos (von den Römern Saturn genannt) soll mit Rhea die Weltherrschaft nach Uranus und Gaia übernehmen, aber es geschieht nicht kampf- und blutlos. Durch die Entmannung des eigenen Vaters Uranus reißt Kronos die Herrschaft an sich; mit dieser entsetzlichen Tat kommt das Verbrechen auf die Welt. Aus Angst, dasselbe Schicksal könne ihm widerfahren, verschlingt Kronos seine Töchter Hera (römisch: Juno) und Demeter (römisch: Ceres), sowie seine Söhne Hades (römisch: Pluto) und Poseidon (römisch: Neptun). Nur durch List gelingt es Rhea, den Sohn Zeus (römisch: Jupiter) auf der Insel Kreta zu verstecken. Der heranwachsende Zeus beginnt vom Olymp aus den Kampf gegen Kronos und zwingt ihn, die unsterblichen, von ihm verschlungenen Kinder wieder herauszugeben. Mit Hilfe von Okeanos, Thetis, Themis und seiner Geschwister trägt Zeus den Sieg davon. Aus Dankbarkeit für die Hilfe bekommt Poseidon Gewalt über das Meer und Hades über die Unterwelt. Zeus selbst behält den Himmelsthron als Herrensitz. An seiner Seite herrscht Hera, Göttin der Ehe und der Geburt. Aus dieser Verbindung entstammt ein Sohn, Ares (römisch: Mars), Gott des Krieges, sowie zwei weitere, unbedeutende Töchter. Die Ehe wird nicht ohne Streit und Spannung geführt. Als Zeus ohne Zutun seiner Gattin aus seinem Haupt (dem Sitz der Klugheit) seine Lieblingstochter Pallas Athene zeugt, wird Hera wütend. Sie gebärt von sich aus einen Sohn, Hephaistos, der als kunstfertiger Gott der Schmiede die Macht des Feuers bezähmt. Pallas Athene (römisch: Minerva) wird als Göttin der Klugheit und des Handwerks umsichtige Lenkerin vieler Städte in Krieg und Frieden. In der Hesiod'schen Theogonie entsteigt Zeus' Tochter Aphrodite (römisch: Venus) als Göttin der Liebe und Schönheit dem Meeresschaum und übertrifft alle anderen Göttinnen mit ihrem Liebreiz. Leto, die Titanentochter schenkt Zeus zwei Kinder: Apollon, Gott der Heilkunst, der Musik und des Bogenschießens, der als Schirmherr des Gesetzes alles Gute und Schöne in der Natur hütet, und Artemis (römisch: Diana) Wächterin der wilden Tiere und ewige Jungfrau.

Aber noch ist die neue Weltordnung nicht gesichert. Gaia stachelt ihre Kinder, die schrecklichen Giganten, an, den Olymp zu bezwingen. Die Götter der neuen Ordnung indes sammeln alle verfügbaren Kräfte, und machen sich die vier Elemente zunutze. In wildester Aufruhr ertönt vom Himmel die Wetterposaune, und das Land antwortet mit anhaltendem Beben. Apollon sendet seine immer treffenden Pfeile, Hephaistos schleudert glühende Eisenbrocken aus seiner Schmiede heraus und tötet den Giganten Mimas. Alles zermalmend fährt Zeus Donner nieder. Nach der gewonnenen Schlacht wagt niemand mehr, Zeus die Herrschaft streitig zu machen.

Mit Etablierung der neuen Götterordnung auf dem Olymp enden mit der protomythischen Epoche auch die Urmythen. An der Personifikation der Elemente wird jedoch bis in die Anfänge der Antike festgehalten. In dieser Zeit ist das Meer noch ein lebendiges Element – ein beseeltes Wesen. Analog dazu ist das feuchte, fließende, sich ständig verändernde Wasser das Element, das Leben enthält und verleiht. Erst später in der Hochepoche der griechischen Philosophie verlieren die Elemente ihren Ganzheitsanspruch und werden zu Bausteinen degradiert.

Feuer

Nach der Schaffung der Welt, in der Himmel, Erde und Meer ihr festes Gefüge haben, betritt ein Enkel des Uranus, Prometheus die Erde. Er schafft einen Erdenkloß nach dem Ebenbild der Götter, dem Pallas Athene mit ihrem Atem den menschlichen Geist einhaucht. Prometheus wird zum Lehrmeister seiner Geschöpfe, und so entdecken die Menschen Allerlei bis auf eines – das Feuer, ein bis dahin »göttliches Werkzeug«. Die Entdeckung und Bändigung des Feuers hängt eng mit der Menschwerdung zusammen. Der aufrechte Gang, das Anfertigen von Werkzeugen und die Differenzierung der Sprache sind drei wesentliche Schritte in der Entwicklung der Menschheit, die die Gattung Homo sapiens zum Herrn über die Natur machen. Als vierte wesentliche Fähigkeit kommt die Beherrschung des

Feuers hinzu. Wenn man Hesiod Glauben schenkt, hält der Titanensohn einen Fenchelstiel in die flammende Aura von Helios' Sonnenwagen und stiehlt so das himmlische Feuer, um es den Menschen zu schenken. Zeus ist darüber sehr erbost, will er doch den Erdlingen den Besitz des göttlichen Feuers vorenthalten. Seine Rache an der Menschheit durch Pandoras Büchse und die jahrtausendelange Strafe für Prometheus erhöhen nur den Wert des feurigen Geschenks.

In Wirklichkeit kennt der protomythische und mythische Mensch das Feuer längst und weiß es durch Aneinanderreiben verschiedener Hölzer zu erzeugen. Der Herd, an dem das Feuer herrscht, ist Zentrum des familiären Lebens geworden, dessen Hüterin die Frau ist. Für das Herdfeuer steht die Göttin Hestia (römisch: Vesta) – in Hesiods Theogonie die älteste der drei Töchter von Kronos und Rhea. In den Homerischen Hymnen sind nur sie und die beiden anderen göttlichen Jungfrauen Athene und Artemis immun gegen den Liebeszauber der Aphrodite. Typisch für Hestia ist also auch ihre Jungfräulichkeit, die sich aus reinem Feuer, dem ihr verbundenen Element erklärt und bei Hochzeitsfeiern eine wichtige Rolle spielt. Am Abend des Vermählungstages wird die Braut um den Herd im Hause des Bräutigams geführt und dort mit Feigen und Nüssen überschüttet, während die beiden Mütter des Paars je zwei, an Hestias Herd (Altar) entzündete Fackeln feierlich in den Händen tragen. Hestias Anwesenheit auf dem Olymp bestätigt außerdem, dass die Olympier eine Familie darstellen und auf dem Götterberg ein Heim bilden. Das Feuer ist Besitz und Herrschaftszeichen der Frau. Da einerseits das mythische Zeitalter mit der Epoche der Bewusstwerdung des Menschen zusammenfällt, andererseits gerade der Übergang vom Matriarchat zum Patriarchat stattfindet, ist es verständlich, dass die Männer das unter weiblicher Herrschaft stehenden Feuer zunächst ablehnen.

Erst Prometheus symbolischer Diebstahl macht den Weg allmählich frei für die Rezeption des Feuers als Element. Die Erinnerung an die erschreckenden Gebräuche des Matriarchats ist zu dieser Zeit noch sehr lebendig. Nach einem Jahr Wonne als Liebhaber der großen Königin, wird der männliche Körper auf dem Altar geopfert, sein Leichnam in züngelnden Flammen rituell verbrannt und seine Asche zur Befruchtung der Erde ausgestreut.

Nach Überwindung des Fremden und Unheimlichen entdeckt das Patriarchat die Reize und Leidenschaft für sich, was zu einer Neubesetzung des matriarchalischen Feuersymbols führt. Den konkreten Bezug zu Herd, Familie und Herrschaft der Frau verlassend, verwandelt sich das patriarchalisch assimilierte Feuer zum Symbol für geistiges Wesen. Das Prinzip des Logos beginnt Sinne und philosophische Phantasie zu fesseln. Das Staunen wird zur Geisteshaltung der ersten Philosophen und nachfolgenden Wissenschaftler. Die Frage nach dem Wesen stellt das erste philosophische Problem des erwachenden griechischen Geistes dar. Die sichtbare und unsichtbare Welt als Einheit begreifend, fragen die alten Griechen nach dem Arche-Prinzip, nach Anfang und Ursprung, einem Grundelement, einer Substanz.

Thales von der Hafenstadt Milet, der von Aristoteles Urvater der griechischen Philosophie genannt wird, führt im 6. Jahrhundert v. Chr. in Anlehnung an die alte Kosmogonie den Uranfang auf das Wasser zurück. Für ihn ist die Welt Gestalt gewordenes Wasser, das einen göttlichen Urstoff darstellt. Aber bereits bei seinem bedeutenden Schüler Anaximander, 610–546 v. Chr., wird das Feuer als dominantes Element genannt. Dieser ist es auch, der den Begriff der Arche, des Urstoffs, einführt. Für Anaximander bestimmt ein Gesetz des Werdens das Leben der äußeren und inneren Welt, dem das Feuer als Element untergeordnet ist. Er geht in seiner Betrachtung über den Aufbau der Welt noch einen Schritt weiter. Durch seine Unterscheidung von Gegensätzen wie warm und kalt, trocken und feucht gibt er dem Kosmos eine geordnete Struktur. Heiß und hell sind die Flammen der Sonne, die sich von der dunklen, kühlen Erde unterscheiden, die wiederum das Flüssige vom Festen trennt. So transferiert Anaximander den antiken Mythos von Uranus, Okeanos und Gaia in moderne Begriffe der Gegensätze und ebnet dadurch den Weg für die objektive Betrachtung der Elemente und Naturereignisse. Dieser geniale Gedanke der Polarität und Polarisierung bildet die Grundlage des späteren wissenschaftlich-logischen, westlichen Denkens.

Für den berühmtesten Schüler Anaximanders, Heraklit (550–480 v. Chr.) aus Ephesos (Kleinasien), sind alle Gegensätze und Widersprüche des Menschen in einer höheren göttlichen Einheit aufgehoben. Diese Gottheit ist nicht mit den mythologischen Göttern zu verwechseln – sie ist identisch mit dem Weltgesetz »nach dem alles wird« – dem Logos. Nach Heraklit bedeutet Logos Wort, Gedanke, Sinn und Vernunft. Der göttliche Logos redet durch den Menschen. Heraklits Grundprinzip der Welt ist Werden, nicht Sein. »Diese Weltordnung ... ist ... ein ewig lebendiges Feuer« und »das Weltall steuert der Blitzstrahl«, sind zwei seiner Aussprüche, die besagen, dass die Seele aus feinstem, trockenem, göttlichem Feuer besteht, einem Teil des Allfeuers. Das Feuer wird damit zum Element der Seele erhoben. Der Heraklitsche Satz – »Der Seele Grenzen kannst du schreitend nicht ausfindig machen, auch wenn du jeden Weg dahin zögest; so tiefen Logos (Sinn) hat sie« – impliziert auch gleichzeitig den Beginn der Psychologie (Kranz 1941). Die Erkenntnisse der späteren Seelenkunde lassen sich philosophisch in diesem Zitat subsumieren. Das Feuer von Heraklit folgt dem Prinzip *panta rhei* (alles fließt). Deshalb können wir auch »nicht zweimal in denselben Fluss steigen«. Nachdem sich alles verändert, ist hier symbolisch der Fluss der miteinander konkurrierenden Gegensätze gemeint. Der Wechsel in einer Welt der Veränderung ist gleichzusetzen mit dem Feuer, das aufflackert und wieder verlöscht. Sein Feuer ist sublimer. Im Gegensatz zum »statischen, materiellen Herdfeuer« des Matriarchats feuert es den Logos an und wird zum Symbol einer idealisierten, flexiblen Vergeistigung. Heraklits Feuerbegriff ist allumfassend und das Feuer findet in seiner philosophischen Bedeutung einen historischen Höhepunkt. Als Symbol der Wissbegierde und des Erkenntnisdrangs stellt es ein geistiges, vereinheitlichendes Prinzip dar.

Feuer als Element lebt in stofflicher Form und unterliegt den Naturgesetzen. Als »belebte Substanz« wird es zur Projektionsfläche der Menschen und bekommt entsprechend den Polarisierungstendenzen die Ausrichtung gut und böse. Da der Mensch seine Triebhaftigkeit der »magischen« Wirkung des Feuers zuschreibt, wird auch der Antrieb in seiner konstruktiven Gestalt mit »feurigem Geist« und »anfeuern« in Verbindung gebracht. Die fleischlichen Gelüste dagegen, die Sündhaftigkeit, der religiöse Fehltritt, die Ketzerei und sogar Hexerei werden in der schwarzen Epoche des Mittelalters mit teuflischer Triebhaftigkeit (= höllisches Feuer) assoziiert. Die abgewertete Triebhaftigkeit wird durch das »gute Feuer« auf dem Scheiterhaufen gereinigt. In diesen dunklen Jahrhunderten wird die Frau aufgrund des männlichen Fanatismus zum Inbegriff der Versuchung, zum fleischgewordenen bösen Prinzip und stellt ein Hindernis auf dem Weg zu reiner, lichter, feuriger Geistigkeit dar. Wovor man sich fürchtet, wird aus dem Selbsterhaltungstrieb abgewertet. Es ist die gewaltige Urkraft der weiblichen Natur, die »magnetische« Anziehungskraft, der Sexappeal, die Sinnesrausch versprechende »satanische« Lust. Diese mächtige, seelische, erdgebundene Energie der Frau steht der Entfaltung der männlichen Vergeistigung bedrohlich gegenüber. Ein Schauplatz dieses Machtkampfs sind die Hexenprozesse und die flammenden Scheiterhaufen – das Feuer als Symbol für Leidenschaft und für Aggressivität.

Ein 36-jähriger künstlerisch begabter Mann mit einem technischen Beruf fertigt eine Bleistiftzeichnung zum Thema Feuer (Abb. 1) im Rahmen eines Malkurses an der Volkshochschule an. Herr P. berichtet dazu seine

Die Urkraft der Symbole in der griechischen Mythologie 45

Abbildung 1: Das Element Feuer

eigenen Assoziationen: Es ist ein natürliches Feuer, das in der freien Natur brennt. Vier Holzscheite sind zu einem traditionellen Holzkreuz geschichtet, damit genügend Sauerstoff hinzukommen kann, um ein ordentliches, starkes Feuer entstehen zu lassen. Um zu verhindern, dass es ausbricht, ist es vorsichtigerweise mit einem Erdwall umgeben. Bei näherer Betrachtung ist es eine richtige Feuersbrunst, lodernde Flammen erheben sich in den Himmel; es erinnert an einen Vulkan. Die weiteren Assoziationen führen den Analyse erfahrenen Herrn P. zu seiner Mutter. Sie sei unberechenbar, mit leidenschaftlichen, emotionalen Ausbrüchen, sowohl in positiver wie gefährlicherweise auch negativer Richtung. Herr P. ist in einer großen bayerischen Stadt zur Welt gekommen. Er hat einen drei Jahre älteren Bruder. Der Vater ist beruflich viel unterwegs und kümmert sich nicht um die Erziehung der Buben. Die Mutter als Hausfrau regiert zu Hause ungehindert und dominiert ihre drei Männer. Die ängstliche, herrschsüchtige und infantil gebliebene Frau kann nicht zwischen ihren eigenen und den Bedürfnissen der Söhne unterscheiden. Sie behandelt sie als narzisstische Selbstobjekte und ist ihren Kindern liebvoll zugewandt, wenn sie regressiv die Nähe der Mutter suchen, verweigert ihre mütterliche Unterstützung jedoch bei Selbständigkeitsbestrebungen. Fast alles, was in ihren Augen gefährlich erscheint, wird strikt verboten. Sie kontrolliert und beobachtet die Söhne, die weder scharfe Gegenstände noch Werkzeuge anfassen dürfen, auf Schritt und Tritt.

Die Beschneidung der autonomen Bestrebungen hinterlässt Spuren. Herr P. studiert nach dem Abitur Maschinenbau, bricht jedoch das Studium ab, genießt es, »das schwarze Schaf« in der Familie zu sein und sich nicht mehr nach den Wünschen der Eltern richten zu müssen. Herr P. entwickelt Bewältigungsstrategien für sich: Er fährt schnelle Autos, verfügt in seiner Firma über Werkzeuge in Millionenhöhe, spielt gerne Tennis, um durch das »Eindreschen« auf die Bälle Frustrationen und Wut abbauen zu können.

Die Feuerzeichnung ist ein Fenster in die Seele von Herrn P. Die vier Holzscheite stehen für die Familienmitglieder. Die Ausdrucksweise »traditionelles Kreuz« lässt hinter dem semantischen Sinn erahnen, dass die oben beschriebene matriarchalische Familienführung seit Generationen in derselben Weise fortgeführt wird, wie Herr P. bestätigt. Das Feuer am Familienherd wird von der Mutter entfacht und erhalten; sie bestimmt seine Stärke und seine Ausbreitung. Beim näheren Betrachten kann der bereits erwähnte Erdwall (der Vater, der die materielle Grundlage sichert) keinen effizienten Schutz bieten. Die lodernden Flammen erheben sich selbstherrlich in den Himmel, erscheinen einerseits gefährlich, andererseits irgendwie erstarrt und statisch, was angesichts der vorherrschenden mangelnden Flexibilität in der Familie nicht verwundert. Da Herr P. die Feuerzeichnung selbst skizziert, ist sie ein Spiegel nicht nur der familiären Situation, sondern auch für ihn persönlich. Symbolisch steht das Feuer für die aggressiven, zum Teil auch destruktiven Regungen gegenüber der bösen, kontrollierenden Mutter.

Wasser

Das Wasser wird von Thales zum einheitlichen Urstoff erhoben. Wasser ist nach ihm unvergänglich und bleibt ewig, weil nur aus Ewigem Vergängliches entstehen und wieder darin zurück sinken kann. Schon der Vorzeitmensch beobachtet die Abhängigkeit allen Lebens vom Wasser und so ist es nicht verwunderlich, dass er es personifiziert und als belebt versteht.

In der griechischen Mythologie herrscht Poseidon über das Element Wasser. Der Bruder von Zeus berichtet in der »Ilias«, dass er bei der Verlosung der Macht unter den drei Söhnen des Kronos »das graue Salzmeer zu bewohnen« hat, was er allerdings widerwillig tut. Kein Wunder also, dass er einen grollenden Charakter entwickelt. Während Zeus den besten Teil, den Himmel erhält, seine Kinder den Olymp bevölkern und seine Anweisungen befolgen, muss Poseidon fern vom Götterberg regieren und seinen Nachkommen wie Triton, Pegasus oder dem Kyklop Polyphem ist göttliches Wesen versagt. Bereits bei Platon galten die Kyklopen als Vertreter einer rohen Stufe des menschlichen Geschlechts.

Als Gott des Meeres schickt er verhängnisvolle Stürme, die über den Ozean fegen und Schiffe versenken. Poseidons Groll gegen Odysseus, der Polyphem blendet, ist unversöhnlich. Eindrucksvoll beschreibt Homer in seiner »Odyssee« die verschlingende Qualität des tosenden Elements Wasser. Mit seinem Machtsymbol, dem Dreizack, verursacht Poseidon Naturkatastrophen wie Seebeben und vernichtende Winde. Die Zähmung des wild gewordenen Gottes erfolgt durch Theseus, seinen Sohn aus einer kultivierten Linie. Der junge Heros erschlägt auf seinem Weg nach Athen eine Reihe von Unholden, die der Mythos ebenfalls als Söhne des Meeresgottes ansieht. In der hellen Gestalt des attischen Helden überwindet der Vater die dunkle, zürnende Seite seines Wesens. Nicht nur die destruktive, sondern auch die besänftigende Eigenschaft des Wassers wird in der Mythologie gewürdigt – personifiziert durch Nestis, die sizilianische Nymphe, deren Weinen den selbstherrlichen Zeus milde stimmt. Symbolisch gesehen ist das Wasser Besänftiger des Feuers.

Nach der Mythologie beschäftigt sich später auch die Philosophie mit den Qualitäten der Elemente. Wohl niemals wieder in der Geschichte der Menschheit war das philosophische Ringen um das Geheimnis der Welt von solcher Genialität und Fruchtbarkeit wie vom 6. bis 5. Jahrhundert v. Chr. Nach einer Phase, in der die Suche nach einem Urstoff der Welt im Vordergrund stand, findet der Arzt und Naturforscher Empedokles (etwa 483–420 v. Chr.) einen neuen Ansatz. Wie Aristoteles, Demokrit und Anaxagoras hebt auch er das Wassers hervor, aber er geht noch einen Schritt weiter und erklärt die Natur aus insgesamt vier Urstoffen – Wasser, Erde, Luft und Feuer – bestehend. Das Wasser stellt nur ein Element von den Vieren dar, ist aber unverzichtbar. Zusammen sind sie die Konstituenten der Welt, auf die nach Empedokles zwei Kräfte – Liebe und Streit – einwirken. Die Streitsucht als Triebkraft mit konstruktiven Tendenzen übernimmt – mit Heraklit gesprochen – Feuereigenschaften und löst die vermischten Dinge erneut in ihre Bestandteile auf. Die versöhnende, schlichtende Liebe, die symbolisch dem Wasser gleichgesetzt wird, bildet die zusammenführende Kraft. Diese zwei kosmischen Kräfte Liebe und Streit werden nach Empedokles für Werden und Vergehen, Struktur und Ordnung, verantwortlich gemacht.

Symbolisch gesehen ist Wasser ein Element, das Lebenskraft in sich trägt. Leben ist ohne Wasser nicht vorstellbar, denken wir doch nur an das Fruchtwasser im Mutterleib. Ob Pflanzen, Tierwelt oder Mensch – damit sich eine fruchtbare und somit lebensfreundliche Landschaft entwickeln kann, muss genügend Wasser vorhanden sein. Den Anfang bildet die Quelle – rein, kühl, erfrischend, Lebenssaft spendend entspringt sie aus dem Schoß der mütterlichen Erde. Ebenso lässt uns das Wasser von Brunnen oder Teichen aufgrund des elementaren Aufbrechens aus dem Inneren der Erde einen Geburtsvorgang assoziieren. Die symbolische Beziehung zur spendenden mütterlichen Welt, zur oralen Versorgung und zur Mutterbrust ist leicht herzustellen. In diesen Gewässern sind nur weibliche Mythengeschöpfe zu finden. Das Ziel des fließenden Stromes ist das Meer, ein unendliches Wasserreservoir mit unergründlichen Tiefen, das unbegrenzte Lebensenergie enthält. In der Tiefe birgt es eine reiche, unüberschaubare Unterwasserwelt und gibt uns Nahrung, auf seiner Oberfläche trägt es Schiffe. Es gilt üblicherweise als ein Symbol des Unbewussten.

Das Wasser des Meeres kann freundlichen, Nahrung und Leben spendenden Charakter haben, aber wie alle Symbole auch etwas Feindseliges repräsentieren. Im Gegensatz zum lichten Feuer nimmt beispielsweise im Mittelalter das Wasser (als personifiziertes Weibliches) die Position des Dunklen ein. Unter diesem negativen Aspekt betrachtet, ist Wasser das unangenehm feucht, unberechenbar tief, hinterhältig wild und heimtückisch verschlingend. Das feuchte Element, das aus der Höhe herabregnet oder aus der Tiefe hervorquillt, bringt Leben und Tod. Vielfältig sind die personifizierten Gestalten, hinter denen sich der dunkle, weibliche Wasseraspekt verbirgt. Das Zarte, Verträumte, Gefühlvolle, Weich-Fließende und Durchschimmernde des Wassers paart sich mit dem Mörderischen, Hexenhaften, Elementargeistigen und Hinterhältig-Nixenhaften. Manches Gesicht davon begegnet uns auf der Wanderung durch das Reich der Mythen. Alle diese Verkörperungen weiblicher Urkraft gehen auf die großen, mächtigen Urgöttinnen des Matriarchats zurück.

Da eine unüberbrückbare Kluft zwischen der weiblich-elementaren und der männlich-geistbetonten Welt des aufkommenden Patriarchats besteht, gehen viele Märchen, in denen sich Nixen und irdische Männer paaren, unglücklich aus. Berühmte Beispiele hierfür sind die Erzählungen von Undine und Melusine, Andersens Märchen »Die kleine Meerjungfrau« und die weniger bekannte Geschichte der russischen Wasserfee Russalka Der großen irdischen Liebe zu einem Menschenmann folgend, verlässt Russalka ihren See und folgt ihrem Mann in die selbst erwählte, harte, erdhafte Realität. Hier entwickelt der Mann ein neues Selbstbewusstsein, mit dem Russalka mit ihrer zarten Wasserseele nicht zurechtkommt. Die Liebesbeziehung zwischen der »Wasserhexe« und dem »Geistmann« wird beiden zum Verhängnis. Der Menschenmann stirbt in ihrer tödlich gewordenen Umarmung. Sie wird Wandlerin zwischen zwei Welten und verfehlt die Chance, ein ganzer Mensch zu werden. Russalka kann ihren Animus nach Jung nicht integrieren, weil sie zu sehr dem Elementarbereich des Wassers verhaftet bleibt.

Neben der Leben spendenden und todbringenden Qualität des Wassers darf man dessen reinigende Kraft nicht außer Acht lassen. Über die schlichte Reinigung von körperlichem und gegenständlichem Schmutz hinaus gibt es die so genannte kultische Waschung, deren Sinn im Befreien von seelischem Ballast und psychischer Befleckung besteht. Durch die symbolische Übermittlung von reiner Lebenskraft wird das Sündhafte, Unreine entfernt und »heilende« Wirkung zugeführt.

Wasser ist das amorphe, gestaltlose Element, das alles miteinander verbinden kann. Es gibt nach, aber erobert alles, soll ein chinesischer Gelehrter vor Jahrhunderten gesagt haben. Wasser löscht Feuer, spült Erde fort, höhlt Steine aus, befeuchtet die Atmosphäre, so dass die Luft still steht. Mit seinem Doppelgesicht – mal sanft und freundlich, mal reißend und zerstörerisch – entspricht es unserer Welt der Gefühle, Sehnsüchte, Wünsche, Hoffnungen, Phantasien und Befürchtungen.

Nun ein praktisches Beispiel zur reinigenden, Heil bringenden und gefühlshaften Seite des Wassers. Ein Kollege berichtet mir von einem 30-jährigen, simpel strukturierten Mann, der an einer schizophrenen Störung erkrankt ist. Herr U. ist Einzelkind. Der Vater wird als weicher, nachgiebiger, von der Ehefrau dominierter Mann beschrieben, der selbst an einer

Psychose erkrankt, als der Sohn erwachsen wird. Er schenkt ihm seinen alten Wagen, kauft sich einen neuen, mit dem er in suizidaler Absicht tödlich verunglückt, nachdem die Ehefrau die Scheidung eingereicht hat. Die Mutter wird als sehr strenge, herrschsüchtige, auf Ordnung bedachte Frau geschildert, die allerdings ihre Gefühle nicht unter Kontrolle hat, aufbrausend ist und ihre Familie bei geringen Anlässen mit Aggressionen zuschüttet. Sie kontrolliert die Nahrungsaufnahme und die Ausscheidungsfunktionen des Sohnes genau. Er muss alles aufessen, bevor er vom Tisch aufsteht. Die tägliche Ration Milch wird abgemessen, die Sauberkeitserziehung ist früh und rigide durchgeführt worden. Die Mutter setzt ihn massiv unter Druck, entsprechende Schulleistungen zu erbringen. Die Psychose manifestiert sich erstmals im Alter von 19 Jahren; die Lehre als Industriekaufmann wird abgebrochen.

Als der Patient vor einigen Jahren in Urlaub in ein südliches Land fährt, bekommt er massive Durchfälle, die er, ihrer Natur gemäß, nicht kontrollieren kann. Seit diesem Zeitpunkt ändert sich sein Leben. Der Machtkampf um die Beherrschung des Darms beeinflusst nun seinen Alltag. Morgens traut sich Herr U. nicht aus dem Haus, bevor ein mehrstündiges Ritual vollzogen ist. Er sitzt solange auf der »Kloschlüssel«, bis der erste spontane Stuhlgang kommt. Anschließend verabreicht sich der Patient einen Einlauf mit viel Wasser und harrt weiter in der Toilette aus, bis seiner Meinung nach die vollständige Darmentleerung erfolgt ist. Herr U. vermeidet es, weite Strecken mit dem Auto zu fahren, da kein WC ausreichend schnell zur Verfügung steht. Frühstücken darf der Patient auch nicht, da ihm die Kontrolle über seinen Darm entgleitet.

Hauptthemen in den Gesprächen mit dem Kollegen sind die »Scheißerei« und das Auto. Dabei berichtet Herr U. auch über Verfolgungsängste – Bullen im Polizeiauto seien ihm öfters buchstäblich in den Auspuff hineingekrochen, weil sie ihn auf diese Weise besser kontrollieren könnten. Ein Marder habe ihm die rote Abdichtungshülse zerfressen, er bekomme den ersten Gang im Getriebe nicht hinein, der Auspuff sei ihm kaputt gegangen und so weiter. Es wird offensichtlich, dass das Auto mit der »zerfressenen Dichtung« und dem »kaputten Auspuff« konkretistischerweise für den Patienten selbst steht. Die Polizisten als Autoritätspersonen und Ordnungshüter kontrollieren seinen »Darm = Auspuff«.

Die projektiv-introjektive Bezogenheit des schizophrenen Menschen wird in diesem Fall recht anschaulich und verständlich. Die Hauptabwehrmechanismen sind In- und Exkorporation. Die Mutter hat ihn von »oben« mit Essen und Aggression »vollgestopft«. Nach unfreiwilliger Inkorporation des Bösen (= aggressiven) mütterlichen Objekts muss Herr U. via gezielter Exkorporation Kontrolle desselben von »unten« erlangen. Die Mutter hat zwar ihren Sohn, aber nicht ihre eigene Wut im Griff. Der Ärger mit ihr ist »Scheiße« für den Patienten. Über den selbst regulierten Stuhlgang erhält Herr U. die illusionär-omnipotente Kontrolle auch über die aggressiv-zerstörerische Gefühlswelt seiner Mutter. Das Wasser, über die täglichen Einläufe in den Darm eingeführt, kann dort seine gute, reinigende Wirkung entfalten. Die Manipulation am Darm als Symptom bringt triebhafte Befriedigung und lässt viel libidinöse Energie auf analer Ebene abführen. Die »Auto-Erotik« ist unverkennbar neben dem schuldfreien Ausleben von unbewussten homosexuellen Impulsen.

In einer Sitzung beginnt Herr U. damit, dass der Wasserhahn zu Hause tropfe. Es mache ihn ärgerlich, dass er nicht imstande sei, diesen selbst zu reparieren. Wegen dieser Sache habe der Patient den Installateur bestellen müssen, was umständlich und kostspielig sei. Für ihn sei es sehr wichtig, die Kontrolle darüber zu haben. Im selben Augenblick fällt der Blick des Patienten auf eine kleine, mit Drehverschluss versehene Plastikwasserflasche, die auf dem Schreibtisch des Kollegen steht. Er ist voller Bewunderung für die verschlossene, mit Mineralwasser abgefüllte Flasche. Der Patient behauptet, noch nie eine so kleine gesehen zu haben; es sei wunderbar, dass man sie auf- und zumachen könne, um nach Belieben daraus zu trinken. Man mag sich an dieser Stelle fragen, was sich in dieser Stunde so Interessantes, gar Symbolisches zwischen Arzt und Patient abgespielt hat. Es geht in dieser Sitzungssequenz erneut um Gefühle, positiver wie negativer Natur, sowie um ihre Beherrschung und Kontrolle. Ob Darminhalt, Auspuff oder Wasserhahn – die drei Objekte repräsentieren auf unterschiedliche Weise aggressive, dunkle, unberechenbare, und verschlingende Qualitäten. In der inneren Welt des Patienten gibt es nur zwei extreme Alternativen: Entweder werden die Objekte von ihm total besessen und be*herrscht*, oder sie überfluten ihn, und er ist ihnen völlig ausgeliefert und hilflos.

Die kleine, mit Verschluss versehene Wasserflasche des Kollegen stellt dagegen das positive Lebensgefühl des Therapeuten dar, der mühelos imstande ist, in größeren oder kleineren Mengen, je nach Bedarf, davon Gebrauch zu machen. Soviel zur Interpretation der oral-analen Problematik.

Auf der Ebene der sexuellen Wünsche dürfte der tropfende Wasserhahn für den Penis des Patienten stehen, über den und dessen Potenz er in seiner aggressiven Phantasie nicht nach Belieben verfügen kann. Den Installateur (= Therapeut) zu Hilfe zu holen, ist mit Aufwand an Zeit (Fahrten in die Klinik sowie Sitzungen) und Geld (von der Krankenkasse gezahlte Honorare) verbunden. Die kleine Wasserflasche stünde in diesem Zusammenhang für die freie Verfügbarkeit der therapeutischen Kraft (Potenz) und Lebendigkeit.

Nicht zuletzt lässt sich die Symptomatik unter dem Aspekt des Nähe-Distanz-Dilemmas des schizophrenen Menschen betrachten. In der psychotischen Regression scheinen Stoffliches (wie Essen oder Flüssigkeit) und Psychisches (wie aggressive Worte) ungehindert in den Körper ein- und auszutreten. Dies stellt ein einleuchtendes Beispiel für die konkretistische Erlebensweise der Durchlässigkeit und Brüchigkeit der Ich-Grenzen dar. In seiner unbewussten Phantasie können ihn Gegenstände wie Menschen beliebig penetrieren. Herr U. muss »Schutzmechanismen« entwickeln und anwenden, um die »Penetration« ungeschehen zu machen, in dem er sie in Form von Kot möglichst bald absetzt.

Luft

Der protomythische Mensch nimmt die Präsenz von Luft nicht wahr. Wind und Sturm ordnet er dem Atem einer Gottheit zu. Erst die Vorantike entdeckt die Luft als Substanz. Die griechische Mythologie beschreibt in der Geschichte von Daidalos und Ikaros Luft als wahrnehmbares und »tragfähiges« Element. Nach dem Mord an einem ihn zu überflügeln drohenden Schüler, flüchtet der legendäre Erfinder Daidalos aus seiner Heimat Athen und findet auf der Insel Kreta unter König Minos eine neue Wohn- und Wirkstätte. Bald wird die neu gewählte Heimat zum Gefängnis, da Minos ihn streng bewachen lässt, aus Furcht, der begnadete Künstler könne fliehen. Doch der einfallsreiche Daidalos findet einen Ausweg. »Mag Minos mir Land und Wasser versperren«, ruft er entschlossen, »mir bleibt die freie Himmelsluft. Mag Minos über Land und Wasser seine Macht ausüben, in der Luft versagt seine Herrschergewalt«. Daidalos' Erfindergeist bemächtigt sich der Kräfte der Luft. Er fertigt aus Vogelfedern, mit Wachs gekittet, große Schwingen für sich und seinen Sohn an. »Halte deinen Flug zwischen Meereswellen und Sonne, sonst drohen Gefahren«, ermahnt der Vater vor dem großen Flug seinen Sohn. Beide erheben sich leicht in die Luft und lassen sich von dem Element tragen. Das griechische Festland ist schon sichtbar, als Übermut den Ikaros erfasst und er der Sonne entgegenfliegt. Die heißen Strahlen schmelzen das Wachs, und er stürzt in die Fluten. Es wird berichtet, dass Daidalos nach dem Tod seines Sohnes nie mehr zur Ruhe kommt. So wird die Ermordung seines Schülers durch die harte Strafe, den eigenen Sohn zu verlieren, gesühnt.

Wegen der phonetischen Ähnlichkeit ihres Namens mit *aer* (Luft) ist Hera bei Platon und den Stoikern eine Allegorie der Luft. Hera ist zunächst »die weibliche Seite des Himmels, also die Luft – das zugleich weiblich fruchtbare, aber auch am meisten wandelbare Element der himmlischen Elementarkraft«, heißt es in Ludwig Prellers »Griechische Mythologie« von 1854. Allerdings stellt Hera bei anderen Autoren im Rahmen ihrer elementaren Verwandlung auch mal die Erdgöttin oder Mondgöttin dar.

Auch die griechischen Philosophen erkennen die Luft als Substanz an. Unter den großen vorsokratischen Denkern bleibt es Anaximenes vorbehalten, die Luft als Element zur fundamentalen Substanz, zum Urstoff zu erheben. Der ionische Philosoph aus Milet (um 585–525 v. Chr.) akzeptiert die Idee des planvollen Aufbaus der Welt von Thales und Anaximander. Von Letzterem übernimmt er zusätzlich die Hypothese, das Unendliche sei der Urstoff und behauptet kühn, Luft sei als Urstoff geeignet, weil sie alles umgebe – Wasser wie Erde. Aus Luft entstehen durch Verdichtung und Verdünnung alle übrigen Elemente. Er erhebt die eingeatmete Luft, den Atem zum belebenden Prinzip, die Seele nennt er dem entsprechend »Lufthauch«.

Seine These, alles bestehe aus Luft, und sie sei das eigentliche Wesen der Psyche, leitet Anaximenes aus der genialen Beobachtung ab, dass sich Körper und Luft bei Erwärmung ausdehnen und bei Abkühlung zusammenziehen. Er schlussfolgert daraus, dass durch Kondensation des Urstoffes alle Dinge entstehen. Seine Entdeckung, physikalische Veränderungen können qualitativ neue Erscheinungen hervorbringen (wie z. B. der Wechsel der Aggregatzustände von Eis zu Wasser zu Dampf), ist trotz seines geringen Beitrags zur Philosophie großartig.

Obwohl wir heute alle wissen, dass Luft ein Gemisch verschiedener Gase ist, hat sich ihr Elementcharakter in der Kunst und Umgangssprache durchgesetzt. Die Luft in Form von Wind, Sturm und Wetter hat seit je her die Menschen buchstäblich in Atem gehalten, denken wir an die Tornados und Hurrikans, die weite Teile der Erde heimsuchen. Das Element Luft mit seinen kapriziösen, unberechenbaren und launenhaften Erscheinungen hat immer wieder die Phantasie und Kreativität der Dichter angeregt. Das Toben der Elemente berührt die Urängste der Menschen an einer zentralen Stelle, denn die existentielle Bedrohung wird spürbar.

Für Paracelsus (Naturforscher, Arzt und Philosoph, 1493–1541) sind die vier Elemente Feuer, Wasser, Luft und Erde beseelt. Durch die Gabe des »Zweiten Gesichts« ist er imstande, tief in die Geheimnisse der Natur zu schauen. Er sieht in der Luft eine Vielzahl von Kräften und Geistwesen wie Elfen, Zwerge und Nymphen. Unter einem mehr magischen Gesichtswinkel erhebt er die Luft zum belebten Prinzip. Er sieht den Menschen als Mikrokosmos eng mit dem Makrokosmos verwoben und vertritt eine Kosmologie, die auch okkultistische Elemente enthält.

Eine Personifikation der Luft mit ihren positiven und negativen Charakterzügen ist die schrullig wirkende, alte russische Hexe Baba Jaga. Wenn sie auf ihrem Besen durch die Luft saust und herumschwirrt, gerät die ganze Natur durcheinander. Die Bäume biegen sich krachend unter heulenden Winden, und die Tiere werden aufgeschreckt. Der Herr der Lüfte, der Riesenvogel Mogol und die Winde der vier Himmelsrichtungen unterstützen sie bei der einen oder anderen Tätigkeit. Diese Hexe vereint zwei Aspekte einer für sie typischen Eigenschaft: Weiche Gemüthaftigkeit erscheint gepaart mit mörderischer Grausamkeit. Manche ernennt sie zu ihren Schützlingen und ist mit gutem Ratschlag um sie bemüht. Von den Knochen derer allerdings, die sie aufgefressen hat, baut sie sich einen Zaun. Willkürlich, so scheint es, lebt diese russische Zauberin, mal die weiße, mal die schwarze Seite ihres Wesens aus. Was will uns nun dieses Märchen wohl mitteilen? Vielleicht möchte es darauf hinweisen, dass es zu den schwierigsten Aufgaben der Menschwerdung gehört einzusehen, dass beide Elementarseiten in uns – die helle und die dunkle – erkannt, akzeptiert und letztendlich in einer Person integriert werden möchten.

Erde

Die Erde ist das letzte der ursprünglichen Elemente, aber offensichtlich das erste, mit dem sich der Vorzeitmensch beschäftigt hat. Die irdischen Dinge stehen ihm näher als Himmel und Sterne. Der primitive protomythische Mensch hat seinen Lebensraum und seine Welt durch die Sinne in sich aufgenommen. Durch Anfassen, Fühlen, Riechen und Schmecken, durch Hören und Sehen, hat er seine Umgebung erforscht, sich darin eingefühlt und so ein inneres Bild davon geschaffen.

Ob Piaget (1945) mit seiner Entwicklungspsychologie oder René Spitz (1965) und Daniel Stern mit der Säuglingsforschung – moderne Forscher zeigen uns, dass am Anfang des menschlichen Lebens das intelligente Erfassen des Erdhaften über sensomotorische Handlungen beziehungsweise die Oralität erfolgt. Die erste Klassifikation der Welt erfolgt nach René

Spitz (1965) nach essbar/nicht essbar und schluckbar/nicht schluckbar. Was auf dem Boden liegt, wird aufgehoben und zum Einordnen in den Mund geschoben. Der Vorzeitmensch scheint von dieser Art Wahrnehmung Gebrauch zu machen und eignet sich über die Sinne Wissen von den Vorgängen auf der Erde an. Erde ist das, was ihn ernährt, und so ist auch die Idee verständlich, er werde wieder zu Erde. Aus der Beobachtung dieses Kreislaufs entwickelte sich wahrscheinlich die Vorstellung, dass der Mensch aus Erde entstanden ist. In vielen Mythen taucht entsprechend die Menschwerdung aus Lehm auf.

Die Erde ist somit die Große Mutter – fruchtbar, gebärend. Zur Zeit des Matriarchats wird sie, als sichtbares Zeichen für die Verehrung des Weiblichen, jährlich mit dem Blut des geopferten Liebhabers der Stammeskönigin gedüngt, damit sie fruchtbar bleibt. Zahlreiche Göttinnen werden mit der Erde assoziiert, an erster Stelle Gaia wie auch Hera, Sinnbilder für den Lebenskreis der Frau. Demeter ist die große Erdgöttin und Beschützerin der Fruchtbarkeit. Ihr Name bedeutet »Mutter Erde«, für die Römer ist sie die Getreidekönigin Ceres. Wie bereits erwähnt, ist Demeter eine Tochter des Kronos und der Rhea. Während Apollon am stärksten auf die Kluft zwischen Göttern und Sterblichen hinweist, stellt Demeter die Verbindung der beiden, von einer einzigen Mutter stammenden, Geschlechter dar. Ihre zweifache Macht äußert sich in der engen Beziehung zu ihrer heiß geliebten Tochter Kore oder Persephone, weshalb mancherorts beide Göttinnen sogar als Dual mit dem gemeinsamen Namen Demeteres zusammengefasst werden. In der vorolympischen Zeit sind Demeter und Kore sowohl mit irdischen Bereichen wie der Fruchtbarkeit von Feldern, Tieren und Menschen verbunden gewesen als auch mit der Unterwelt. Mit Etablierung der Zeusreligion wird die Herrschaft über Leben und Tod geteilt – die Mutter bekommt den oberen Teil, die Tochter den unterirdischen. Für Homer ist die eine die Kornspenderin, die andere die Fürstin der Verstorbenen. Die meisten Sagen über Demeter beziehen sich auf den Verlust ihrer Tochter. Diese wird von Hades geraubt, in die dunkle Unterwelt gebracht und muss dort seine Gemahlin werden. Verzweifelt und untröstlich irrt Demeter auf der ganzen Erde umher. Endlich verrät ihr Helios den Aufenthalt des Mädchens. Wütend sendet die Göttin daraufhin Misswuchs über die Länder und entzieht der Erde die Fruchtbarkeit, so dass Hungersnot die Menschen bedroht. Vergeblich versucht Zeus seine Schwester milde zu stimmen. Schließlich muss er dem Hades gebieten, seinen Raub zurückzugeben. Der Gott der Unterwelt gehorcht, lässt aber vorher Persephone von einem Granatapfel essen, der verzaubert ist: Wer von dieser Speise kostet, ist der Liebe verfallen. So weilt Persephone zur Zeit des Blühens und Reifens bei ihrer Mutter auf der Oberwelt. Schließlich siegt jedoch ihre eheliche Liebe, und sie geht freiwillig in die Unterwelt, um die Winterzeit bei ihrem Gatten zu verbringen. Die Gründung der eleusischen Mysterien feiert also die Besänftigung und Versöhnung mit der erzürnten und grollenden Demeter. Durch die Teilnahme am Ritual erleben die Mysten den Raub und die Rückkehr Persephones wie auch das Umherirren und Suchen der Demeter mit, denn das Schicksal der beiden Göttinnen ist dem der Sterblichen ähnlich. Die Anwesenden durchleben während der Weihen das göttliche Leid und haben anschließend Teil an ihrem Glück. Das Ritual endet mit der Wiedervereinigung der beiden und der Seligpreisung aller die es sehen. Die kollektive Identifikation mit dem Schicksal von Mutter und Tochter, ihrem Schmerz, ihrer Freude und somit auch ihrem ewigen Leben machen die Mysterien zu einem sehr nachhaltigen Erlebnis für alle Beteiligten. Die Einweihung in Eleusis geht stufenweise vor sich. Nur diejenigen, die zuvor die Großen Mysterien mitgefeiert haben, dürfen an der Epoptie (Schau) teilnehmen. Eine Ähre – eine Vielzahl von Samen, entstanden aus einem einzigen Saatkorn – stellt die Gabe der Demeter selbst dar und wird im heiligsten Augenblick der Mysterienfeier schweigend durchschnitten. Während die erste Stufe stark gefühlsorientiert ist und die Gewissheit eines seligen Lebens nach dem Tod zuteil werden lässt, bedeutet die Epoptie das Schauen eines Symbols und stellt somit ein geistiges Erlebnis dar, das dem diesseitigen Leben gilt. Fruchtbarkeit oder Lebensfülle und Tod, Werden und Vergehen, Aktivität und Passivität als Lebenszyklen, oberhalb und unterhalb der Erdoberfläche, werden in diesem Erdmythos eindrücklich gezeigt. Auch die Polarität des weiblich Mütterlichen wird sichtbar, die positive und die negative Seite – Geben und Nehmen. Im Gegensatz zum hellen Element Luft als vergeistigtes Prinzip wird der Erde die Position des Dunklen, Schwarzen zugeordnet.

Die Philosophen sehen zwar in der Erde ein Element, als Prinzip des Materiellen jedoch bleibt es entwertet: Man beschmutzt sich daran, die schwarze Erde hat nichts von der Klarheit des Wassers und vordergründig wenig von der Lebendigkeit des Feuers. Für Thales ist Erde »nur« ein weiteres Element, für Anaximenes ist sie »verdichtete« Luft. Auch Anaximander interessiert sich für die Erde nur als »materiellen« Körper. Erst Empedokles erhebt sie als ein gleichwertiges unter den vier Elementen.

Nicht nur die griechische Mythologie und Philosophie beschäftigt sich mit dem beseelten Prinzip der Mutter Erde. Eine Fülle von Märchen und Sagen aus späterer Zeit sind Zeugen der Erdgebundenheit des Menschen und seiner ambivalenten Beziehung zu ihr. Der große Kreislauf von Fruchtbarkeit und Tod – mütterlich nährend und durch Erdbeben zerstörend – bestimmt all diese Erzählungen, die ihre tiefen Wurzeln im Matriarchat haben. Die mächtige Frau, Göttin und Hexe kann für den einen Glücksbringerin und gute Fee, für den anderen finstere Zauberin und Zerstörerin sein. Diese Polarität des Weiblich-Erdhaften kann man als innere Ordnung verstehen, die jeder Mensch in sich trägt, denn er kann Wohlwollen oder Missfallen der mächtigen Mutter Erde ein gutes Stück selbst beeinflussen, je nach dem, wie er sich zur Erde und zur Welt der Gefühle stellt.

Im Märchen »Rapunzel« begegnen wir dem strafenden Mutteraspekt in der Gestalt der alten, unheimlichen Zauberin, die den Garten des Lebens umsorgt und bewacht. Eine ganz besondere Strafe erwartet denjenigen, der es wagt, Lebenskräuter zu entwenden, für deren Gedeihen er keine Arbeit geleistet hat. Lebensfrüchte zu nehmen, ohne dafür zu bezahlen, erlaubt Mutter Erde aus ihrem Garten nur, wenn sie besonders gnädig gestimmt ist. Andernfalls muss der Mensch dafür, dass er sich einfach so bedient, das Kostbarste hergeben, was er besitzt: das eben neugeborene Seelenkind, in dem alle Entfaltungsmöglichkeiten seines künftigen Lebens schlummern. Eine Folgerung aus der Geschichte wäre die, dass man seine Seelenpflänzchen selbst aus dem Samen großziehen, versorgen, düngen, begießen und über sie wachen soll. Die Ablösung von der Mutter Erde gelingt dann besser und die Abhängigkeit von ihr wird geringer.

Herr P. fertigte im Rahmen seiner Malstudien ein Aquarell (Bild 1, Seite 194) an. Seine eigenen Phantasien hierzu sind zunächst positiver Natur. Es ist Abendstimmung in einer Moorlandschaft. Der Tag geht zu Ende, der Stress hört auf, es herrscht in der unendlichen Weite absolute Ruhe. Es passiert nichts mehr, keine aufrührerischen Gefühle, keine Aggressionen. Auf einer Anhöhe steht die Ruine eines Klosters als Zeichen dafür, dass die »kämpferischen« Zeiten vorbei sind. Mehrere Wasserstraßen zerfurchen die Landschaft und vermitteln den Eindruck des Unendlichen.

Meine Assoziationen führen mich dagegen zurück zum Beginn seiner Analyse, als er gefangen in seiner Problematik zu mir kam. Es ist auch der Zeitpunkt, zu dem dieses Bild entsteht. Unterschiedliche Gefühle negativer Natur haben seine Seelenlandschaft überflutet. Depressive Gestimmtheit, Resignation, Einsamkeit und Ängste machen sich atmosphärisch bemerkbar. Kein blühender Baum, kein frisches Grün, kein Lebewesen ist sichtbar. Ich selbst werde traurig beim Betrachten des Bildes. Das Wasser hat die

Landschaft erobert und unterjocht. Einzelne Streifen wasserdurchtränkter, mooriger Erde erinnern melancholisch daran, dass hier Lebendiges, Frisches, Wildes existiert hat, bevor das Wasser sich ungehindert ausbreiten konnte. Aber jetzt sind sogar die Wolken gezwungen, diese Farbmischung aus schmutzigem Braun und Olivgrün anzunehmen. Die einsame Klosterruine erhebt sich stolz in die Höhe als stumme Zeugin früherer Zeiten, in denen kultiviertes Wissen und großes geistiges Potential die Herrschaft über die fruchtbare Ebene geführt haben.

Dieses Bild kann man sicher auf verschiedenen Ebenen interpretieren. Ich beschränke mich auf den symbolischen Bezug zu Erde und Wasser. Im Gedächtnis ist mir eine Kindheitserinnerung von Herrn P. geblieben, in der er beschreibt, mit welcher Faszination er als Kind am Bach Dämme aus Steinen gebaut hat, um die fließende Bewegung zu blockieren und so dem Wasser einen Widerstand entgegenzusetzen. Aber die vorliegende Landschaft kann dem anflutenden Wasser nichts entgegensetzen und ist überschwemmt worden. Setzt man die Erde mit der guten, fruchtbaren Zuwendung und Liebe gebenden Mutter gleich, repräsentiert das Wasser mit seinem dunklen überflutenden Aspekt die verbietende, überrollende, mit Aggressionen unkontrollierbar überschwemmende und somit zerstörende Mutter. In diesem Aquarell ist die nachvollziehbare Angst einer Vernichtung des Guten durch das Böse bildhaft geworden.

Sonne

Für den antiken Menschen sind Erde, Sonne und Mond nicht einfach Produkte eines rasch rotierenden protostellaren Nebels. In seinen Augen ist der Schauplatz der Planetenentstehung nicht der solare Nebel, sondern das Chaos, das Alles-oder-Nichts-Prinzip.

In der griechischen Mythologie ist die Sonne mehrfach männlich personifiziert. So durch den Titan Hyperion (Sohn der Höhe), den zwei Überlieferungen erwähnen. Hesiod berichtet in seinem Schöpfungsmythos, er sei ein Sohn von Gaia und Uranus. Hyperion heiratet seine Schwester Theia, sie schenkt ihm Helios (römisch: Sol = Sonne), Eos (römisch: Aurora = Morgenröte) und Selene (römisch: Luna = Mond).

In einer anderen Überlieferung ist Hyperion nur ein anderer Name für Helios. Als zeugender Gott der Lebenskraft sieht und hört er alles; daher fragt auch Demeter nach dem Verbleib ihrer Tochter bei ihm nach. Helios symbolisiert auch das wachsame Auge des Gewissens. In der Geschichte erscheint er als Wagenlenker mit vier feurigen Rossen, der am Tag den Himmel von Osten nach Westen überquert. Er wird angekündigt von Eos, die ihm vorausfährt. Bei Nacht kehrt er auf dem Okeanos-Strom, der die Erde umgibt, in einer mächtigen goldenen Schale nach Osten zurück. Mit dieser Nachtmeerfahrt schließt sich der Kreis und repräsentiert somit das Thema Tod und Wiedergeburt, Absinken in Unbewusstheit und Aufstieg zur Bewusstseinshelligkeit. Der Koloss von Rhodos mit seiner Strahlenkrone deutet darauf hin, dass dort der Sonnengott besonders verehrt wird. Die Erscheinung von Helios bleibt insgesamt blass, da er bloß ein Titan ist und nicht zu den olympischen Göttern gehört. Apollon – mythische Verkörperung des hellenischen Geistes – wird später als Sonnengott gesehen und drängt Helios in seiner Bedeutung in den Schatten. Wie er verfügt Apollon über Pfeile, die den Sonnenstrahlen gleichen mit denen er Erleuchtung und manchem dunklen Wesen in der Unterwelt den Tod bringt. Nach Kerényi (1951, 1958) sind Apollon und Helios ein und dieselbe mythische Gestalt.

In der christlichen Symbolik stehen sich als Lichtträger der gefallene Engel Luzifer und als Lichtbringer der Erzengel Michael gegenüber. Darüber erscheint schließlich als Inbegriff der Erleuchtung und des Lichtes der Welt, Jesus Christus, oft dargestellt mit goldenem Strahlenkranz.

Die alles überstrahlende Sonne ist ein Symbol der Lebenskraft. Licht wird als Teil der Sonnensymbolik erlebt, denn es ist die erneuernde Kraft der Sonnenstrahlen, die das irdische Leben gedeihen lässt, wie es sich in der Üppigkeit der Vegetation zeigt. Es ist eine mystische Erfahrung, wenn nach einem langen, harten Winter der Frühling kommt, die Natur zu erwachen beginnt, und eine Schar gelber Blumen wie Krokusse, Narzissen, und Schlüsselblumen zwischen jungem Grün vertrauensvoll unter den umschmeichelnden Sonnenstrahlen ihre zarten Blüten öffnet. Zur Sonnensymbolik gehört auch das gereifte, gelbe Ährenfeld, im Hochsommer von zarter Brise gewogen, das gesättigt von Sonnenwärme seine Nährkraft entfaltet. Und schließlich gehört die Herbstfülle mit Mais, Quitten, Kürbissen und Weintrauben hierher, als Bild für das verschwenderische Füllhorn der Natur unter der Leben- und Kraft spendenden Sonne.

Symbolisch gesehen, ist die Sonne das Selbst des Menschen, sein Weg, seine Grundvitalität und sein Drang nach Selbstverwirklichung. Der goldgelbe Kreis ist ein altes Symbol für die Ganzheit, für den göttlichen Funken und die Einheit des Lebens, ohne Anfang und Ende.

Die Sonne wird als männlicher Stern angesehen, als aktives Prinzip, das bewusst Entscheidungen und Einwirkung auf die Umgebung sucht. Die Kraft der Ausstrahlung symbolisiert somit auch Erfolg. Zugunsten der

Entwicklung des autonomen Selbst repräsentiert die Sonne manchmal eher den Verzicht auf eine versöhnliche Beziehung, was gleichzeitig ein Stück narzisstischer Problematik impliziert. Weitere negative Aspekte sind die Assoziationen an die Hybris sowie die austrocknende Hitze, die Leben zerstören kann. Andererseits sind die positiven, väterlich-männlichen Sonnenqualitäten auch Eigenschaften wie Wärme, Streicheln, Geborgenheit – kurz ein Ja zum Leben.

Hier praktisches Beispiel für die Sonnensymbolik: Eine Kollegin berichtet mir von einem 47-jährigen, differenziert wirkenden Akademiker, der an einer schizophrenen Störung erkrankt ist. Herr T. ist das älteste von mehreren Kindern. Der Vater, ein pensionierter höherer Angestellter, wird als religiöser, strenger und bestimmender Mensch, die Mutter als ängstliche, zwar liebevolle, aber zur Schwermut neigende Person geschildert. In der häuslichen Atmosphäre dominiert die »heile Welt« – das Reine, Moralische wird hochgehalten, aggressive Ausbrüche nicht geduldet; Sexualität findet keinen Lebensraum. Um die Zeit der Pubertät findet beim Patienten eine Veränderung statt – der lebhafte, wilde, zu Streichen aufgelegte Lausbub entwickelt sich zu einem introvertierten, von Askese und Intellekt bestimmten, nachdenklichen, gläubigen, jungen Mann. Herr T. übernimmt das Konfliktvermeidungsverhalten der Familie, favorisiert das Harmoniebestreben der Eltern, verhält sich ausschließlich anständig und lässt Unlustgefühle nicht zu. Aufgrund religiöser Tabuisierung werden die ersten sexuellen Kontakte zu einer jungen Frau nach dem Abitur sehr schuldhaft erlebt.

Es folgen Jahre der Rebellion, die der Patient im Nachhinein als dunkle Jahre der teuflischen Versuchung bezeichnet. Während des Studiums wendet sich Herr T. »von Gott ab«. Aufgrund der neuen kritischen Einstellung gegenüber der elterlichen Autorität, entstehen innere Kämpfe und heftige Auseinandersetzungen zwischen zwei extremen Positionen. Es ist der Versuch, die Abhängigkeit von den Eltern zugunsten einer erstrebenswerten Autonomie zu lösen. Der späte Entwicklungsschritt, das Infantile aufzugeben und in die erwachsene Welt zu treten, misslingt. Der Arbeitsbeginn nach dem abgeschlossenen Studium stellt eine massive Überforderung dar, die sich in aggressiver Symptomatik und Antriebslosigkeit, Interessenverlust und Ängstlichkeit manifestiert. Wiederholte stationäre Aufenthalte in psychiatrischen Kliniken bestimmen den weiteren Lebensweg, wobei nach einem Streit mit den Eltern ein neues Symptom entsteht und fortan das klinische Bild dominiert. Es sind mutistisch-stuporös anmutende Zustände, in denen der Patient über Minuten bis Stunden verharrt, sei es im Bett, auf dem Stuhl oder gar auf der Straße. Herr

T. bezeichnet sie selbst als »Blockaden«. Jedes Mal, wenn Konflikthaftes angesprochen wird, und sich ein Entwicklungsschritt in der Therapie abzeichnet, verfällt er in diese Zustände, bis ihn jemand erlöst, in dem er ihn freundlich anspricht und ihm sagt, was er zu tun habe (z. B. sich anziehen, weitergehen etc.). In dem Konflikt zwischen der Angst vor Selbständigkeit, und davor, andere durch die Äußerung eigener Wünsche buchstäblich zu vernichten, und der Angst, sich nicht abgrenzen zu können und von anderen überrollt zu werden, erscheint die »Blockade« als körperlicher Ersatz für das »Nein sagen«. Es ist psychodynamisch gesehen, Ausdruck höchster passiver Aggressivität, die direkt nicht erlebt und schon gar nicht gezeigt werden darf. Spaltung als hauptsächlich angewandter Abwehrmechanismus spielt beim Weltbild von Herrn T. eine zentrale Rolle. Auf der einen Seite steht Gott für das Gute, das Helle und die heile Welt, auf der anderen Seite das Teuflische für das Dunkle, die Versuchung, Sexualität und Aggressivität. Die Lösung des »Blockade-Konfliktes« findet Herr T. in der Verschiebung – fortan überantwortet er sich und sein Leben in konkretistischer Weise erneut der höchsten göttlichen Instanz. Unter dem Schutz und der Geborgenheit dieser unantastbaren höchsten Autorität, angestrahlt von göttlichem Glanz, muss er nicht fürchten, der dunklen Macht der Versuchung und der Aggressivität zu erliegen. Jetzt darf sogar die Sexualität idealisiert werden und muss nicht mehr verteufelt und schuldhaft erlebt werden. Somit ist der Weg frei für die Erfüllung autoerotischer Wünsche. Herr T. erzählt der Kollegin, dass er ein neues Lebensgefühl entwickelt. Täglich stehe er sehr früh morgens auf, um den dunklen, untergehenden Mond und – noch wichtiger – die helle, aufgehende Sonne zu betrachten. Jeden Sonnenaufgang erlebe er als Auferstehung. Die aufgehende Sonne ist für Herrn T. ein Symbol, ein konkretes Beispiel für auferstandene Männlichkeit, für schuldfrei erlebte Potenz und erotisches Empfinden. Es ist immerhin ein Fort*schritt*, wenn auch ein psychotischer, unter dem göttlichen *Sonnen*licht seine eigene Kraft und Macht zu entdecken und zu spüren.

Mond

Nach der zurzeit favorisierten Theorie entsteht in geologischen Urzeiten bei einem gigantischen Zusammenstoß der aus dem kosmischen Staub geborenen, heißen, bereits im Erkühlen befindlichen Erde mit einem Planetenembryo der flüssige Protomond, der sich im Verlauf von nur tausend

Jahren verfestigt. Das Ergebnis ist das binäre System Erde–Mond. Es dreht sich um einen gemeinsamen Schwerpunkt. Bereits die ersten Menschen haben den Mond als Nachtlicht am Himmel betrachtet. Seit sie Geschichten erfinden können, wird dieses geheimnisvolle Licht am Firmament – wenn die Sonne sich verabschiedet hat – in die Erzählungen einbezogen. So ist es nicht verwunderlich, dass im Zuge der ganzheitlichen Denkweise auch der Mond als belebtes Prinzip angesehen wird und Mondgottheiten über die Nacht herrschen. Dieser Himmelskörper wird immer wieder mit Vegetation, Fruchtbarkeit und Wasser in Verbindung gebracht. Es existiert ein altes Wissen, welches besagt, dass das Gedeihen der Pflanzen von den wechselnden Mondzeiten abhängig ist. Der Brauch, bei wachsendem (zunehmendem) Mond zu säen und beim abnehmenden zu ernten, wird in der heutigen Zeit erneut in Erinnerung gerufen. Die Beziehung zwischen Frau und Mond ist durch die Übereinstimmung ihres periodischen Rhythmus offensichtlich. Nicht zufällig wird er in der Antike durch weibliche Göttergestalten repräsentiert. Als Urbild des Weiblichen haben die Mondgöttinnen Gemeinsamkeiten mit der Magna Mater, die über Leben und Tod herrscht. Lunare Aspekte sind aus diesem Grund auch bei den Moiren der griechischen Mythologie zu finden, die die Lebenszeit und das Schicksal des Menschen in den Händen halten. Die erste von ihnen spinnt den Lebensfaden, die zweite hält ihn und die dritte durchtrennt ihn. Der große Kreislauf der Natur findet seine symbolische Entsprechung im kosmischen lunaren Zyklus.

Eine Mondgöttin der alten Griechen ist Selene, die als Herrscherin über den Feuchtigkeit spendenden Tau gilt. Da gibt es den Mythos ihrer Liebe zu dem schönen sterblichen Endymion, dem König von Elis. Sie verspricht, ihm jeden Wunsch zu erfüllen und Endymion will ewig schlafen, ohne zu altern. Die Umarmung der dunklen Göttin Selene ist für das Bewusstsein des Mannes wie eine nicht enden wollende Nacht – in ihren Armen verbringt er lange Jahre der dunklen Unbewusstheit. Hekate wird ebenso mit dem Mond in Verbindung gebracht, repräsentiert aber nicht von vornherein seinen dunklen Aspekt. Vielmehr ist sie zunächst die hoch geachtete Mutter und Erdgöttin aus grauer Vorzeit, deren Herkunft verborgen bleibt. Jedenfalls entstammt sie dem Titanengeschlecht, hilft aber Zeus in seinem Kampf gegen die Giganten und wird dafür von ihm geehrt. Nach einem Zusammenstoß mit Hera muss sie sich verstecken, mischt sich unter das Gefolge eines Leichenzuges und wird damit unrein. Auf Befehl von Zeus wird sie im Acheron, dem Totenfluss, rituell gereinigt. Doch dann, als Göttin der Unterwelt, wird sie immer mehr auf ihre dunkle Seite festgelegt. Ihre »Außenseiterposition« bei der olympischen Götterfamilie ist einfach zu erklären: Als Vertreterin der freien Partnerwahl im Matriarchat hilft sie Zeus bei seinen Seitensprüngen. Hekate eilt Zeus' Geliebte Europa zu Hilfe und wird zum Stein des Anstoßes für seine eifersüchtige Gattin, die Hüterin der Ehe. Die durch heidnische Sitten geprägte Göttin passt nicht in die Zeit des stark werdenden Patriarchats, deshalb lässt ihre Verehrung nach.

Mit Circe, als süßer Hexe, der nur ein Odysseus – geschützt durch die schwarze Wurzel des Hermes (= Anwendung der eigenen, weiblichen, dunklen Seite) – widerstehen kann und mit Persephone, der göttlichen Wanderin zwischen Licht und Dunkelheit, bildet Hekate die Dreifaltigkeit des abnehmenden Mondes. Alle drei repräsentieren die dunkle, verführerische Seite des Weiblichen. Mit diesen symbolischen Gestalten wird der Mond als Ausdruck der Triebhaftigkeit gesehen, die auf sofortige Befriedigung emotionaler Bedürfnisse ausgerichtet ist. Es wird verständlich, dass der Mond das Unbewusste (s. Selene und Endymion) sowie die gefühlshafte, triebhafte und unvernünftige Natur des Menschen (z. B. Hekate und Circe) symbolisiert. Der Mond ist auch ein Symbol der Mutter, weil sich die Mondseite unseres Wesens danach sehnt, in diesen Schoß gesegneter Sicherheit und Geborgenheit zurückzukehren. Der Mond als Repräsentant menschlicher Gefühle und Sehnsüchte beinhaltet das Streben nach nahen Beziehungen, sogar durch Aufgabe der eigenen Identität. Er steht für Veränderungen, für Launenhaftigkeit, sowie die Aufnahme und Verarbeitung von Erfahrungen.

Die Bleistiftzeichnung der Abbildung 2 stammt von einem 15-jährigen Mädchen. Die Mutter ist allein erziehend und arbeitet in der gleichen Firma, in der Herr P. in gehobener Position tätig ist. Beide verlieben sich ineinander. Die Tochter Sonja bewundert die künstlerische Begabung von Herrn P. und sieht ihm beim Malen zu. Er hilft bei den Mathematik-Hausaufgaben. Eines Tages entschließt sie sich, ihm dieses Bild mit Widmung zu schenken, obwohl ihr nicht bewusst ist, was es bedeutet. Herr P. kommt in seinen Überlegungen, was die Symbolik der Zeichnung darstellen soll, nicht weiter und bringt sie zu mir.

Ein kräftiger, winterlicher Laubbaum steht am Ufer eines Teiches. In der klaren Mondnacht erscheint sein Spiegelbild gut sichtbar im stehenden Wasser. Es herrscht Stille und Ruhe. Nur der Himmel wirkt durch das Aufleuchten von mehreren Sternen lebendig und durch die abnehmende, dunkle Mondsichel geheimnisvoll. Eine gewisse Spannung ist jedoch spürbar, als ahne der Betrachter, dass sehr lebendige Kräfte am Werk sind, die

Abbildung 2: Der Mond

nur den richtigen Zeitpunkt abwarten, um ihre Dynamik und leidenschaftliches Pulsieren voll zu entwickeln.

Sonja weiß nichts von einer Wesensverwandtschaft zwischen Mensch und Baum. Beide wachsen in die Höhe, stehen aufrecht, gebären Früchte und haben eine begrenzte Zeit zur Verfügung im Kreislauf der Natur. Beide entstammen dem gleichen Mutterboden. Im alljährlichen Stirb-und-werde-Prozess offenbart sich das Leben selbst. Der Baum in seinen zwei Gestalten als Lebensbaum (arbor vitae) und Todesbaum (arbor mortis) erweist sich als echtes archetypisches Bild. Die Legende erzählt, dass Alexander der Große auf einer seiner Eroberungsreisen ein Heiligtum aufgesucht hat, das Sonne und Mond gewidmet sind. Vor dem heiligen Schrein habe er einen imposanten männlichen Baum mit dem Namen Sonne und einen ebenso ehrfurchterweckenden weiblichen Baum, Mond genannt, bewundert. Beide Himmelskörper haben ebenso archetypischen Charakter. Sie bilden zusammen ein männlich-weibliches Paar, das die Polarität des Maskulinen und des Femininen in einem jeden einzelnen Menschen darstellt. Die Dualität erzeugt Spannung und erschafft den göttlichen Funken des Lebens. Sonne und Mond sind ein duales Symbol für Hell und Dunkel, für Bewusstes und Unbewusstes, Geist und Materie, Aktivität und Passivität, Vater und Mutter, sowie Leben und Tod.

In der biblischen Schöpfungsgeschichte ist ebenfalls vom Baum der Erkenntnis die Rede. Das Erkennen und die Unterscheidung von gut und böse, lustvoll und leidvoll kann sich auch auf das Erwachen der Sexualität beziehen. Die 15-jährige Sonja schaut im Teichwasser ihr eigenes Spiegelbild an und erkennt, dass nicht nur in ihrer Mutter weiblich-erotische Reize vorhanden sind. Ihre eigene Sexualität ist am Aufblühen. Ihre dunkle, mondhafte, verführerische Seite und der verlockende mädchenhafte Sexappeal gehen am männlichen Firmament auf.

Mythos und Mystik der Zahlen

In unserem Kulturkreis lässt sich die Beschäftigung mit den Zahlen und ihren besonderen Eigenschaften bis ins 6. Jahrhundert v. Chr. zurückverfolgen. Es ist Pythagoras, 570 v. Chr. in Samos geboren, der lange Zeit in Ägypten und Kroton (Italien) wirkt, wo er eine, nach ihm benannte Lebensgemeinschaft gründet. In den Mittelpunkt ihrer Gedanken stellt die pythagoreische Schule die Idee der Ordnung: die musikalische Ordnung, die mathematische Ordnung, die Ordnung des Kosmos und die ethische und soziale Ordnung. Die pythagoreische Philosophie beeinflusst unmittelbar das tägliche Leben von damals, es gilt nämlich als schicklich, sich am Abend zu fragen: »Worin habe ich heute gefehlt und was habe ich geleistet?« Für Speise und Trank existieren bestimmte Gebote, und der Genuss von Fleisch wird (wegen der Unsterblichkeit der Seele) als verwerflich angesehen. Bestimmte Gedanken des Meisters und seiner Schüler beeinflussen jahrhundertelang literarische und religiöse Werke. Der berühmte Satz des Pythagoras über das rechtwinklige Dreieck – »das Quadrat der Hypotenuse = die Summe der Quadrate ihrer Ankatheten« – ist Pflichtlektion für ein jedes Schulkind geblieben.

In Anlehnung an die Kosmologie Anaximanders wird der pythagoreische Gedanke – der Gegensatz ist weltschaffende Kraft – geboren. Polare Strukturen wie Licht und Dunkel, Gut und Böse, der Gegensatz an sich, sind Konstituenten der Welt. Die Pythagoreer versuchen, die in der Welt herrschenden Gegensätze in einer so genannten Dekadentafel zu vereinen (Abb. 3).

begrenzt	←→	unbegrenzt
ungerade	←→	gerade
eines	←→	vieles
rechts	←→	links
männlich	←→	weiblich
ruhend	←→	bewegt
gerade	←→	gebogen
Licht	←→	Dunkel
gut	←→	böse

Abbildung 3: Pythagoreische Dekadentafel

Ein Blick auf diese so geordnete Tafel genügt, um zu erkennen, dass nach pythagoreischer Auffassung alle geschaffenen Dinge in zwei Kategorien eingeteilt sind: Die ungeraden Zahlen sind auf der rechten Seite und werden dem Männlichen, dem Lichten, dem Guten und so weiter zugeordnet, während die geraden Zahlen mit der linken Seite, dem Weiblichen, der Dunkelheit, ja dem Bösen assoziiert werden. Diese Gegensatz-Zahl-Kombinationen sind auch im heutigen Menschen unbewusstes, aber festes Wissensgut. Die »männlich-lichte-gute« Kombination ungerader Zahlen findet sich entsprechend in rituellen Handlungen, Gebeten und sogar Beschwörungen wieder. Wer kennt nicht das dreimalige Klopfen auf Holz, um Unglück zu vermeiden? Und wie ist es mit dem Verschenken einer ungeraden Zahl von Blumen? Die Einführung des Begriffs der vollkommenen Zahl, deren Divisoren zusammengezählt, die Zahl selbst ergeben, geht auch auf diese philosophische Schule zurück. Ein Beispiel hierfür ist die Sechs, denn Eins + Zwei + Drei ergibt Sechs, ein anderes Achtundzwanzig: Eins + Zwei + Vier + Sieben + Vierzehn. Als die vollkommenste Zahl gilt jedoch die Zehn, da sie die Summe der ersten vier ganzen Zahlen ist. Eins + Zwei + Drei + Vier = Zehn; gleichzeitig kann sie als gleichseitiges Dreieck (Abb. 4) dargestellt werden.

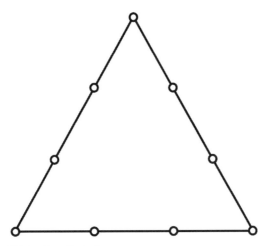

Abbildung 4: Gleichseitiges Dreieck

Wir erkennen, dass den Kern der pythagoreischen Lehre die Zahl bildet. Die Zahl wird als Prinzip der Form erkannt; sie ist es, die »Körper« schafft und ihnen ihre Maße gibt. Dieses Gestalt schaffende Prinzip durchzieht die ganze Welt, wo immer geformte Materie oder geformter Geist zu finden ist.

Nach den Pythagoreern wird der ganze Kosmos von Harmonie durchwaltet, der Quarte, der Quinte und der Oktave. Deswegen nehmen sie sogar mit Musik »die Reinigung der Seele« vor. Die menschliche Seele versteht die Harmonie durch ihre Wesensverwandtschaft mit dem Kosmos. Für Pythagoras ist sie ein unsterbliches Einzelwesen einmaliger Prägung. Die Seelenwanderung (Reinkarnation) durch Menschen- und Tierleib (die als Theorie in Indien und Ägypten ihren Ursprung nimmt) ist für ihn ein am sichersten bezeugtes Stück seiner Lehre. Er soll selbst von Phasen früherer Existenz gesprochen haben. Auch Platon ist tief vom Gedanken überzeugt, dass sich unsere Seele, aus dem Lichtreich stammend, auf der Wanderung durch die finstere, irdische Welt der Vollkommenheit nähert, um wieder zurück in die Region des Lichtes zu streben.

Neben Mathematik, Musik und Philosophie beschäftigt sich die Pythagoreische Schule mit der Heilkunde, was keine Besonderheit darstellt, denn zur damaligen Zeit gehört philosophisches Staunen und medizinisches Forschen zusammen. Das griechische Wort Philosoph bedeutet »Freund von Wissen und Weisheit«, und die Philosophie als Lehre wird nicht als bloße Gelehrtenangelegenheit, sondern als Leben spendende Kraft verstanden. Liegt da nicht die Heilkunde am nächsten? Schon der Mythos kennt große Arztgestalten, wie die beiden hellenischen Ärzte Machaon und Podaleiros, die beiden Söhne des Gottes der Heilkunde Asklepios, Apollons Sprössling. Der eine ist Chirurg, denn sein Vater hat ihm die »leichteren Hände« gegeben, um Geschosse aus dem Fleisch zu holen, zu schneiden und alle Wunden zu heilen. Podaleiros ist Seelenarzt, da sein Vater ihm die Gabe verliehen hat, »das Unsichtbare zu erkennen und das Unheilbare zu heilen«. Er ist derjenige, der den Wahnsinn des Aias erkennt. Alkmeon, ein persönlicher Schüler von Pythagoras und großer Vertreter der medizinischen Kunst arbeitet wissenschaftlich in dem Sinne, dass er die typische menschliche Geisteshaltung das »Erschließen« nennt. Er erkennt das Gehirn als den Träger aller geistigen Funktionen und grenzt das menschliche gegenüber dem tierischen Wesen durch dessen Fähigkeit zum logischen Denken ab.

Die Pythagoreer sind die ersten, die in das Mysterium der Zahlen eintreten. »Wenn sie triumphierend in die Welt hinausposaunen, alles sei Zahl und nur Zahl, so ist das eine verständliche Übertreibung. Aber alles ist auch Zahl. Diese gehört zum Wesen der Dinge, wie es sich dem Menschen darstellt. Sie ist eines ihrer konstitutiven Prinzipien, sie gehört zum Wesen aller Form«, schreibt Walther Kranz (1941/1955, S. 48).

Die moderne Entsprechung dieses Triumphes erleben wir in der Computerwelt, in der letztlich alle Informationen auf Zahlen zurückgeführt werden. So sehen wir zwar die Erfolge, aber auch wie die Schlüssigkeit der Form den unmittelbaren Bezug zur eigenen Wahrnehmung und Sinngebung zu überlagern droht.

Altgriechische Philosophie ist Wesensschau und Seinserkenntnis; somit ist sie vornehmlich den Problemen der *Welterkenntnis* zugewandt, in der sie zugleich nach einer Sinngebung sucht. Pythagoreische und platonische

Gedanken werden in der Gnosis weitergeführt und so entwickelt sich die metaphysische Bedeutung der Zahlen. Jede enthält einen besonderen Zauber und ein einzigartiges Wesen. Es ist Magie am Werk, wenn behauptet wird, die Zahl beeinflusse das Wesen der durch sie beschriebenen Dinge. Dadurch wird die Zahl zum Mittler zwischen Göttlichem und Irdischem. Als Ordnungsfaktoren des Makrokosmos haben Zahlen auch im Mikrokosmos der Seele ihre Entsprechung und so machen die zahlenmystischen Zusammenhänge auch vor der deutschen Klassik und Romantik nicht halt. Goethe weist auf das Geheimnis einzelner Zahlen hin, Schiller vermutet in ihnen eine tiefere Bedeutung und Novalis bekundet seine Überzeugung, dass in der Natur eine wunderbare Mystik der Zahlen am Werke sei. Mit Jung bekommen die Zahlen einen archetypischen Charakter. Die Grenzen zwischen Form und Inhalt der Zahlen (Symbole) lösen sich in der ganzheitlichen Betrachtungsweise auf.

Die Eins

Die Eins wird in der Geometrie als Punkt dargestellt. Von den Pythagoreern wird sie, aus welchen Gründen auch immer, nicht als Zahl gesehen. Die Eins ist Symbol des Ur-Einen, des Ur-Anfangs, und repräsentiert als Zusammenfassung alles Seiende, das Göttliche. Symbolisch ist sie Ausdruck für das höchste Sein. Im religiösen Weltbild ist diese Zahl als Symbol der Gottheit sehr wichtig. Das Christentum misst der Eins trotz seiner Trinitätslehre größten Wert bei, heißt es doch: »Ein Herr, ein Glaube, eine Taufe, ein Gott und Vater aller«. Sie ist ein Begriff der Einheit und Einzigartigkeit, als das Vollkommene und Absolute ein Symbol für das All. Nach mittelalterlicher Auffassung steht die Eins dem Männlichen nahe. Die männlichen Zahlen gehören zum Reich des Logos, während die weiblichen zum Reich des Eros gezählt werden.

Die Zwei

Die Zwei wird geometrisch als Linie dargestellt, die gleichzeitig trennt und verbindet.

Jolande Jacobi beschreibt in ihrem Buch »Vom Bilderreich der Seele« die Zwei sehr treffend: »Die Zwei als Zahl des Paares, der Gegensätze, deutet auf die androgyne Natur der Psyche hin, aber auch auf die Dissoziierbarkeit ihrer Struktur und bezeichnet ... ein Geschehen unter dem Aspekt des Weiblichen. Als Träger polarer Gegensätze besitzt die Zwei das Wesen des Widersachers, des Zweifels, des Zwillingshaften, von sterblich-unsterblich, ... Die Zwei ist – da sie eine Polarität ausdrückt – auch Sinnbild für ein Streben nach Vereinigung, aus der dann die Drei, ›das Kind‹, hervorgehen kann« (1992, S. 94).

Durch ihren Doppelaspekt ist die Zwei einerseits die Zahl der Kreativität und andererseits das Symbol der Spaltung und Unterscheidung. Auch die Zeit steht im Zeichen der Zwei. Sie wird symbolisiert durch das Janusgesicht, von denen eines in die Vergangenheit und eines in die Zukunft schaut. Alle Phänomene einer dualistischen Weltanschauung gehen auf die Zwei zurück, denn die bipolare Spannung durchzieht die ganze Schöpfung. Leben ist ohne Tod nicht vorstellbar; Gutes wird ohne das Böse nicht greifbar, Größe lässt sich erst an der Kleinheit messen, Glück ist durch das Unglück erfahrbar.

Das Symbol von *Yin und Yang* (s. Abb. 5) stellt in der chinesischen Philosophie die polaren Grundprinzipien dar, aus deren Wechselspiel und Interaktion alles Geschehen im Universum und alles Leben auf der Erde entsteht. Himmel und Erde sind ihre Erscheinungen. Die Qualitäten des Weiblichen, Dunklen, Passiven und Befruchteten entsprechen dem Prinzip *Yin*. Ihre Symbole sind die Farbe Schwarz, der Mond, das Wasser, die geraden Zahlen. Das Männliche, Helle, Aktive, das Schöpferische findet seine Entsprechung im *Yang*. Seine Symbole sind die Farbe Rot, das Feuer, die Sonne und die ungeraden Zahlen. *Yin und Yang* sind in ihrer jeweiligen periodischen Ab- und Zunahme und ihrem Zusammenspiel Manifestationen des Tao, das in der Ordnung und Wandlung alles Seienden zum Ausdruck kommt. *Yin und Yang*, die Naturkräfte des Weiblichen (des Dunklen) und des Männlichen (des Hellen), sind beide aus dem Ur-Einen entstanden.

Im christlichen Glauben deutet die Zwei auf die beiden Gebote der Gottes- und der Nächstenliebe hin.

»Trotz der Notwendigkeit der Polarität für den Fluss des Lebens steht doch im zahlenmystischen Weltbild die Zwei auf der Seite des Negativen, der Zwietracht und Entzweiung und bedarf einer überhöhenden Macht, um die Spaltung der Welt zu überwinden. Und so gelangen wir von der heiligen *Ein*falt über den *Zwei*fel (zwifal) zur *Drei*faltigkeit«, schreiben Franz Carl Endres (1984/1996, S. 71) und Annemarie Schimmel in ihrem Buch »Das Mysterium der Zahl«.

Die Urkraft der Symbole in der griechischen Mythologie 71

Abbildung 5: Yin und Yang

Die Drei

Die Drei stellt die erste geometrische Figur dar. Drei Punkte kennzeichnen die Begrenzungen eines Dreiecks und drei Linien bilden die geometrische Figur. Symbolisch gesehen ist die Drei eine integrative Zahl (z. B. ist ein Kind das bindende Dritte zwischen Vater und Mutter, wenn zwei sich streiten, gewinnt der Dritte, alle guten Dinge sind Drei etc.). Wir haben es hier mit dem Prinzip der Vermittlung zu tun, ein umfassendes Prinzip, das Gegensätze zu einem Ganzen verbindet. Im Gegensatz zu der eher statischen Zwei ist die Drei eine dynamische Zahl, sie stellt Bewegung und Entwicklung dar.

Für Dante ist die Drei das Prinzip der Liebe, der synthetischen Kraft. Einen ähnlichen Gedanken muss bereits Hesiod gehabt haben, denn am Anfang sind es Chaos, Gaia und Eros, aus denen der ganze Schöpfungsmythos entsteht. Überhaupt scheint die Drei an Wichtigkeit in Sage, Dichtung und Kunst kaum zu übertreffen zu sein. Drei Generationen dauert es (Uranus, Kronos und Zeus), bis die griechische Götterherrschaft endlich etabliert ist. Zeus teilt sich anschließend das Universum mit Poseidon und Hades. Hera repräsentiert den hellen Zyklus der Frau in der griechischen Mythologie als Jungfrau, gebärfähige reife Frau und alte Weise. Hekate, Persephone und Circe, ist die eine Variante der Dreifaltigkeit des dunklen, abnehmenden Mondes; Selene, Artemis und Hekate eine andere Variante für dasselbe. Dieser dreifache mythologische Reigen ließe sich mühelos fortsetzen, liegt doch die Ursache darin, dass der Mensch in seiner Naturbetrachtung überall der Dreiheit begegnet. Am Anfang sieht er sich von Erde, Wasser und Himmel umgeben (Luft als viertes Element wird deutlich später in der menschlichen Evolution wahrgenommen). Er entdeckt in der sinnhaften Erfassung und Wahrnehmung der Welt, dass es an den Pflanzen Wurzeln, Stängel und Blüten gibt, an der Frucht Schale, Kern und Fleisch. Der Mensch findet drei Kategorien geschaffener Dinge um sich herum (Mineralien, Pflanzen- und Tierwelt) – überhaupt erscheint ihm das gesamte Leben unter dem dreifachen Aspekt von Beginn, Mitte und Ende als Werden, Sein und Vergehen. Dieser Aspekt klingt bei den Pythagoreern an.

Die Philosophie erkennt den Dreischritt als Prinzip der Vermittlung zwischen Denken und Sein – den dialektischen Prozess von These und Antithese zur Synthese (Hegel 1770–1831). In der Synthese wird in drei Weisen etwas »aufgehoben«: Etwas wird bewahrt, etwas wird auf eine höhere Ebene gestellt, etwas wird zurückgenommen. Unter dem physikalischen Aspekt betrachtet ist die Welt unserer Wahrnehmung dreidimensional, denn alles Wahrgenommene und Erfasste spielt sich innerhalb der Raumkoordinaten Länge, Breite und Höhe ab. Die Dreigliederung in Geist, Leib und Seele wird vom Hellenismus in unseren Kulturkreis übernommen. Allgemein betrachtet gliedert sich die geistige Tätigkeit des Menschen in Denken, Wollen und Fühlen. Der christlich-geistige Trinitätsbegriff (Vater, Sohn und Heiliger Geist) hält Einzug in die Religionsgeschichte. Drei Könige kommen aus dem Morgenland nach Bethlehem, die Auferstehung Jesu erfolgt am dritten Tag. Eine weitere Dreiheit im christlichen Glauben sind die Kardinaltugenden Glaube, Liebe und Hoffnung. Schwefel, Salz und Quecksilber sind im Mittelalter wichtige alchimistische Symbole. Chemisch unterscheidet man Säuren, Basen und Salze. Im Volksglauben bekräftigt man Sprüche (z. B. gegen Behexung), in dem man sie dreifach wiederholt. Das dreifache Klopfen auf Holz (toi, toi, toi) soll Schlimmes verhüten. Die Beobachtung, ein dreibeiniger Tisch wackelt nicht, veranschaulicht ein grundlegendes statisches Konstruktionsprinzip. Wichtige Dinge werden dreimal verrichtet. Drei verschiedene Medaillen werden bei den olympischen Spielen vergeben. Drei Richter bilden seit dem Altertum eine urteilsfähige Versammlung. Der Walzer ist ein schönes Beispiel für die Einprägsamkeit des Dreierrhythmus in der Musik.

Freud sieht wegen Form und Anordnung der männlichen Geschlechtsorgane die Drei und das Dreieck, als männlich an.

Bereits Pythagoras betrachtet das Dreieck als »Anfang der Entstehung« im kosmischen Sinne. Das Doppeldreieck symbolisiert die Verflechtung von Makrokosmos und Mikrokosmos. Aber die Drei hat auch eine dunkle Seite. Im Volksglauben kann schwarze Magie betrieben werden, sobald drei Personen vorhanden sind; erinnern wir uns doch an die drei Hexen in Shakespeares Macbeth.

Die Vier

Die Vier wird geometrisch als Quadrat oder Rechteck dargestellt. Sie ist ein Ordnungssymbol.

Für die Pythagoreer ist die Vier die erste Quadratzahl und somit heilig. Die Vier ist ein Totalitätssymbol: Es existieren vier Himmelsrichtungen; wir kennen die vier Elemente; das Jahr hat vier Jahreszeiten; auch der Monat wird viergeteilt. Unser Orientierungssinn spricht von oben, unten, rechts und links, der Mensch erlebt vier Lebensalter (Säugling, Kind, Erwachsener und Greis). Die menschliche Psyche kennt vier Temperamente, denen nach Jung vier Funktionen zugeordnet werden (Denken, Empfinden, Fühlen und Intuition). Somit scheint die Quaternität etwas Ganzes zu symbolisieren, etwas In-sich-Abgeschlossenes, In-sich-Ruhendes.

Auch in der Mystik scheint die Vier ihre Zuordnung zur Welt zu haben. In der Kabbala wird das Universum in vier Teile aufgeteilt. Den vier Teilen des Universums entsprechen die vier Farben des mittelalterlichen Tarot. Unsere modernen Spielkarten beinhalten auch vier Farben.

Die Vier als Symbol der Welt mit ihrer räumlichen und zeitlichen Ordnung nimmt ihren Ursprung im Altertum und herrscht über das Mittelalter bis zum heutigen, modernen Zeitalter, denken wir nur an das bis heute gültige Vierkastensystem der Hindus. Interessanterweise findet man die Vier im Aberglauben sehr selten, mit Ausnahme vom vierblättrigen Kleeblatt, das Glück bringen soll; die dunkle Seite der Vier findet sich beispielsweise in den vier Reitern der Apokalypse wieder.

Die Fünf

Als Stern der babylonischen Liebesgöttin Ischtar, als pentagramma veneris, gilt die Fünf als ein Symbol der Liebe. In hellenistischer Zeit wird Aphrodite in fünfeckig gebauten Tempeln verehrt. In der griechischen Philosophie spricht Empedokles von der Pentade (materia prima, Intelligenz, Seele, Natur und körperliche Materie). Für die Pythagoreer bedeutet es die Vereinigung der ersten ungeraden mit der ersten geraden Zahl und gilt somit als Zeichen der Hochzeit und der Synthese. Ähnlich ist die glückliche Vereinigung von Yin (der Zwei zugehörig) und Yang (mit der Drei assoziiert) als Fünf im alten China zu verstehen. Die Fünf ist die Verbindung der maskulinen Drei mit der weiblichen Zwei. Sie symbolisiert deswegen die Zahl des natürlichen Menschen. Mit seinen fünf Sinnen (Gesicht, Gehör, Gefühl, Geruch und Geschmack) erfährt er seine Umwelt, fünf Finger hat seine Hand, durch die er fähig wird zu handeln. Im Mittelalter symbolisiert das Pentakel oder der Drudenfuß als talismanisches Zeichen den Mikrokosmos, der auf Paracelsus zurückgeht. Die Fünf erscheint im Allgemeinen als eine mystische Zahl. Laut Volksglauben soll sie eine schützende Macht gegen Böses darstellen.

Die Sechs

Die Sechs wird geometrisch durch das Hexagramm ausgedrückt, aber auch räumlich durch die sechs Flächen des Würfels. Im pythagoreischen Gedankengut ist die Sechs eine vollkommene Zahl, da sie sowohl die Summe als auch das Produkt ihrer Teile ergibt. Die Sechs entsteht durch Eins + Zwei + Drei, oder durch Eins x Zwei x Drei. So gesehen stellt die Sechs, ebenso wie die Fünf ein Produkt der ersten männlichen mit der ersten weiblichen Zahl dar.

Im Davidsstern (der Sechsstern; Abb. 6) als Glaubenssymbol des Judentums, wird die Vereinigung des weiblichen Dreiecks, dessen Spitze nach unten weist mit dem männlichen Dreieck, dessen Spitze nach oben zeigt, symbolisiert. Deswegen wird die Sechs als Ausgleich der gleichwertigen Verbindung eines Gegensatzpaars gesehen.

Im Hinduismus symbolisiert die Synthese des schöpferischen, guten und nach oben strebenden (Vishnu) Dreiecks mit dem zerstörerischen, materiellen, nach unten weisenden (Shiva) Dreieck, die Schöpfung und Vergänglichkeit der materiellen Welt. In der Alchemie steht die Sechs symbolisch für die Vereinigung des männlichen Feuers mit dem weiblichen Wasser und drückt damit erneut die Vereinigung konträrer Gegensätze aus. Im weitesten Sinne ist das Hexagramm ein Symbol für die Vereinigung und Durchdringung von sichtbarer und unsichtbarer Welt, Geist und Materie, Raum und Zeit. So ist es nur stimmig, wenn im Alten Testa-

Die Urkraft der Symbole in der griechischen Mythologie 75

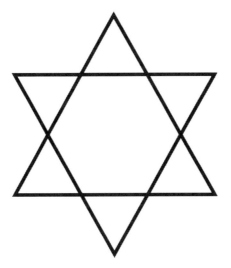

Abbildung 6: Davidsstern, Sechsstern

ment Gott die Welt an sechs Tagen erschafft. In der christlichen Religion wird neben der Vollkommenheit auch der traurige Aspekt der Sechs gesehen, da Jesus am sechsten Tage der Woche gekreuzigt wird und in der sechsten Stunde sein Leben aushaucht.

Die Sieben

Geometrisch steht das Heptagon für die Zahl Sieben. Die Bedeutung der Zahl Sieben als heilige, magisch-mystische Zahl geht auf Urzeiten zurück. Sie nimmt im antiken Griechenland einen wichtigen Platz ein und wird in erster Linie mit Apollon in Verbindung gebracht. Leto, die Titanentochter, wird von Zeus schwanger. Ihren zwei ungeborenen Kindern wird Großes vorausgesagt, was Heras Zorn entflammt und sie veranlasst, allen Ländern die Aufnahme der schwangeren Titanin zu verbieten. Erst auf der schwimmenden Insel Delos findet die geplagte Leto Zuflucht. Sieben Mal umkreisen singende Schwäne diese Insel, bevor die Zwillinge Apollon und Artemis, geboren werden. Die Geburt erfolgt am siebten Tag, der daher Apollon geweiht wird. Apollon gedeiht prächtig, da ihn die Titanin Themis mit Nektar und Ambrosia nährt, und verlässt nach wenigen Tagen, in denen er erwachsen geworden ist, die Insel Delos auf der Suche nach einem passenden Ort um sein Orakel zu gründen. Für die apollinische Religion ist kennzeichnend, dass sie starke Zentren des Kultes bildet. Delos, Delphi und Milet sind solche Stätten, deren Bedeutung über die Grenzen Griechenlands hinauswächst. Trotzdem bezeichnet sich der delphische Gott als Priester seines Vaters und wird somit zum Vollstrecker dessen Willens. Als Gott der Musik erfindet er die Laute oder Kithara. Von seinem Halbbruder Hermes bekommt er die Lyra, die sieben Saiten trägt und zu seinem Lieblingsinstrument wird. Mit ihr bereitet er den Feinden Entsetzen, den Olympiern aber Glückseligkeit. Hiermit wird die Spannung in den beiden Wesensseiten Apollon dargestellt. Seine Geschosse, seien es die Pfeile seines Bogens oder die musikalischen Töne, bringen sowohl den Tod wie die musische Erfüllung des Lebens.

Auch Athene ist mit der Zahl sieben verbunden. Ihr Symbol ist die Eule, die man mit Weisheit assoziiert. In Kunst und Literatur begegnet man ihr mit voller Rüstung, Rundschild und Speer. Sowohl Athene wie Ares sind Kriegsgottheiten, doch bilden sie einen Kontrast. Homer liebt Athene besonders – für die Griechen verkörpert sie Intelligenz und Strategie. Da die Sieben eine Primzahl ist, »weder gezeugt, noch zeugend«, nicht teilbar und kein Produkt innerhalb der ersten Dekade hervorbringt, wird sie mit der jungfräulichen, dem Haupte des Zeus entsprungenen Athene verknüpft.

Die Sieben symbolisiert in der griechischen Mythologie jedoch nicht nur inspirierende, schöpferische Aspekte – auch ihre destruktive Seite findet hier ihren Ausdruck, wie in dem Mythos von Niobe, der Tochter des lydischen Königs Tantalos. Am Festtag der Leto in Theben, zeigt Niobe Hochmut gegenüber der Göttin, indem sie Apollon und Artemis mit ihren eigenen, prächtig gedeihenden sieben Söhnen und sieben Töchtern unvorteilhaft vergleicht. Leto ist über diese Beleidigung sehr erbost und fordert ihre beiden Kinder auf, sie zu rächen. Apollon überfällt die sieben Söhne von Niobe und tötet sie alle mit seinen Pfeilen. Kurze Zeit später sterben alle sieben Töchter durch die Hand von Artemis. Von Schmerz überwältigt, verwandelt sich Niobe in einen marmornen Felsen, aus dessen steinernen Augenhöhlen unaufhörlich bittere Tränen fließen.

Die Faszination des Menschen für die Zahl Sieben durchzieht die Jahrtausende wie ein roter Faden. Interessant ist die Aufteilung der Sieben in ihre beiden konstituierenden Prinzipien, die geistige Drei und die erdhafte Vier. Die Drei besteht aus den schöpferischen Aspekten des aktiven Bewusstseins, des passiven Unbewussten und der ordnenden Kraft ihres Zusammenwirkens. Die Vierheit setzt sich aus der geschaffenen Materie der Elemente (Luft = Intelligenz, Feuer = Wille, Wasser = Gefühl und Erde = Moral) zusammen.

Jacobi sieht in der Verbindung der Drei mit der Vier die Figur »des Hauses«, einer Kombination aus Quadrat und Dreieck. Dies sei »ein Abbild der Ganzheit des Menschen, in dem das Stoffliche der Vier mit der ... geistigen ... Drei das ganze Wesen der sterblich-unsterblichen Kreatur versinnbildlicht« (Jacobi 1969/1992, S. 96). Anders ausgedrückt, verbindet sich die Zahl des Ewigen, die Drei, mit der Zahl des Zeitlich-Irdischen, der Vier, zur heiligen Zahl der Inkarnation. Das hellenistische Gedankengut teilt das menschliche Leben in zehn Stufen à sieben Jahre ein. Der Lebensbaum mit sieben Zweigen, je sieben Blättern, steht Pate für den siebenarmigen Leuchter im Judentum. Im Alten Testament begegnet man häufig der Zahl Sieben: Es beginnt mit der sieben Tage dauernden Schöpfung, die sich in den sieben Tagen der Woche spiegelt. Die Sintflut bereitet sich sieben Tage vor; Noahs Taube bleibt sieben Tage aus, bevor sie mit dem blühenden Ölzweig zurückkommt; große Feste dauern sieben Tage; neben dem siebenfachen Opfer gibt es das siebenfache Bad. Das Gleichnis mit den sieben fetten und den sieben mageren Kühen im Traum von Josef, kennt jedes Schulkind. Die katholische Kirche kennt sieben Tugenden und sieben Todsünden. Die Sieben kann, symbolisch interpretiert, als »Rundzahl« verstanden werden. Die Altgriechen sprechen von den sieben Helios-Söhnen, sieben Köpfen der Hydra, sieben Helden von Theben und den sieben Weltwundern. Im Märchen dauert es sieben Jahre, bis man von einem Zauber erlöst wird, und in »Schneewittchen« sind es sieben Zwerge, die der Königstochter helfen.

Die Acht

Geometrisch gesehen bildet das Achteck, das Oktagon, einen Übergang vom Quadrat in den Kreis. Dieser Übergang vom irdischen Quadrat zum göttlichen Kreis ist auch in vielen Kirchen zu sehen, in denen sich über der Vierung, der Erde ein Achteck erhebt, über dem sich die Kuppel in den Himmel wölbt. Die Lemniskate, eine waagerecht liegende Acht wird zum mathematischen Zeichen für Unendlichkeit, symbolisiert aber auch die Ewigkeit in der Verbindung zwischen Himmel und Erde. Mehr als nur eine interessante geometrische Größe ist die Acht jedoch als bedeutsame Glückszahl seit dem Altertum zu verstehen. Sie ist eine Zahl der kosmischen Ordnung und des kosmischen Gleichgewichts; so hat auch das Schicksals- oder Glücksrad acht Speichen.

Achtfach ist die Zahl jener Lotusblume, die immer wieder in Mandalas erscheint und so vollendete Ordnung und Symmetrie veranschaulicht. Achtfach ist auch Buddhas Pfad der Erleuchtung mit dem es möglich ist, sich aus dem Kreislauf des Karmas und des Leidens zu befreien und den acht Höllen des Hinayana-Buddhismus zu entgehen (Im Mahayana-Buddhismus entspricht der Begriff Höllen eher dem unerleuchteten, ignoranten Zustand).

In der christlichen Tradition wird die Acht als sehr positive Zahl angesehen: Acht Menschen dürfen in die Arche steigen, um gerettet zu werden; am achten Tag erfolgt die Auferstehung Christi. Christus wurde acht Mal Selig gepriesen (Matthäus 5, 3–12). Acht wird zur Zahl der Taufe, die Taufkapellen (»Baptisterien«) wurden mit einem achteckigen Grundriss errichtet.

So wie der achte Tag die neue Woche eröffnet, kehrt mit der Oktave, dem achten Ton, die Tonleiter zu ihrem Beginn zurück.

Eine etymologische Gemeinsamkeit der Acht findet sich in vielen europäischen Sprachen. Hier bildet sich die Zahl Acht aus dem Wort »Nacht« – einem Symbol des Unbewussten –, indem das anführende, verneinende »N« entfällt: nacht – acht (deu./holl.), night – eight (engl.), nuit – huit (frz.), noche – ocho (span.), notte – otto (ital.), noite – oito (portug.), nox – octus (lat.), natt – åtte (schwedisch/norwegisch). All diese Sprachen erinnern uns an die Bedeutung der Acht, als von Negativität befreite Nacht, ein Sinnbild des neuen Tages und des erwachten Bewusstseins.

Die Neun

Die Unterteilung des Rechtsecks in neun Felder, stellt eine wichtige geometrische Konfiguration dar, deren Mittelfeld oft eine besondere Bedeutung zukommt. Die Neun setzt sich aus dreimal Drei zusammen; sie ist ein Dreifaches Drei und dementsprechend eher als männlich zu betrachten. In mystischen Kosmologien wird die Zahl Neun mit der göttlichen Mutter der Welt in Zusammenhang gebracht. Die Neun bezieht sich auf die große Göttin mit den vielen Namen (Inanna, Ischtar, Venus, usw.) als Matrix des kosmischen Prozesses in all seinen Manifestationen.

Auch auf dem himmlischen Olymp scheint die Neun von großer Bedeutung zu sein. Styx, älteste Tochter von Okeanos und Tethys, herrscht über jenen Fluss, der vom Okeanos abzweigt und sich von einem Berg aus in die wilde Schlucht der Unterwelt ergießt. Dort windet sich der Fluss Styx neunmal um Hades' Reich. In der Unterwelt wohnt die personifizierte Styx in einem Palast mit silbernen Säulen. Durch die Verbindung mit dem Titanen Pallas zeugt sie vier Kinder – Kratos (Stärke), Bia (Kraft), Zelos (Eifer) und Nike (Sieg). Als Zeus gegen Kronos und die Titanen kämpft, eilt sie mit ihren Kindern zu Hilfe und trägt maßgeblich zu seinem Triumph bei. Zeus verfügt aus diesem Grund, dass ein beim Wasser der Styx geschworener Eid selbst von den Göttern niemals gebrochen werden soll. Wer einen solchen Schwur bricht, verfällt ein Großes Jahr (zusammengesetzt aus neun normalen Jahren) in eine totenähnliche Starre und wird anschließend weitere neun Große Jahre lang vom Olymp verbannt. Zeus selbst zeugt mit der Titanin Mnemosyne (»Gedächtnis«), der Quelle der Einbildungskraft, die neun Musen, die die Gesamtheit der menschlichen Künste und Wissenschaften symbolisieren. Seine letzte sterbliche Geliebte Alkmene schenkt dem Zeus Herakles, jenen Helden, dem es bestimmt war, die Götter in ihrem entscheidenden Ringen gegen die Giganten zu retten und neunfache Arbeit zu leisten. Die Menschen feiern auf dem lykäischen Berg alle neun Jahre ein Fest, Zeus zu Ehren, bei dem laut Überlieferung sogar menschliche Opfer dargebracht worden seien. Alle neun Jahre wird auch das Hauptfest des Apollon in Delphi gefeiert. Die Ehrung von Dionysos wird von neun Männern und neun Frauen vollzogen.

Daraus wird ersichtlich, dass der Zahl Neun eine außerordentliche Dynamik innewohnt, es ist eine kreative, gewaltige Kraft. Der geistige Aspekt der Drei wird hier dreifach verstärkt. Als potenzierte Geist-Zahl hat die Neun etwas mit dem umfassenden geistigen Prinzip, sozusagen dem Welt-Geist zu tun. Sie gilt auch als die Zahl der Summe aller Tugenden und der Askese. Die Zeiteinteilung in Neunerperioden ist nicht nur eine geistig-himmlische, sondern auch eine irdische Angelegenheit, denken wir an die neunmonatige Schwangerschaft, bevor ein neues, menschliches Wesen das Licht der Welt erblickt. Der dunkle Aspekt der Neun lässt sich in der Volksüberlieferung finden, heißt es doch, dass Katzen neun Leben haben und sich im Alter von neun Jahren in Hexen verwandeln.

Die Zehn

Geometrisch wird die Zehn durch das vollkommene Dreieck dargestellt (s. Abb. 4). Symbolisch stellt sie den geschlossenen Kreis dar und als solcher eine Einheit und Ganzheit. Für die Pythagoreer heißt es, dass aus dem Urgrund des Seins (= 1), der Polarität der Erscheinungen (= 2), der dreifachen Wirkung des Geistes (= 3) und der Vierzahl der Materie (= 4 Grundelemente) die vollkommene Zehn entsteht. Sie ist die erste Stufe zu einer neuen Vielfalt (siehe Dezimalsystem), die mit 100 eine neue Zählgrundlage erhält. Die Zehn ist der Pythagoreischen Schule heilig, weil sie die göttliche Harmonie symbolisiert. Die Zehn bildet ein abgerundetes Ganzes. Die Griechen kämpfen jahrelang um Troja, bis schließlich im zehnten Jahr die Stadt eingenommen wird. Die zehn Finger beider Hände geben uns die Möglichkeit, die Welt zu be*greifen* und in ihr zu handeln. Im Alten Testament finden sich sowohl der positive wie der negative Aspekt der Zehn. Gott schickt dem Pharao die zehn ägyptischen Plagen, damit er die Hebräer ziehen lässt. Auf dem Berg Sinai gibt Gott Moses die Zehn Gebote, von denen die ersten vier dem Volk sagen, wie es sich gegenüber Gott, die anderen, wie sich die Menschen untereinander verhalten sollen. Ein weiteres berühmtes Beispiel aus dem Alten Testament ist der Zehn-Tage-Test für Daniel und seine drei Freunde Hananja, Misael und Asanja am Hofe des Königs Nebukadnezar. Sie essen zehn Tage lang nur von ihrem Gott erlaubte Speisen und sehen danach gesünder aus als die anderen Jungen am Hof, denen beste, aber nicht koschere Speisen vorgesetzt werden.

Die Elf

Die Elf ist wie auch die Drei, die Fünf, die Sieben und die Dreizehn eine Primzahl und als solche unteilbar. Da die Elf eine Zahl ist, die die Zehn Gebote überschreitet, wird sie symbolisch (so auch im Alten Testament) als die Zahl der Sünde angesehen. Josef, einer von den zwölf Söhnen Jakobs, träumt, dass sich zur Erntezeit die elf Garben der Brüder vor seiner Garbe verbeugen, bald darauf folgt ein anderer Traum, in dem sich Sonne, Mond und elf Sterne vor Josef verneigen. Jakob weiß die beiden Träume zu deuten und ist darüber verwundert, während die anderen Brüder erbost Josef heimlich in die Sklaverei nach Ägypten verkaufen und dem Vater gegenüber behaupten, Josef sei umgekommen. An die Sünde mag die Zahl Elf auch im Karneval erinnern. Am 11.11. um 11:11 Uhr beginnt die närrische Zeit unter der Herrschaft des Elferrates.

Nach Jakobi und Ingrid Riedel (1988) stellt die Elf tiefenpsychologisch einen unlösbaren Konflikt dar.

Die Zwölf

Die Zwölf als Symbol hat einen weiten Wirkungskreis. Sie bildet sich aus dem Produkt von dreimal Vier oder der Summe der beiden wichtigen Zahlen Fünf und Sieben, Symbole für Liebe und Heiligkeit. Das Zwölfersystem (das so genannte Duodezimalsystem) hat das menschliche Denken seit Urzeiten beeinflusst. Die meisten alten Kulturen teilen das Jahr in zwölf Monate à circa 30 Tage ein. Der Tag hat 2 x 12 Stunden, die Stunde hat 5 x 12 = 60 Minuten. Analogien dazu finden sich in der Aufteilung des Kreises in 12 x 30° in Bogenminuten und Sekunden. Zwölf Tierkreiszeichen komplettieren den Zodiak in der Astrologie. Im griechischen Olymp sind es zwölf große, wichtige Gottheiten, die das Leben des Menschen auf Erden lenken und beeinflussen. In der Herakles-Sage muss der Held zwölf gewaltige Taten vollbringen. Von Achilles werden zwölf Trojaner geopfert. Im Alten Testament gibt es zwölf Stämme Israels, Jakob hat zwölf Söhne und zwölf Tore führen ins himmlische Jerusalem. Im Neuen Testament sind es zwölf Jünger Jesu. Als Symbol der Vollkommenheit und Vollständigkeit schätzt auch die Alchemie die Zahl zwölf hoch ein. Der dunkle, magische Aspekt der Zwölf ist vielleicht am ehesten in der so genannten Mitternachtsstunde, der Geisterstunde zu suchen, in der mancherlei zum seltsamen Leben erwachen soll.

Die Dreizehn

Im menschlichen Gedankengut ist die Zahl dreizehn sehr ambivalent, und extrem besetzt. Einerseits gilt die Dreizehn im Alten Testament als Heilszahl, als glücksbringend. Sie gilt sogar symbolisch als der Anfang eines neuen Zyklus. Andererseits ist sie seit dem Altertum mit negativen Projektionen belegt. Für die Babylonier ist sie die Zahl, die das Vollkommene (= 12) zerstört, sie wird als böses Omen angesehen, das dreizehnte Kapitel der Apokalypse handelt vom Antichristen, im Märchen ist die dreizehnte Fee böse. Im Aberglauben wird an der negativen Seite der Dreizehn verkrampft festgehalten. Bis heute existieren Hotels, in denen das dreizehnte Zimmer fehlt, ebenso wie die dreizehnte Sitzreihe bei manchen Fluggesellschaften. Am Freitag, dem Dreizehnten wagen sich manche Menschen nicht auf die Straße. In der Magie hält diese Zeit einen gehobenen Platz inne – Hexen sollen gerne in Gruppen von dreizehn auftreten, es ist die Zahl des Unglückes, des Übermutes und der Hybris.

Die Farben

Die meisten griechischen Philosophen beschäftigen sich auch mit den Farben. Ihrer Idee der Ordnung folgend, bezeichnet die pythagoreische Schule Weiß, Schwarz, Rot und Gelb als Urfarben und sucht aus deren Mischung die anderen Farben abzuleiten. Empedokles lehrt ein Jahrhundert später, dass Farbe etwas erst im Auge Wahrgenommenes sei (Kranz 1912). Dieser griechische Philosoph versucht zu systematisieren und ordnet die Farben Blauviolett, Grün, Rot und Gelb den Elementen Erde, Wasser, Feuer und Luft zu. Ausgehend von seiner Vierfarbenlehre bemüht er sich außerdem, eine Verbindung zwischen den genannten Farben und den vier Temperamenten aufzuzeigen. Empedokles teilt Rot dem cholerischen, Grün dem phlegmatischen, Gelb dem sanguinischen und Blauviolett dem melancholischen Temperament zu. Aristoteles vertritt dagegen die Ansicht, die Bildung aller Farben beruhe auf Weiß und Schwarz. Auf dieser Schwarz-Weiß-Theorie baut er die Lehre von den sieben Farben auf.

Für lange Zeit danach tritt die Farbenlehre in den Hintergrund. Erst im 17. Jahrhundert entdeckt Isaac Newton bei der Durchführung optischer Experimente die Zusammensetzung des weißen Lichts aus den verschiedenen Spektralfarben. Johann Wolfgang von Goethe geht bei seiner Untersuchung der Farben und ihrer Beziehungen untereinander einen phänomenologischen Weg. Der große Dichter setzt mit seiner Lehre, die im Sinne von Aristoteles aus dem Zusammenwirken von Hell und Dunkel alle Farben entstehen lässt, antike Tradition fort.

In unserem Jahrhundert ist über Farbentypologie und -psychologie häufig geschrieben worden: Johannes Itten (Kunst der Farbe), Pfister (Farbpyramidentest) und Max Lüscher mit seiner Persönlichkeitsbeurteilung nach der individuellen Farbwahl, berichten über den Ausdruckswert der Farbe. Jolande Jakobi, Verena Kast (1990) und Riedel (1983) beschäftigen sich im Sinne von Jung mit dem archetypischen Charakter der Farben. In ihrem Buch »Farben in Religion, Gesellschaft, Kunst und Psychotherapie« entwickelt Riedel ihre eigene tiefenpsychologische Farbenlehre: Für Itten sind »Farben als Strahlungskräfte, als Energien, die auf uns in positiver oder negativer Art einwirken, ob wir uns dessen bewusst sind oder nicht« (Riedel 1983, S. 7). Nach Jakobi sind Farben »Träger und Ausdruck der psychischen Emotionalität, die den Malenden bewegt. Ihre Sattheit und Intensität, Klarheit und Unreinheit geben in Bezug auf das Gemalte einen unmittelbaren Aufschluss über die Stärke und die Wesensart dieser Emotionen. Zwischen den äußersten Extremen von Licht und Dunkel liegen alle

Farben der Welt. Jede Farbe kann eine bestimmte, von den anderen verschiedene Gefühlswirkung auslösen. Experimentelle Untersuchungen mit dem Lüscher-Farbtest haben gezeigt, dass die Farbwahlen nicht nur alters-, sondern geschlechtsabhängig sind ... Das Finden der subjektiven Formen und Farben heißt sich selbst finden« (Jakobi 1969/1992, S. 86).

Unterschiedliche seelische Verfassungen lassen sich mit Farben gut veranschaulichen. Wo die Sprache verstummt, wie beispielsweise bei psychotischen Störungen, können farbige Bilder das Unaussprechliche, Stumm-Gebliebene und Unbeschreibbare wiedergeben. Einfachste farbige wie komplizierte, bildhafte Darstellungen können uns einen Einblick in die verborgenen Tiefen der Seele gewähren. Ob die Malenden zur Kreide, Aquarell- oder Ölfarben greifen, ist weniger wichtig – entscheidend ist der Sprung in die Farbenwelt. Diese enthüllt uns das Bedürfnis des Menschen, etwas von der Vielfalt seiner Innerlichkeit zu vermitteln. Die Ausdrucksmöglichkeiten der unbewussten Psyche durch Kontrast- und Mischwirkungen der Farben gehen ins Unendliche. Die reinen Farben gelten als gesättigte Farben, und ihre Verwendung bringt ein Bekenntnis zum Eigenwert und zur Dynamik der Farbe ans Tageslicht.

Neben der individuellen, auf jeden Menschen persönlich »zugeschnittenen« Symbolik existiert eine allgemeine, kollektiv festgelegte Symbolik der Farben, die in verschiedenen Religionen, Mythen und Märchen in ihrer Aussage weitgehend übereinstimmt.

Es gibt warme und kalte Farben, männliche, wie weibliche, die Positives, wie Negatives gleichermaßen symbolisieren können. Farben als Symbole sind eine durchaus bevorzugte Ausdrucksform des Unbewussten. Während unseres ganzen Lebens sind wir von Farben umgeben. Sie kennzeichnen nicht nur unsere Umwelt, sondern sind Teil des inneren Erlebens, unseres eigenen und dessen unserer Mitmenschen. Oft vergessen wir angesichts ihrer Offensichtlichkeit ihre Bedeutung und Macht. »Die Farben sind Bedeutungsträger, verleihen den Gegenständen einen Sinn ... Die äußerlich sichtbare Farbe bildet in symbolischer Schau das innere Wesen der Dinge«, formuliert Manfred Lurker (1990, S. 141). Um mit Jung zu sprechen, besitzen Farben die merkwürdig archaische, übermenschliche Qualität des Archetypus. Da zum innersten Wesen des Makro- und Mikrokosmos, zur Welt und zum Menschen die Dualität gehört, und die Farben als archetypische Kräfte ein Ausdruck davon sind, werden sie im Folgenden von ihrer hellen, konstruktiven, wie von ihrer schattenhaften Seite beleuchtet.

Weiß

Im griechisch-römischen Altertum ist Weiß, die Farbe des Lichts, sowohl Zeus (Jupiter) als auch Apollon geweiht. Zeus ist in der griechischen Mythologie der helle Himmel selbst, und sein Name bedeutet: Der Lichte. Er ist der Vater der olympischen Götter und diese Rolle entspricht der patriarchalischen Struktur jener Völker. Vorbild für seine Stellung im Olymp ist, wie bekannt, die Regierungsform der mykenischen Zeit; somit gleicht sein Amt dem Völkerfürsten Agamemnon. Zeus steht im Zeichen des Adlers, der in den reinen Äther aufsteigt, um sich von dort aus wie ein Blitz niederzulassen. Der Äther, als der reine Geist, wird als fünftes Grundelement betrachtet. Licht und Blitz, Adler und Äther symbolisieren in der Personifikation Zeus die Ebenen eines höheren, universellen Bewusstseins. Sein Zepter, von Hephaistos gemacht, ist der Blitz, und stellt das Licht dar, das die Finsternis zerreißt. Der zweite Repräsentant des weißen Lichts, Apollon, einer der mächtigsten olympischen Götter, verkörpert die lichte, männliche Schönheit und vertritt Gesetz und Zivilisation. Er gilt als die mythische Verkörperung des strahlenden, hellenischen Geistes, sein Beiname Phoibos wird als rein und heilig aufgefasst.

Tiere, durch die sich das Göttliche offenbart, sind weiß. Zeus verwandelt sich in einen weißen Stier, als er sich der hübschen, irdischen Königstochter Europa nähert. Nach Zimmer (1946) ist der weiße Schwan die tierische Maske des schöpferischen Prinzips. Auch die Taube des Heiligen Geistes trägt die Farbe weiß. Im Mittelalter gilt das weiße Einhorn als Sinnbild der schöpferischen Kraft des männlichen Bewusstseins und stellt somit ein Symbol von Jesus dar. Der Schimmel repräsentiert das Sonnenhafte, das Lichte, andererseits kann er ein Todesbote sein. Weiße Blumen haben oft eine besondere symbolische Bedeutung. Die weiße Lilie ist eine würdige Repräsentantin der Reinheit und Jungfräulichkeit. Dieser erhabene Blütenkelch ist bei den Griechen Hera, bei den Römern Juno geweiht. Als Mariensymbol verkörpert die Lilie jungfräuliche, »unschuldige« Mutterschaft. Aus diesem Grund ist sie häufig in der Hand des Erzengels Gabriel dargestellt. Der Friedhofsstrauß aus weißen Blumen verdeutlicht, dass Weiß als Farbe nicht nur Helligkeit, Leichtigkeit und Güte, sondern auch die Leere, den Abschied und das Loslassen widerspiegelt.

Im positiven Sinne ist die Farbe Weiß mit Erleuchtung, geistiger Verklärung und Vollkommenheit gleichzusetzen. Als Ausdruck spiritueller Kraft wird sie zum Sinnbild für Auferstehung. Als Farbe des Anfanges und der Initiation (z. B. bei der Taufe) bedeutet Weiß, dass eine neue Lebensperiode beginnt. Die weißen Festkleider der Mädchen bei der Erstkommunion und das Brautkleid deuten auf die Unschuld hin. In unserem Kulturkreis ist Weiß die Farbe der nichtsinnlichen (= unschuldigen) Freude im Gegensatz zum erotischen Rot der Schuld. Damit Neues entstehen kann, muss Altes »sterben« – Leichenblässe wird zum Symbol des Todes. Nachdem die Summe aller Farben Weiß ergibt, ist es Anfang und Ende zugleich. In China und Indien ist Weiß Ausdruck von Trauer.

In seiner Undifferenziertheit enthält Weiß das höchste Potential – auf einem unbeschriebenen, weißen Blatt Papier, kann die ganze Weisheit des menschlichen Geistes in Quintessenzform aufgeschrieben werden. Als Farbe des Todes hüllt sie die bunte Fülle des Lebens in eine weiße Decke und führt in das Reich der Kälte und Gespenster. Die weiße, unbunte Fahne hochheben, bedeutet, seine Kapitulation erklären, sich selbst aufgeben, kein Recht mehr haben, eigene Farbe zu zeigen.

»Ein zentrales Symbol der Farbe Weiß ist das Salz, dem Unheil abwehrende Lebenskraft zugesprochen wird«, schreibt Riedel (1983, S. 181). Durch seine Kraft zum Würzen, Reinigen und Konservieren ist es zum Sinnbild für moralische und spirituelle Kräfte geworden. Im Aberglauben hilft Weiß in Form von Salz gegen Verhexung. Im Orient schützen weiße Steine gegen den »bösen« Blick. Wir sehen hier die Verflechtung und den Kampf des Guten gegen das Böse. Als Begriffspaar erhalten Gut und Böse kosmische Dimensionen. Sie werden Licht und Finsternis, Sommer und Winter sowie Leben und Tod gleichgesetzt. Dem Reinen, Weißen, Schönen und Edlen wird das Befleckte, Schwarze, Hässliche und Gemeine gegenübergestellt. Während Gott in blendendem Licht, in absolutem Weiß, erstrahlt, ist der Teufel der Schwarze. Für Jacobi (1969) steht dieses Gegensatzpaar für Glück – Unglück, beide Seiten stellen eine »Ganzheit« dar.

Nun ein praktisches Beispiel für die Farbe Weiß:. Eine Kollegin berichtet mir von einer 29-jährigen Frau mit einer schizotypen Persönlichkeitsstörung mit Zwangssymptomatik. Die Patientin wird nach der Geburt ihres um drei Jahre jüngeren Bruders erstmals auffällig. Von Neid und Eifersucht getrieben, stößt und schlägt das dreijährige Mädchen den Säugling in der Wiege. Eine gewisse Zeit später treten Zwangssymptome auf – das Kind wäscht sich auffallend häufig die Hände und verlangt von der Mutter, gewisse »Kontrollpunkte« an der *weiß* gestrichenen Wand zu berühren. Aus auferlegter Anpassung heraus entsteht als Abwehrmechanismus eine Reaktionsbildung – einer Überkompensation ähnlich, bildet das Mädchen diese Gegenreaktion aus. Die verbotenen aggressiven Impulse werden unter Kontrolle gebracht, in dem die ursprünglich empfundene

Eifersucht und der Hass in betonte Liebe gegenüber dem Bruder ausschlagen. Sie entwickelt ein inniges, fast inzestuöses Verhältnis zu ihm. Zur Mutter besteht eine ebenfalls enge symbiotisch anmutende Beziehung. Im Alter von elf bis zwölf Jahren entwickelt das heranwachsende Mädchen Trichotillomanie, das heißt, sie reißt sich die Kopfhaare einzeln aus. Als kahle Stellen sichtbar werden, reagieren die Eltern, nachdem sie die bis dahin vorhandenen Symptome übergangen haben, erstmals mit Besorgnis. Das Kind wird zur Psychotherapeutin geschickt, unter deren Behandlung eine allmähliche Besserung des gebotenen Zustandsbildes erfolgt.

Im Erwachsenenalter lernt Frau D. einen Mann kennen, den sie hochschwanger heiratet. Nach der Geburt des gemeinsamen Sohnes tauchen erneut massive psychische Symptome auf. Die gebotene Symptomatik ist durch Verzerrungen des Denkens und der Wahrnehmung sowie durch eigentümliches Verhalten gekennzeichnet. Sie entwickelt Ängste nichtpsychotischer Natur, ihre Gesichtscreme und Körperlotion, die beide weiß sind und für die eigene befleckte Unschuld stehen, seien giftig und wirft aus diesem Grund immer wieder neu gekaufte Kosmetika in den Abfall. Frau D. hat das Gefühl über besondere Kraft zu verfügen. Einem magischen Denken gleich fürchtet sie, ihre Eltern könnten sterben, wenn sie Schlechtes empfinde und denke. Ein weiterer Abwehrmechanismus nimmt bizarre Züge an; wenn der inzwischen dreijährige Sohn die Wand des Zimmers berührt, muss die Patientin, einem magischen Ritual folgend, diese *weiß* übermalen! Dahinter steckt die »unbewusste« Absicht, die Wandspuren des kleinen Jungen verschwinden zu lassen und ihn selbst auf magische Weise »ungeschehen zu machen«. Frau D. trennt sich unvermittelt von ihrem Ehemann, nachdem sie erfährt, dass er öfters Telefonsexnummern wählt. Seit mehreren Monaten wird das verstörte, erneut einnässende Kind von einer Haushälterin in der neuen Wohnung versorgt, während die Patientin sich einer langen, teilstationären, tagklinischen, psychiatrischen Behandlung unterzieht. Die große, korpulente Patientin ist teuer gekleidet und strahlt eine gewisse Gefühlskälte aus. Neben den beschriebenen Beschwerden klagt sie über innere Leere. Die neue Angst taucht auf, sie könne beim Staubwischen daheim erblinden (= Angst vor Strafe). Außerdem erträgt sie die Nähe des Sohnes nicht.

Der erste Tagtraum im Rahmen der katathym-imaginativen Psychotherapie gestaltet sich interessant und ist hier auszugsweise wiedergegeben. Eine *weiße* Margarite steht auf einem sattbraunen Acker. Zu ihren Füßen tummelt sich verloren wirkend ein ebenso weißes, kleines Margaritenköpfchen. Wolken ziehen schnell vorbei. In der Ferne ist bereits ein Gewitter zu hören ... das Bild wird schwarz ... Die Patientin hat das Bedürfnis, sich zurückzuziehen. Sie kriecht, sehr klein geworden, in ein braunes Schneckenhaus. Auf einem *weißen* Federkissen lässt sich Frau D. genüsslich nieder.

Nach dem Tagtraum ist die Patientin enttäuscht, dass sie auf ihrer Wiese, dem Acker, keine exotische Blume, sondern nur eine weiße Margarite wahrnimmt. Das andere kleine Margaritenköpfchen wird verleugnet. Mit der Farbe Weiß verbindet Frau D. spontan Sauberkeit, weiße Wände, Unschuld sowie das Weiße im Auge, das für sie Lebendig sein bedeutet. Das Ausruhen auf dem weißen Federkissen sei die schönste Empfindung gewesen.

An dieser Stelle möchte ich mich nur auf die Farbensymbolik beschränken. Weiß spielt im magischen Leben der Patientin eine Schlüsselrolle. Nachdem der brüderliche Rivale auf die Welt kommt, wird die Mutter von ihrer Tochter gezwungen, Kontrollpunkte an der weißen Wand zu berühren. Die Geburt des eigenen Sohnes aktiviert dieses infantile Erleben erneut – sie muss einem Zwang folgend – selbst die vom leiblichen Kind berührte Wand weiß übermalen. Die zwei Margariten, die aufrecht stehende und die kleine geköpfte, sind weiß, das weiche Federkissen vom Schneckenhaus ebenfalls. Im unbewussten Erleben wird der um drei Jahre jüngere Bruder dem dreijährigen Sohn gleichgesetzt. In der Gefühlswelt von Frau D. herrschen eine im Übermaß vorhandene Aggressivität, gar mörderische Impulse, die um jeden Preis unter Kontrolle gebracht werden müssen. Sie fürchtet die möglichen Folgen ihrer Gedanken und Handlungen und versucht, diese mit Hilfe eines regredierten magischen Handelns zu beherrschen. Angst vor Strafe verwandelt sie teilweise in Schuldgefühle. Wiedergutmachungsaktionen sind beim zwangsneurotischen Konfliktverarbeitungsmodus nach Stavros Mentzos (1989) Anstrengungen, die Schuld abzubauen. Das kleine Mädchen wünscht sich den neugeborenen Bruder tot. Durch die mütterliche Berührung der weißen, *unbefleckten* Wand, wird symbolisch die Unschuld des Mädchens immer wieder von neuem bewiesen. Der dreijährige Sohn reaktiviert dieses Verhaltensmuster. Die Schuld, ausgelöst durch anal-aggressive Impulse gegenüber dem Jungen, wird durch die Übermalung mit Weiß zur Unschuld. Während die aufrecht stehende Margarite für die Patientin in ihren Bemühungen, gut, rein und moralisch sauber zu erscheinen, steht, dürfte das kleine Blumenköpfchen ihren Sohn repräsentieren. Die negativen Gefühle sind aufgrund der Affektisolierung nur als entferntes Gewitter in der Imagination der Patientin spürbar. Schwarz, voller unheimlicher Dunkelheit ist die Versuchung, das eigene Kind zum Teufel zu schicken. Wäre der Bruder, gleichbedeutend mit dem Sohn, bloß nicht geboren worden ... Das weiße Federkissen im Schneckenhaus symbolisiert den Wunsch der Patientin, so winzig klein zu werden, bis sie psychodynamisch gesehen, vor dem Konflikt regredieren kann. Auf weißen leichten Federn führt sie ihre Bestrebung im Tagtraum zurück zu einer unbelasteten, reinen Vergangenheit, in der sie als einziges Kind die ungeteilte Liebe ihrer Mutter genießen durfte. Weiß bedeutet hier eine Rückkehr zum unschuldigen Anfang des Lebens.

Schwarz

In der griechischen Mythologie verkörpert Hades mit dem Namen »der Nichtsichtbare« das Prinzip der Nacht, des Todes, der Finsternis und des Winters. Schwarze Rosse ziehen seinen Wagen, sein Zweizack ist ein Symbol für die Macht über Leben und Tod. Sein Element ist die Erde, die ihre Kinder wieder zu sich nimmt, aber in deren Schoß gleichzeitig neues Leben keimt. Der Herr der Unterwelt bildet einen Gegenpol zu Zeus: Dem Licht wird die Finsternis entgegengesetzt, dem Leben der Tod. Die mythologische Vorstellung von der Unterwelt lässt sich jedoch auch mit dem Unbewussten des Menschen gleichsetzen, indem die Verstorbenen in der Erinnerung weiterleben. Die Reise in die Unterwelt, wie im Fall von Odysseus, bedeutet dann einen innerpsychischen Prozess, bei dem nach Auseinandersetzung mit den Schatten der Vergangenheit, darunter auch mit seiner Mutter, eine Selbstfindung stattfinden soll. Schwarz sind auch Charon, der Fährmann zur Unterwelt, sowie Hekate, die die dunkle Seite des Mondes repräsentiert. Schwarz als Farbe des dunklen Mutterleibes, der Höhle, ist auch ein Symbol von Fruchtbarkeit und Tod – die Mutter gibt, die Erde nimmt. Im Abendland ist Schwarz von antiker Zeit bis heute ein Ausdruck von Trauer.

Als kleine schwarze Gestalt, die dem Menschen auf der Schulter sitzt und böse Gedanken eingibt, präsentiert sich der Teufel in der christlichen Religion. Einst als schönster aller Engel wird Luzifer den göttlichen Gesetzen abtrünnig und fällt in die Finsternis. Während Gott das Prinzip der Schöpfung darstellt, steht der Teufel symbolisch für das Prinzip der Zerstörung. Das eine Prinzip bedingt das andere. Der schwarze Sensenmann symbolisiert die Endlichkeit und die Zeit. Diese setzt allen Dingen ein Ende und steht im Widerspruch zum Ewigen. Deswegen wird Chronos (Zeit) in Griechenland mit der Farbe Schwarz assoziiert.

Riedel beschreibt Schwarz als die »Farbe dunkler Geheimnisse: Man muss nicht gleich an schwarze Magie denken ..., auch die Geheimnisse des Kosmos, seine Tiefen und Fernen sowie die Geheimnisse der Seele, erscheinen symbolisch in Schwarz. Die moderne Tiefenpsychologie hat das ›Verdrängte‹ (Siegmund Freud) oder den ›Schatten‹ (C. G. Jung) als Bestandteil einer jeden Psyche neu entdeckt: In den Träumen erscheint es häufig symbolisiert in schwarzen Gestalten« Riedel (1983, S. 169). In Sagen und Märchen, in denen sie verwunschen erscheinen, müssen sie befreit werden. Bekannt sind die zwei Stiefschwestern im Märchen »Goldmarie und Pechmarie«: die eine »weiß und schön wie der Tag«, die andere »schwarz wie die Nacht und hässlich wie die Sünde«.

Schwarz ist zugleich eine Farbe des Eros und der Verführung – schwarze Unterwäsche gilt allgemein als besonders reizvoll; es ist jedoch der Reiz des Verbotenen. Andererseits ist es eine Farbe der Askese: Daher tragen Mönche und Nonnen schwarze Kutten. Mittelalterliche Kirchenschriftsteller sehen in Schwarz die Farbe der Weltverachtung und des Verzichts. Für Kandinsky ist Schwarz die Verneinung gegenüber der Bejahung, die von Weiß repräsentiert wird. Im Aberglauben bedeuten schwarze Tiere Unheil – denken wir nur an die schwarze Katze, die dem Menschen beim Wegkreuzen angeblich Unglück bringt. Der schwarze Schornsteinfeger hingegen soll Glück bringen.

In Analogie zu Weiß entspricht Schwarz als nichtbunte Farbe dem Absoluten. Wie Weiß verkörpert es auch das Undifferenzierte – aus der totalen Finsternis, aus dem Nichts entsteht symbolisch das Ur-Chaos, das Abgründige vor der Schöpfung (Riedel 1983).

Die unbunten Farben Schwarz und Weiß stehen oft im Zusammenhang mit einer kritischen Lebenssituation, mit einem Sich-neben-der-Norm-Befinden. Die Helligkeitsabstufung veranschaulicht dann die innerseelische Haltung und Einstellung. Schwarz untermalt als dichte, dunkle, feste Farbe die »Sackgasse«, eine »festgefahrene Situation« und verdeutlicht auf diese Weise die psychische Rigidität. Weiß unterstreicht dagegen das Gefühl des Über-der-Sache-Stehens, des »Weismachens« und somit der Illusion. Mit der Mischung aus Weiß und Schwarz, dem Grau, wird das weniger Extreme gelebt. Neben einer vornehmen Zurückhaltung wird Distanz eingehalten. Es ist wichtig, nicht aufzufallen und auch nicht »Farbe bekennen« zu müssen.

Generell ist es die dunkle Seite, der Schatten, den wir mit dieser Farbe assoziieren. Die Macht, die aus der Dunkelheit kommt ist schwer, übt Druck aus und ist in sich selbst gefangen. Das Schwarz der Jugend repräsentiert in diesem Zusammenhang ein In-sich-geschlossen-Sein, eine Trotzhaltung gegen den autoritären, elterlichen und schulischen Druck, sowie gegen Sachzwänge.

Rot

Unter allen Farben wurde Rot am frühesten symbolische Bedeutung zuteil. Es wird überwiegend mit magischen Vorstellungen verknüpft. In prähistorischer Zeit wird rote Ockererde auf Verstorbene gestreut, um diesen ein Weiterleben nach dem Tod zu sichern.

Hephaistos (römisch: Vulkanus), Heras Sohn und Gott der Schmiedekunst, hat als Element das Rot züngelnde Feuer, dessen zerstörende, aber auch gestaltende Flamme alles schmilzt und in neue Form bringt. Indem er die Flamme zähmt und für sein künstlerisches Schaffen verwendet, wächst er über das Elementare hinaus. Der Gott mit den lahmen Füßen und den Wunder wirkenden Händen ist nicht nur ein Waffen- und Goldschmied, sondern auch Architekt, Bildhauer und Erfinder mechanischer Geräte; also ein Schöpfer im weitesten Sinne der bildenden Kunst. Homer, dem er besonders sympathisch ist, beschreibt nicht nur seine Gestalt und Werke, sondern auch einen charakteristischen Persönlichkeitszug – die Selbstironie, mit der er sich von den anderen Olympiern unterscheidet. Er, selbst hässlich, bekommt die schönste aller weiblichen Wesen zur Frau, die göttliche Aphrodite. Die Griechen vermählen hier symbolisch die Hässlichkeit mit der Schönheit – beide Repräsentanten der Farbe Rot. Aphrodite spendet Schönheit und Fruchtbarkeit, repräsentiert Gefühl, Empfindung und Liebe. Als Göttin der Liebe und Inbild der sinnlichen Leidenschaft kann sie ihrem Gatten nicht treu sein. Die Göttin der kreatürlichen Sinneslust verführt Ares (römisch: Mars), Gott des Krieges, der ebenso mit der Farbe Rot assoziiert wird. Neben Kampfesmut symbolisiert Ares die Triebkraft oder Tatkraft und unser gesamtes energetisches Potential (= aggredi). Interessanterweise entstehen aus dieser Liebesbeziehung die Zwillinge Phobos (Furcht) und Deimos (Schrecken), die später ihren Vater auf das in Rot getauchte Schlachtfeld begleiten, sowie die Tochter Harmonia! In der hesiodschen Theogonie gibt der Kriegsgott diese Tochter Kadmos, dem Gründer Thebens, zur Frau.»Wenn die kämpferische Rot-Komponente mit der Komponente der Liebe zusammenkommt, kann es innerhalb der psychischen Rot-Skala in der Tat eine Harmonie ergeben«, schreibt Riedel (1983, S. 32). Aus meiner mehr klassisch-analytischen Sicht dürfte es sich symbolisch um die Zähmung der Triebe handeln, um die Integration und Neutralisierung der aggressiven durch die libidinöse Energie.

Feuer, Eros, Liebe, Sexualität, Sinnlichkeit, Leidenschaft, aber auch Kampf, Krieg, Aggression, Zerstörung, nicht zuletzt Blut und Herzschlag werden mit der Farbe Rot gedanklich verbunden. Bereits auf der konkret-animalischen Ebene (z. B. Tierreich) signalisiert Rot Gefahr. Die Torreros in der spanischen Stierkampfarena reizen ihre Bullen mit blutrot gefärbtem Tuch. Rot wird als stimulierend, aktiv, anregend, expansiv, vital und warm empfunden. Rotes Blut ist ein Lebenselixier und wird mit wichtigen Ritualen in Verbindung gebracht. In der Vergangenheit ist Opferung von Mensch und Tier ein symbolischer Akt zur Erneuerung des Lebens. Die Bedeutung der Blutfreundschaft ist uns allen bekannt. Die Wandlungssymbolik befindet sich auch im Feuerrot der Flammen. Im positiven Sinne kennen wir den männlich-feurigen Geist der Begeisterung, im negativen Sinne, die Auswirkungen des Hasses (rotsehen). Wandlung kann als Läuterung geschehen. Auch hier lässt sich der Doppelaspekt gut veranschaulichen. Der positive Aspekt ist am Ende des geistigen Prozesses als Erleuchtung zu finden, der Negative hängt mit der Dämonisierung der erotisch-sexuellen Leidenschaft im Mittelalter zusammen. In der Bibel ist Rot die Farbe der Sünde und der Sühne. Denken wir doch nur an die Hexenverbrennungen im rot glühenden Feuer, dessen Vernichtungskraft »Läuterung« bringen sollte. Feuerrot ist also die aktivste, stärkste und aggressivste Farbe. »Steht das Urrot für Tatkraft, für ständiges Pulsieren, so kommt es im Feuerrot zum Explodieren, vom pulsierenden tiefroten Magma im Vulkaninneren zur Eruption«, formulieren Inge und Gerd Schilling (1996, S. 74) bildhaft und treffend. Diese zwei Autoren sehen im Feuerrot den Aufbruch der Kräfte, die Durchschlagskraft und Durchsetzungsfähigkeit. Die Pioniere, die Eroberer werden mit dieser Farbe assoziiert. Aus diesem Grund ist sie die Farbe der Revolution und das Symbol der Kommunisten. Auch das unüberlegte Handeln, das rücksichtslose Draufschlagen, der Affektausbruch und das Überspannte wird mit feuerrot verknüpft.

Kurze Zeit nachdem Sonja Herrn P. das Mond-Baum-Bild schenkte, sitzt sie an ihrem Schreibtisch und kann sich nicht auf ihre Hausaufgaben konzentrieren. Sie ist innerlich aufgewühlt und spürt, dass sie sich auf irgendeine Weise abreagieren muss. Seit Herr P. in das Leben ihrer Mutter eingetreten ist, hat sich für Sonja viel geändert. Anna hat wenig Zeit für das Mädchen, wirkt öfters geistesabwesend, ein glücklich-entrücktes Lächeln umspielt ihre Lippen, die Augen leuchten verträumt und sehnsüchtig auf. Amors Pfeile scheinen ihr Ziel – die Herzen der beiden Erwachsenen – genau getroffen zu haben. Ohne zu überlegen, nimmt Sonja ein großes Blatt aus der Mappe von Herrn P. und beginnt mit aggressivem Schwung irgendetwas zu malen.

Die entstandene Kreidezeichnung (Bild 2, Seite 195) spricht für sich. Der Kopf ist etwas klein geraten – es entsteht der Eindruck, als sei der Verstand tiefer gerückt. Die Wimpern sind ungewöhnlich groß und stark getuscht. Will ihr Wimpernschlag jemanden betören? Die kupferrot gefärbte Haartracht scheint ein Eigenleben zu entwickeln. Wie elektrisiert heben sich einzelne Haarbüschel ab, andere folgen einer weich fließenden Bewegung nach unten. Goldene Strähnchen verleihen dem üppig wachsenden Haar erotische Ausstrahlung und lockenden Sexappeal. Der Oberkörper ist in fünf rote Feuerzungen getaucht, oder steigen die Flammen der Leidenschaft vom Herzen empor? Es ist offensichtlich – die dunkelhaarige Sonja hat die Verliebtheit ihrer Mutter im Bild festgehalten. In Wirklichkeit ist Anna eine attraktive, schlanke, durchaus exotisch wirkende, 35-jährige Frau, die ihr mahagonigetöntes Haar kurz trägt. Die Liebe hat ihr verzehrendes Feuer in Annas Herz entfacht. Das Unbewusste der Tochter hat berechtigterweise fünf rote Flammen gemalt – gilt doch die Zahl Fünf als Symbol der Liebe und als Glückszahl. Auch die Darstellungsweise der wildwachsenden »feurigen« Frisur, hat ihre symbolische Bedeutung. Haare sind Ausdruck von Kraft und Potenz (denken wir an Samson) und können – wie in diesem Fall – genussvoll gelebte Triebhaftigkeit repräsentieren.

Sonja glaubt sich vernachlässigt, denn bisher ist sie im Leben ihrer Mutter unangezweifelt der Star gewesen. Herr P. ist in den Augen der Tochter liebenswert und freundlich, der sich ihr gegenüber kumpelhaft zu verhalten weiß, aber er stiehlt das mütterliche Herz. Es überrascht nicht, dass die rote Farbe in der Kreidezeichnung in ihrem Doppelaspekt zum Vorschein kommt – einerseits als Symbol für leidenschaftliche Liebe und andererseits als Ausdruck der ohnmächtig wirkenden Wut und aggressiven Regung über den natürlichen Lauf der Welt.

Grün

Dionysos (römisch: Bacchus), Gott des Weines, der Vegetation und der Fruchtbarkeit, ist die Farbe Grün geweiht, die ungehemmtes, triebhaftes Wachstum und Lebenskraft der Natur symbolisiert.

Es gibt unterschiedliche Versionen des Dionysos-Mythos, so auch über seine Geburt. In einer Variante geht er als Sohn aus der Verbindung von Zeus mit Demeter oder Persephone hervor. Die eifersüchtige Hera stiftet die Titanen an, das Kind zu töten. Diese überfallen den spielenden Knaben, zerreißen ihn in Stücke und werfen sie in einen Kessel, der auf einem Dreifuß steht. Seine gekochten Überreste werden in der Erde begraben, doch Demeter sammelt sie ein, und an der Stelle wächst ein Weinstock – so soll der Wein unter die Menschen gekommen sein. Die bekanntere Geschichte von Dionysos Geburt berichtet, dass er der Sohn der Semele, einer Tochter des Königs Kadmos, ist. Die rachsüchtige Hera überredet die Schwangere, Zeus möge sich der Geliebten in seiner wahren göttlichen Gestalt zeigen. Der Himmelsgott erscheint als Blitz und Semele verbrennt bei seinem Anblick, doch er rettet das ungeborene Kind, indem er Dionysos in seinem eigenen Schenkel austrägt. Die ungewissen Umstände von seiner Zeugung bis zu seiner Geburt spiegeln symbolisch auch die geheimnisvollen, im Verborgenen stattfindenden Vorgänge wider, die ein Saatkorn zur Pflanze reifen lassen.

In der ersten Periode seines Lebens erscheint der grüne Pflanzengott immer umgeben von mütterlichen, pflegenden Frauen und den Nymphen der Wälder. Mit Efeu und Lorbeer bekränzt, treibt er sich im Mädchengewand, zusammen mit ihnen in der Wildnis umher. Diese Nymphen oder auch Ammen des »rasenden« Gottes, wie Homer ihn charakterisiert, folgen ihm später als Rasende (griechisch Mainades) über die Erde. Auch der erwachsene Dionysos umgibt sich vorzugsweise mit Frauen. Seine Priesterinnen, die Bacchantinnen, schmücken ihre Häupter mit dressierten Schlangen, dem Symbol sexueller Energie. Die dionysischen Frauen tragen Tierfelle, während sie sich im Rahmen ihrer Feste ausgelassenen, und auch promiskuitiven, orgiastischen Riten hingeben. Von besonderer religiöser Bedeutung ist die Tatsache, dass der Vegetationsgott und seine Anhängerinnen mit dem gleichen Namen bezeichnet werden, denn das Verhalten der Mänaden ist durch die beiden, aus dem Griechischen übernommenen Begriffe, Ekstase und Enthusiasmus charakterisiert. Sie bedingen sich gegenseitig, denn erst das »Heraustreten« der Menschen aus sich selbst schafft die Voraussetzung dafür, dass sie von ihrem Gott erfüllt werden. Das Einswerden mit seinem Gott ist im dionysischen Kult besonders erstrebenswert. Die Mänadenfeste haben eine kathartische Wirkung: Die Tanzwut soll durch den gezähmten Kulttanz ersetzt werden, also Gleiches durch Gleiches gebannt werden. Im Gegensatz zum nüchternen (patriarchalischen) apollinischen Geist ist der matriarchalische dionysische Kult voller Übertretung der Mäßigkeit, eine Orgie der Ausschreitung, der Ungehemmtheit, des Auslebens erotischer, aber auch aggressiver Impulse. Das Zerreißen von Tieren oder Kindern und das »Belegen mit Wahnsinn« – die beliebteste Waffe Dionysos – ist das negative Ergebnis der Ekstase. Die dionysische Lehre aber unterscheidet zwei Arten des Gefühlslebens: auf der einen Seite blindes Wüten (Wahnsinn), das der Gott seinen Gegnern schickt und sie zu unheilvollen Rasenden macht, auf der anderen beschert er den Frommen selige Entrückung und beglückende Befreiung Diese doppelte Macht kommt in seinen Beinamen zum Ausdruck – Bakcheios (der Rasende) und Lysios (der Befreier). Der Vegetations- und mystische Lebenskult, den Dionysos nach Hellas bringt, wird zu einer Provokation für den puritanischen, patriarchalischen Geist. Aus diesem Grund sollen laut Überlieferung eine Reihe griechischer Staaten den Gott nur ungern empfangen haben. Fröhlich und ausgelassen ein Fest feiern und sich dem Gefühl hingeben ist der positive Aspekt; der Kontrollverlust über die Emotionen, die Maßlosigkeit und das Ausarten in Aggressivität und Wahnsinn, ist der dunkle Aspekt dieses Kultes. Entsprechend hat auch Ariadne, Tochter des Königs Minos, die spätere Gattin von Dionysos, eine helle und eine dunkle Seite. Ariadne bedeutet »die Heilige und Reine«, aber sie lässt sich in der Mythologie auf die Beihilfe zum Brudermord ein, den sie gemeinsam mit Theseus an Minotaurus, dem stierköpfigen Sohn des Minos begeht.

So umfangreich wie Dionysos' Symbolik die ganze Skala der naturhaften, weiblich-emotionalen Seiten, zwischen gefühlsbetonter Ausgelassenheit und Kontrollverlust, Gewalt und Wahnsinn umspannt, so breit gefächert ist auch die psychische Wirkung von Grün und seiner Farbnuancen. Dafür scheint der fließende Übergang zu seinen Nachbarfarben verantwortlich zu sein. Die Gefühle, die beim ersten, zarten Grün der Wiesen und Bäume angesichts des frühlingshaften Erwachens der Natur entstehen, werden als sanft, freundlich und beruhigend, aber auch erfrischend und aufmunternd erlebt. Mit dem neuen Grün der Landschaft ist auch zugleich Hoffnung auf eine ertragreiche Ernte und somit auf die verschwenderische Fülle der Natur verbunden, die das Leben erhält. Dieses Grün hat sehr viel Gelb-Anteile. Klares, helles Grün ist die Farbe des Heils und des Lebens; es steht für den Anfang des knospenden, gerade aufkeimenden Lebens, Grüne Früchte sind für gewöhnlich noch nicht reif und unreife Heranwachsende nennt der Volksmund nicht ganz grundlos »grün hinter den Ohren« oder »Grünschnäbel«. Die altertümliche, kretische Sitte, Knaben bis zur Pubertät in Dunkelheit, das heißt in Mädchengewändern, so wie

Dionysos, aufwachsen zu lassen, hat wohl ihre Entsprechung in der symbolisch-pflanzenhaften »grünen« Unbewusstheit.

Als Gott der Vegetation ist Dionysos zugleich Gott der Bäume und des Waldes. Riedel spricht im Zusammenhang mit der Farbe Grün interessanterweise von einem Baum- und Waldgefühl: »Das Erlebnis des aufwachsenden, sich entwickelnden und schließlich Früchte tragenden Baumes prägt unser Grün-Erleben nachhaltig … Dies alles ist grün: Wachstum, Entwicklung … Zum Grün-Erleben gehört nicht weniger das ›Waldgefühl‹: die Verwobenheit von Grünendem, in allen seinen Schattierungen, vom lichten Buchenlaub bis zur schwarzen Tannendämmerung, die Undurchdringlichkeit der Fülle des Lebens. Der Wald als Ort des vertrauten, innigen Zusammenseins, das Grün als Farbe der Verbundenheit, aus deren Tiefe aber unheimliche Mächte einbrechen können« (Riedel 1983, S. 103f.). Dieses dunkle Grün mischt sich zunehmend mit Blau und kann in vielen anderen Fällen eher abweisend, giftig, sogar unheimlich bis zerstörerisch wirken. Die »Grünkraft« der Vegetation, die als Leben spendend erlebt wird, kann ins Negative umschlagen. So wie Efeu und wilder Wein (beides Attribute von Dionysos) wuchernd alles unter sich zudecken, kann das Grün zur verschlingenden Übermacht werden. Im überwucherten Urwald wird die grüne Natur in ihren beiden Aspekten wie eine Muttergottheit erlebt – nährend, aber auch verschlingend.

Grün ist ein Symbol der Hoffnung, des Auf-dem-Weg-Seins und der Erwartung. In der Alchemie entspricht der »grüne« Stein einem Übergangsstadium auf dem Weg zum Gold. Aus lindgrünen, kleinen Knospen reifen goldene Früchte in der Natur. Im Volksmund ist die »grüne« Seite des Menschen die emotionale, die Herzseite, mit der man fühlt und liebt.

Blau

Der Vorzeitmensch sieht sich von der transzendentalen Farbe Blau in Form von Himmel (später Luft) und Wasser umgeben. Die transparenten Medien der Atmosphäre und des Wassers haben ihre Entsprechungen in der griechischen Mythologie. Poseidon ist Gott des Meeres, des Elements mit der eigentlichen Schöpferkraft. Er verkörpert als Meister der sich ständig verändernden Wellen die Auf- und Abwärtsbewegungen des menschlichen Lebens. So wie er mit seiner ungeheuren Kraft das Meer zum Brodeln bringt, so ist es auch seine Aufgabe, die sich immer wieder aufbäumenden Wogen des Wassers zu beruhigen. Der Sturmflut des Wassers entspricht die emotionale Flut der menschlichen Leidenschaften, der Liebe und des Zornes. Poseidon symbolisiert auch Intuition, Phantasie und das Mystische. Sein Herrschaftszeichen, der Dreizack, scheint seine Stellung zwischen seinen Brüdern zu repräsentieren. Hades ist Hüter der Vergangenheit, Zeus blickt in die Zukunft, aber in der Mitte, der Gegenwart, ist das Reich von Poseidon. Sein Lieblingssohn, das geflügelte Pferd Pegasus, symbolisiert den Höhenflug des menschlichen Geistes.

Während das Element von Zeus, der Äther, reiner Geist ist und Poseidon uneingeschränkt über das Wasser herrscht, wird Athene (römisch: Minerva) die Luft zugeordnet. In der Theogonie von Hesiod schwängert Zeus die Titanin Metis, deren Name »Kluger Rat« bedeutet, verschlingt sie jedoch anschließend aus Angst, ihr Kind werde mächtiger als er. Metis gelangt in das Haupt von Zeus, wo Hephaistos das Kind Athene schließlich befreit. Dem Mythos zufolge, verbringt Athene ihre erste Lebensperiode beim Meeresgott Triton, der sie großzieht – ein Umstand, der symbolisch betrachtet die Nähe des Intellekts zum Gefühlhaften ausdrückt. Trotz ihrer Jungfräulichkeit liebt sie die Männergeschäfte und begleitet die Krieger in die Schlacht. So ist sie den Griechen vor Troja auch eine exzellente Kämpferin und Beschützerin. Ihr Beiname Pallas bedeutet so viel wie »die Lanze schwingen«, Athene in der etruskischen Sakralsprache »atena« einen Opferbecher aus Ton. Beide zusammen genommen ergeben ihren antinomischen Doppelnamen. In Pallas Athene kommt das Widersprüchliche ihres Wesens zum Vorschein: Sie besitzt die kämpferische Seite, liebt aber auch das friedliche Handwerk, wacht sowohl über die Krieger wie über ihre Angehörigen und hat somit beide Seiten (Kämpferisches wie Mütterlich-Fürsorgliches) in sich vereint.

Ihr Name ist auch der ihrer Stadt. Poseidon kämpft um die Gunst der Stadt Athen. Bei einem Wettstreit lässt der Meeresgott auf der Akropolis eine Quelle mit Salzwasser entspringen, während Athene mit dem Wachstum eines Ölbaumes antwortet. Die Wahl der Athener fällt daraufhin auf die Göttin; damit honorieren die Bewohner ihre Kulturleistung, denn es bedarf der Klugheit, das wilde Naturgewächs zu veredeln, genießbar und nützlich zu machen. Das Öl der Oliven ermöglicht das Feuer der Öllampen, das in die irdische, im übertragenen Sinne aber auch geistige Nacht hinein leuchtet. Mit Apollon gemeinsam hat sie die apollinische Klarheit, das kluge und maßvolle Handeln, die Verabscheuung niedriger Instinkte und das Rächen an der Hybris. Hier zeigt sich Athene eindeutig von ihrer intellektuellen Seite, die symbolisch auch dem geistigen Blau des Himmels zugeordnet wird.

Auf ihrer Brust trägt Athene eine Abbildung des Medusenhaupts, umringelt von Schlangen. Dabei ist die Gorgone Medusa, zumindest in Ovids »Metamorphosen« zu Beginn des Mythos wunderschön, dunkel und geheimnisvoll, wie das Glitzern des Mondes im nächtlichen Wasser. Wen wundert es, dass Poseidon ihrer Anmut erliegt – beide verbringen eine Liebesnacht in einem Pallas Athene geweihten Tempel. Die Rache der erzürnten Jungfrau ist schrecklich – sie verwandelt Medusa in ein Monster. Die prächtigen Locken der Gorgone werden zu züngelnden Schlangen. Jeder, der ins Antlitz von Medusa schaut, erstarrt zu Stein, bis eines Tages Perseus eine Möglichkeit findet, ihr das Haupt abzuschlagen, ohne sie ansehen zu müssen. Athene sammelt das Blut von Medusa, das sie dem göttlichen Arzt Asklepios schenkt, da das Herzblut alle Krankheiten heilen könne. Aber es gibt auch einen alternativen Mythos, nach dem Pallas Athene und die Gorgone Medusa zwei Seiten einer Gottheit darstellen. Während Athene Sachlichkeit und Intellekt – eigentlich das geistige, emotionslose Prinzip symbolisiert, übernimmt Medusa die weibliche, hexenhafte und leidenschaftliche Seite. Hier findet sich der Aspekt des launenhaften, destruktiven Meeres wieder.

Die Farbe Blau ist im Erleben der Menschen untrennbar mit Distanz, Weite, Tiefe, Höhe und Transzendenz verbunden. Am blauen Horizont ist sie die Verbindung zwischen Himmel und Erde. Nicht ohne Grund wird die Erde von Astronauten als blauer Planet bezeichnet. Archetypisch liegt dem Blau auch das Element Erde zugrunde.

Das symbolisierte, geistige Prinzip im Blau bedeutet die intellektuelle Durchdringung und rationale Transparenz einer Athene. Blau ist eine Farbe der Ruhe und Introversion; es beschränkt sich auf das Wesentliche. Das rationale klare Denken spiegelt den Boden der Tatsachen wider. Diese Farbe steht für die tiefgründige Kraft der Gedanken. Blau veranschaulicht Stabilität und Bodenständigkeit. Hier ist kein Platz für Oberflächlichkeit – die Konstanz vereinigt sich auch mit der Tiefe der blauen Nacht. Der seelische, gefühlsbetonte Aspekt von Blau findet sich wiederum in der Symbolik des Meeres, im Erleben von Tiefe und emotionalen Wogen, wobei sowohl sanftes Umspülen, wie tödlich-destruktive Berührung impliziert sind (s. Gorgone Medusa). Somit steht die Farbe Blau für das Unbewusste, für die unergründlichen Tiefen der menschlichen Seele, in der sich sowohl unermessliche Reichtümer wie auch Furcht einflößende Ungeheuer tummeln. Die drei mythologischen Entsprechungen »Poseidon und Pegasus (Vater und Sohn)«, »Triton und Athene« (Ziehvater und Tochter) sowie »Meduse mit Pallas Athene« (als zwei anitinome Aspekte einer Gottheit) veranschaulichen im übertragenen Sinn, dass Gefühl und Intellekt in ihrer engen Verbindung den beiden Seiten einer Münze entsprechen. Diese Komplexität entspricht somit auch der farblichen Entsprechung Blau, mit der sich sowohl das Bewusstsein (= Intellekt) als auch das Unbewusste (= Gefühl) darstellen lässt.

Außerdem ist Blau die Farbe des Glaubens und der Sehnsucht, beides tiefgründige Werte. Die »blaue Blume der Romantik« symbolisiert eine Art metaphysische Sehnsucht nach Frieden, Besonnenheit und tiefer Sinnlichkeit, wie nach hingebender Leidenschaft. Riedel (1983) spricht in dem Zusammenhang vom spirituellen Eros. Blau repräsentiert die Durchlässigkeit der Ich-Grenzen, aus dem Grund ist es die passende Farbe für Träumereien, Rausch und Phantasterei bis hin zum Realitätsverlust.

In den Bildern der Impressionisten lösen sich die Grenzen der realen Gegenstände auf. Oft sind es Blautönungen, die eine vibrierende Transparenz einfangen. Der Aspekt der Transparenz gehört auch zum Blau als Farbe des Wassers und des Himmels.

Im Christentum ist Blau oft ein Hinweis auf das Göttliche – die Gottesmutter Maria wird überwiegend im blauen Gewand dargestellt. Blau gilt schließlich als symbolischer Hinweis auf Treue; das Vergissmeinnicht ist ein wunderbares Beispiel dafür.

Das Aquarell, das Bild 3 (Seite 196) wiedergibt, wird von Herrn P. ungefähr ein Jahr nach der überfluteten Ruinenlandschaft gemalt. Das Auge wird sofort von den drei Rosen unterschiedlicher Farbe festgehalten. Es fällt auf, dass die *blaue* Blume die größte ist. Die kräftige, sich nach oben verjüngende Angelrute steht durch die Stütze des Rosenstängels aufrecht auf dem Boden. Die grünen Blätter der blauen Rose in ihrer leichten Umarmung und die mächtige, aufgesprungene Feder tragen ebenfalls zum fragilen Gleichgewicht der Angel bei. Der lose hängende Angelhaken kann auf diese Weise genau die Bildmitte einnehmen. Die gelbe und die rote Rose entspringen einem Stängel, der sich hinter einem Fliegenpilz versteckt. Die unmittelbare Nachbarschaft des zweiten grünen Pilzes scheint die Giftigkeit des ersten zu unterstreichen. Zart drängeln sich zwei, eher verloren wirkende, *blaue* Vergissmeinnichtblüten vor den ungenießbaren Sporengewächsen. Die rote Lenkung eines ausrangierten Kinderfahrrads steht in einer unbrauchbaren Blechdose und ist an einen umgekippten Müllcontainer angelehnt. Diese Gegenstände und die aufgesprungene Feder vermitteln den Eindruck eines verwilderten Schrottplatzes. Rechts unten im Bild versteckt, liegt ein großer »Scheißhaufen«, auf dem eine *blau* schimmernde Mistfliege sichtbar ist. Der braune Kothaufen scheint die blaue Rose zu düngen – sie kann sich am kräftigsten in die Höhe strecken.

Dieses Aquarell, von Herrn P.»blaue Rose« genannt, ist ebenso ein beeindruckender Spiegel seiner Seelenlandschaft wie das zuvor beschriebene überflutete Moorgebiet mit der Klosterruine. Alle Gegenstände haben ihre symbolische Bedeutung. Die Farben sind in diesem Zusammenhang sehr interessant. Dieses Beispiel ist aus dem Grund gewählt worden, weil sich die Farbe Blau nicht nur im Himmel, sondern auch in der größten Rose, in den Vergissmeinnichtblüten und in der Mistfliege wiederfindet. Gefühle der Enge und Überladung, der Verlassenheit und des Verärgertseins steigen im Betrachter hoch. Der süße betäubende Duft der Rosen, der sich oben im Bild ausbreitet, kann aller Wahrscheinlichkeit nach wenig oder gar nichts gegen den Gestank des Kothaufens und der Müllhalde ausrichten.

Die freien Assoziationen führen Herrn P. zurück in die Kindheit. Die Mutter hat den Sohn an der Angel. Die kaputte Fahrradlenkung repräsentiert die damals erfolgreich unterdrückten Autonomiebestrebungen des Jungen. Die Unberechenbarkeit der mütterlichen Gefühle vergleicht Herr P. mit einer blitzartig aufspringenden Feder, die von einer Sekunde auf die nächste die häusliche Atmosphäre vergiftet (Pilze). Der Vater ist ein mehr von der Logik geleiteter Mann, der jedoch die Eruption aggressiver Gefühle nicht auffangen kann (der ziemlich blass gemalte Himmel weist darauf hin). Zurück bleiben im Kind »eine emotionale Müllhalde« und ein Gefühl des Unverstandenseins sowie der seelischen Vereinsamung.

Die Rosen sollen in ihrer universellen Bedeutung ein Symbol der Liebe sein. Wenn die kleinste davon, die einen zentralen Platz im Bild einnimmt, die positive mütterliche Liebe darstellt, impliziert die größere gelbe die machtvolle Position der Mutter in der Familie. Die größte blaue, die aus dem Misthaufen erwächst, lässt sich auf verschiedenen Ebenen interpretieren. Die Mutter Elke ist eine, wie bereits beim Beispiel »Feuer« erwähnt, infantil gebliebene Frau, die jedes Jahr zur Weihnachtszeit in ihrer Sehnsucht nach dem im Krieg gefallenen Bruder emotional »ertrinkt«. Sie nennt ihren Erstgeborenen nach dem toten Bruder, damit der Name Rainer nicht in Vergessenheit gerät. Die zwei Vergissmeinnichtblüten mögen für den Onkel Rainer und den ersten, bevorzugten Sohn, Herrn P.s Bruder, stehen. In der blauen Farbe der Rose lässt sich bei ausreichendem Einblick in die Lebensgeschichte sowohl das Gorgonenhafte, in Form emotionaler Destruktivität, wie auch das Grenzüberschreitende, das Unkontrollierbar-Unterspülende des Wassers wiederfinden. Aufwachsen in einer Familie, in der solche Eigenschaften überwiegen, war einfach lästig, meint Herr P. Nach Bearbeitung der Problematik kann er aus heutiger Sicht schmunzelnd mit dem Finger auf die blaue Mistfliege deuten.

Gelb

Symbolisch ist die Farbe Gelb, für jeden offensichtlich, mit den Sonnengöttern und entsprechenden Lichtbringern verbunden. Sol, der römische Sonnengott, ist dem Helios gleichgesetzt. Der Name Sol invictus (= unbesiegbare Sonne) geht mit Kaiser Aurelian (274 n. Chr.) in die Geschichte ein. »Le roi soleil«, der absolutistische Sonnenkönig Ludwig XIV. (1638–1715), leuchtet am französischen Firmament wie eine Sonne in seiner Macht. Damit offenbart sich die Machtsymbolik der Farbe Gelb von selbst. Als Lichtbringer, als »das Licht der Welt«, wird Jesus Christus seit zwei Jahrtausenden gefeiert. Gelb ist die Farbe mit der größten Strahlkraft. Vermutlich ist aus diesem Grund Goldgelb ein Symbol der Erleuchtung und der Unsterblichkeit. Das erstrahlende Goldgelb als göttliche Offenbarung ist eine heilige Farbe. Als Sinnbild der Inspiration, Vitalität und Expansivität, der Antriebsstärke und der Lebensfülle, steht Gelb in der heutigen Zeit, tiefenpsychologisch gesehen als Symbol für das Selbst. Diese Farbe symbolisiert auch die Intuition, Idee und den Geistesblitz, schreiben J. und G. Schilling (1996). Als Repräsentant der Information und Kommunikation, von »geistigem Gut« allgemein eignet sich Gelb hervorragend für das Post- und Nachrichtenwesen. Beweglichkeit, Großzügigkeit und Leichtigkeit stellen weitere positive Eigenschaften dieser Farbe dar. In der geistlichen Literatur des Mittelalters weist Gelb auf himmlische Freuden hin, in der weltlichen Dichtung allerdings auf die Gunst gewährende Frau. Verschenkte gelbe Ostereier seitens der unverheirateten Dame gelten damals als Zeichen der Erhörung. »Aus negativer Sicht verkehrt sich die Leichtigkeit in Leichtsinn, die Großzügigkeit in Schlamperei, die Beweglichkeit in Unruhe«, so J. und G. Schilling (1996, S. 44). Bei Griechen und Römern findet sich Gelb in diesem Zusammenhang als Dirnenfarbe (gelb gefärbte Haare, gelbe Kleider). Der negative Ausdruckscharakter dieser Farbe kommt besonders zum Vorschein, sobald das strahlend-schöne, reine Gelb beschmutzt und verunreinigt wird. Gebrochenes Gelb wird dann zum Symbol von Neid, Falschheit, Vergiftung, Krankheit oder gar Tod.

Ein Paar kann man in den Farben Gold und Silber sehen, meint Jakobi. Gold entspricht dem Sonnenlicht und erscheint somit männlich, Silber gleicht dem Mondlicht und damit dem Weiblichen. »Silber ist in seiner Bedeutung mit dem Weiß verwandt, das Gold mit Gelb; in ihnen finden jedoch beide Farben ihre ›Erhöhung‹. Sie haben etwas Unzerstörbares und Glanzvolles, etwas Glorienhaftes an sich. Beide sind Symbole des Jenseitigen, des Überpersönlichen« (Jacobi 1969/1992, S. 93f.). Nicht umsonst wird die Waage von Zeus, das Symbol seiner unparteiischen Gerechtigkeit, als golden beschrieben. Diese heilige goldene Waage ist eine Schicksalswaage auf der er den irdischen Bewohnern ihren Anteil (Moira) am Menschenlos zuwiegt.

Violett

Violett ist eine Farbe, die aus der Mischung des vitalen, warmen, weiblichen Rot mit dem kühlen, männlich-transzendentalen Blau entsteht. Archetyp der Vereinigung des Männlichen und des Weiblichen ist der Hermaphrodit, dem die Farbe Violett zugeordnet wird. Im Verlauf des Individuationsprozesses nach Jung (1935) ist es eine wichtige Aufgabe, dass in der androgyn angelegten, menschlichen Psyche eine gelungene Integration aus männlichen und weiblichen Eigenschaften stattfindet. Entsprechend lange ist die Entstehungsgeschichte der mythologischen Figur des Hermaphroditen. Die Verkörperung des Geflechts der beiden Geschlechter, die Kulmination, findet erst nach mehreren Generationen statt.

Maja, Tochter des Titanen und Himmelsträgers Atlas, bewohnt eine schattige Höhle und wird dort von Zeus aufgesucht. Die Frucht ihres Liebesspiels ist Hermes (römisch: Merkur), der spätere Götterbote. Er hat die Aufgabe, den Menschen den Willen der Götter mitzuteilen und umgekehrt deren Wünsche den Göttern zu überbringen. Hierzu bedarf es eines schlauen Verstandes, Wachheit und besonderer Beobachtungsgabe. Aus dem Grund symbolisiert Hermes/Merkur die Verstandeskraft. Tiefenpsychologisch gesehen gilt er als Wegbereiter, konkret bereinigt er die Wege von den Steinen und dem Geröll, baut damit kleine Pyramiden am Wegesrand, »Hermen« nach ihm benannt. Während er einerseits sich der List bedient und gern stiehlt, weswegen er zum Patron der Diebe ernannt wird, beschützt er andererseits die Wanderer vor den Räubern. Nach Friedrich Kocicka (1984) steht Hermes den Pubertierenden bei und hilft ihnen, durch Ausprobieren sich den Erwachsenen zu nähern. Er ist am Wandel und am geistigen Weg beteiligt und unterstützt sie, Neues zu schaffen.

Aus der Verbindung von Aphrodite und Hermes entsteht ebenfalls ein

Sohn, sehr schön von Gestalt, der seine Heimat verlässt und umherwandert. Die Nymphe Salmakis verliebt sich leidenschaftlich in ihn, aber er weist sie zurück. Als er unvorsichtigerweise in ihre Quelle einsteigt, umarmt Salmakis den Widerstrebenden und betet zu den Göttern, dass sie und er für immer vereint bleiben mögen. Für Gut oder Schlecht wird ihr Gebet erhört – ihre Körper verschmelzen und es entsteht ein Hermaphrodit mit männlichen Genitalien und weiblichen Brüsten und Maßen. So erscheint die geschlechtliche Vereinigung in einer einzigen Gestalt.

Das Motiv des Zwittertums findet sich auch in der heliopolitanischen Version der ägyptischen Kosmogonie. Atum-Re, »Der Große Er-Sie«, befruchtet sich selbst als zweigeschlechtliches Wesen und bringt den Luftgott Schu sowie dessen Zwillingsschwester hervor, die sich beide eine gemeinsame Seele teilen. Das Bild vom Zwitter wird in der weiteren Entstehungsgeschichte durch die Inzestbeziehung abgelöst. Beide vermählen sich und zeugen ihrerseits die Himmelsherrin Nut und den Erdgott Geb. Aus ihrer ebenfalls inzestuösen Vereinigung entstehen Isis und Osiris. Wie man unschwer erkennen kann, ist der mythische Inzest kosmogonisch.

In der christlichen Religion ist Violett eine symbolträchtige Farbe. Sie gilt als die Farbe der Märtyrer, der Passion, der Buße und der spirituellen Transformation. Als symbolische Vereinigung des Männlichen (= Himmel) und des Weiblichen (= Erde), des Geistes und der Materie, wird die Farbe Violett von Priestern der katholischen Kirche als Pontifex zwischen göttlich-geistigem (ätherischem) und menschlich-bluterfülltem (fleischgewordenem) Prinzip getragen. Violett oder Purpur kann symbolisch für die Verschmelzung von Wissen und Selbst stehen und repräsentiert das hoch ethische Selbst, die Selbstfindung, das geistige Wachstum und erweiterte Bewusstsein, und nicht zuletzt die Würde. Es sei ein Sich-Erkennen, Über-Sich-Hinauswachsen ... ein Verständnis von Ich und Kosmos, von Ich und Gott, behaupten J. und G. Schilling (1996). Violett steht in seinem mystischen Ausdruck für das Aufheben der Subjekt- und Objektgrenzen und damit für Symbiose, Faszination, Zauber und Magie. Es kann sehnsüchtige, aber auch melancholische, traurige Gestimmtheit ausdrücken.

Die Farbe Violett hat aber nicht nur etwas Auflösendes, sondern auch etwas Integratives: Sie verbindet das aktive und erotische Erobern des Rot mit dem ruhigen und passiven Blau. Nicht zuletzt kann Violett die Versuchung und Verführung symbolisieren und die Sehnsüchte nach einem Sich-Näherkommen, inniger Umarmung wie nach sexueller Vereinigung repräsentieren. Ich habe selbst mehrere Bilder von Patienten gesehen, in denen unbewusste inzestuöse Wünsche durch die Anwendung von Violett, neben anderer stichhaltiger Symbolik, plastisch-farbig zum Ausdruck gebracht werden.

Zur selben Zeit, wie die »blaue Rose«, entsteht auch das Aquarell »verführerisches Ufo« (Bild 4, Seite 197). Herr P. bringt das Bild in die Stunde mit. Eine unheimlich wirkende Atmosphäre herrscht in der flachen, mit kurzem Gras bewachsenen Ebene. Es ist Abendstimmung, die Sonne ist untergegangen. Die letzten Sonnenstrahlen tauchen die Horizontlinie in ein unwirkliches gelbes Licht, das die lange Baumreihe links im Bild düster erscheinen lässt. Ein Ufo-ähnliches Flugobjekt aus glänzendem, *lilafarbenem* Metall ist soeben gelandet. Eine riesige Eingangstür ist aufgeklappt. In der Öffnung sind drei überproportionale Finger sichtbar – Teil einer Hand. Die intensive *Lila*färbung der drei Riesenfinger, die größenmäßig in einem krassen Missverhältnis zum gesamten Ufo stehen, springt förmlich ins Auge. Der Zeigefinger ist in Bewegung. Er befindet sich bereits außerhalb des fremdartigen Flugobjekts und ist angewinkelt, als würde er den Betrachter auffordern, näher zu kommen oder gar hineinzugehen. Das Monströse des Flugkörpers wird noch durch zwei gelb aufleuchtende ovale Öffnungen im oberen Bereich unterstrichen. Dasselbe unheimliche gelbe Licht, mit dem des Horizonts identisch, durchströmt das Innere. Die eine Seite des muschelförmigen Raumschiffes zeigt zwei bedrohlich aussehende Risse. Das weich fließend wirkende Metall scheint rechts neben der Türklappe zwei weißlich gefärbte Ausbuchtungen aufzuweisen, die in zwei rundliche Kugelformen ausmünden. Der Schatten, den dieses Flugobjekt auf den Boden wirft, verstärkt die unwirkliche, geheimnisvolle Atmosphäre. Das Raumschiff ruht auf der linken Seite noch fest auf zwei antennenartigen Standbeinen, während die rechte Seite, bereits in der Auflösung begriffen, schräg nach oben zu ziehen scheint. Auf dieser Seite haben die Standbeine ihre Festigkeit verloren und gleichen zwei Spinnenbeinen, die zusätzlich mit Ketten fest an der Wiese verankert sind. Bei näherer Betrachtung mit halb geschlossenen Augen entsteht der Eindruck, dass die rechte Seite des Ufos in Finger übergeht, die sich festkrallen. Es ist sogar noch eine weitere Betrachtungsweise des fremdartig aussehenden Objekts möglich, die ein Gesicht enthüllt, das mit weit aufgerissenem Mund und einer lüsternen Zunge lockt. Es ist weniger ein Verdienst des künstlerischen Talents von Herrn P., solch eine wirkungsvolle mehrdimensionale Symbolik zu Papier zu bringen. Es ist vielmehr die Kreativität der menschlichen Psyche, das schöpferische Potential des Unbewussten, das die beeindruckenden, verdichteten Symbole hervorbringt. Das Janusgesicht der weiblichen Hand könnte man dieses Aquarell auch nennen. Der Doppelaspekt der mütterlichen Handlungsweise wird durch den festen Griff der Metallfinger und durch das süße, aber gebieterische Locken des violetten, verführerischen Zeigefingers (= Zunge) eindrücklich dargestellt.

Erste Erinnerungen an die frühe Kindheit lassen in Herrn P. Bilder auftauchen, in denen die Mutter den Sohn füttert. Um zu verhindern, dass der kleine Junge als schlechter Esser die Nahrung abwehrt, presst Elke seinen rechten Arm an ihren Busen, verdreht ihm den linken hinter seinen Rücken und umklammert seine Hand mit festem Griff. Sie hat noch eine Hand frei, mit der sie ihn »stopfen« kann. Wenn er verzweifelt versucht, seinen Mund zusammenzupressen, wird der ältere Bruder zu Hilfe geholt, und Rainer muss vor ihm den Clown spielen. Sobald der kleine Junge lacht, wird ein Löffel voller Brei in den Mund geschoben. Die Dominanz und Bestimmung über die Essensmenge ist eine Seite der dargestellten Situation (Metallfingergriff), die wärmende Nähe der mütterlichen Brust zu spüren oder gar zu genießen, ist eine andere. Letztere spiegelt sich in anderen Erinnerungen wider, in denen die Mutter ihren Jungen badet, mit den vom Badeschaum bedeckten Gliedmaßen spielt und den Sohn genussvoll am Körper kitzelt und liebevoll berührt.

Es ist nachvollziehbar, dass zwei verschiedene Mutterbilder in Herrn P. entstehen, von denen das eine schon in den voran gegangenen Beispielen hinreichend skizziert ist. Die andere Vorstellung von der Mutter, die violett gefärbte, ist die der verführerisch-lockenden, süße körperliche Nähe spendenden Frau. Neumann (1956) spricht in dem Zusammenhang von »Uroboros-Inzest«. Der Uroboros-Inzest ist eine Form des Eingehens in die Mutter, die im Gegensatz steht zur späteren Form des Inzests. Die Vereinigung des Uroboros-Inzests ist lust- und liebesbetont, nicht als etwas Aktives, sondern als Versuch, sich aufzulösen und aufgesogen zu werden; sie ist passives Fortgenommenwerden, Versinken, Auflösen im Lustmeer und Liebestod. Die Große Mutter nimmt das Kindlich-Kleine in sich auf und zurück, formuliert dieser Autor. »Es ist die Inzestform des frühkindlichen Ichs, das noch nicht zu sich selbst gekommen ist«. Damit ist auch das »ozeanische Gefühl« nach Romain Roland angesprochen, allerdings in Verbindung mit der Auflösung von Ich-Grenzen.

Braun

Braun wird sofort mit Erde, Ackerschollen und ihren Früchten assoziiert. Die Farbe gehört somit zu den wesentlichen Attributen von Muttergottheiten (siehe auch Grundelement Erde). Für Jakobi ist Braun eine der wichtigsten Farben, da sie geheimnisvoll ist und alle Rätsel der Natur enthält. »Ihm entsteigt alles Leben und endet in ihm« (Jakobi 1969/1992, S. 92). Braun drückt mütterliche Kraft aus, starke Erdhaftigkeit. Es ist die Wurzel und als Stamm der grünenden Bäume und Büsche, des saftigen Ackers und als Pelzfarbe der Schutz vieler Tiere. Braun ist auch die »Farbe des Kotes, der einerseits als Dreck und Schmutz verachtet und weggeworfen, andererseits als ›Goldträger‹ hochgeschätzt wird, weil er als das beste Düngemittel wachstumsfördernd ist« (Riedel 1983, S. 148). Das Verdunkeln des Goldes wird in Braun spürbar: Braun wird also auch »als dunkel gewordenes Gold erfahren«, formuliert die Autorin (S. 148). Interessanterweise differenziert sie einen Wärme- und einen Kältepol der Farbe Braun. Zum ersteren zählt sie die Gelb- und Rotbrauntöne, die sie der lebens- und wärmespendenden Muttersymbolik der Erde zuordnet. Zum Kältepol des Braun gehöre alles, was an die winterliche, harte, entblößte Erde erinnere: das verrottende Laub, der Hunger, der zum Betteln treibe, das Gefühl der Erniedrigung und Niedergeschlagenheit. Auch der harte Kot gehöre hierher. Also beinhaltet Braun sowohl eine sinnlich-erotische, antriebsstarke Komponente – eine vitale Energie, aber auch das Gefühl von Vergänglichkeit, Kargheit, Askese, Demut und Weltentsagung; denken wir doch an die braunen Mönchskutten.

Teil II · Traum

6 Kulturgeschichte des Traums

Seitdem sich der Mensch kreativ mit seiner Psyche auseinander setzt, ist er bemüht, die Bedeutung seiner Träume zu ergründen. Angeregt durch den offensichtlich symbolischen Inhalt glauben die alten Kulturen daran, dass Träume die Botschaften der Götter seien.

Im ersten Jahrtausend vor Christus entsteht das Epos von Gilgamesch, dem mesopotamischen Helden. Bereits hier werden Träume als Hinweise der Götter verstanden, die vor Gefahren warnen oder positive Entwicklungen ankündigen. Im Alten Testament ist es Josef, der große Traumdeuter, der durch seine Kunst, die Träume richtig zu interpretieren, an der Seite des ägyptischen Pharao zu großer Macht aufsteigt. Das antike Griechenland übernimmt in dieser Hinsicht einiges von den Ägyptern und errichtet viele Kultstätten, die als Traumorakel dienen. Apollon, griechischer Hauptgott der prophetischen Weissagung, wird auch Phoibos (der Helle) genannt, weil er, einem Mythos zufolge, durch die Titanin Phoibe an das Delphische Orakel gelangt. Kurz nach seiner Geburt begibt sich Apollon auf die Suche nach einem Ort für das Orakel, das er gründen will. Sein Weg führt ihn durch Mittelgriechenland zu einer Erdspalte, die im Auftrag Gaias beziehungsweise ihrer Tochter, der Titanin Phoibe, von Python bewacht wird, einer riesigen, weiblichen Schlange mit prophetischen Kräften. Apollon tötet die Schlange und benennt seine delphische Priesterin Pythia nach ihr. Das Wort *delphys* bedeutet »Schoß«, und die delphische Priesterschaft behauptet, dass dieser Ort die Mitte der Erde sei. Der Weissagungsort von Delphi wird zum bedeutendsten Orakel der griechischen Welt und ist Ziel vieler Rat suchender Menschen. Apollon nimmt über die Traumdeutungen, Visionen und Weissagungen in Delphi größten Einfluss auf die Menschen, so dass er laut Gustav Schwab als höchster Richter über Griechenland gilt. Daneben existieren Dutzende von Traumorakelorten, an denen die Besucher vom Gott des Schlafes, Hypnos, in tiefen Schlummer versetzt werden. In diesem Zustand tritt dann sein Sohn Morpheus mit ihnen in Kontakt und vermittelt den Schlafenden durch deren Träume, Prophezeiungen und Botschaften. Das berühmteste Heiligtum ist das im sechsten Jahrhundert vor Chr. errichtete Asklepieion bei Epidaurus (neugriechisch: Epidafros), wo Kranke das Orakel des Gottes Asklepios (= Äskulap) befragen und durch ärztliche Behandlung Heilung suchen. Dieser heilige Bezirk entwickelt sich im vierten und dritten Jahrhundert vor Chr. zu einem der größten Kurorte des Altertums. Das Abaton bildet dort den Liege- und Schlafbereich für die im Traum erfolgte therapeutische Behandlung.

Nach Platon schicken die Götter den Menschen nur wenige, besondere Träume, während er in den meisten Alltagsträumen eher das »gesetzlose, wilde Tier Natur« entdeckt, das selbst im Schlaf der »Tugendhaften erscheine«. Der rational betonte Aristoteles behauptet bereits vor zwei Jahrtausenden, dass Träume durch Sinneswahrnehmungen hervorgerufen werden. Im zweiten Jahrhundert n. Chr. entwickelt der sophistische Philosoph Artemidoros von Daldis, ein Zeitgenosse Mark Aurels, in seinem Werk »Oneirocritica« (oneiros = Traum) erstaunlich moderne Gedanken zum Traum und seinen Deutungsmöglichkeiten. Neben einigen, aus heutiger Sicht seltsam anmutenden Interpretationen behauptet Artemidoros, die Persönlichkeit spiele eine große Rolle beim Träumenden. Er setzt sich dabei in nahezu tiefenpsychologischer Art und Weise mit der sexuellen Symbolik und der Spiegelung bestimmter Charaktereigenschaften auseinander, indem er sich auf die gewöhnlichen Träume bezieht, die Vergangenes und Gegenwärtiges aus dem Leben des Träumers beinhalten. Die zukunftsweisenden Träume werden auch von ihm, nach wie vor, als göttliche Eingebung angesehen.

Für lange Zeit, durch das frühe Mittelalter und die Renaissance, lebt die Traumdeutung von dem antiken Wissen.

7 Moderne Traumdeutung

Erst Ende des 19. Jahrhunderts wird mit Freud der Weg für neue, damals Aufsehen erregende Hypothesen in der Traumforschung geebnet. Zur damaligen Zeit herrscht die so genannte Leibreiztheorie. Ihre Vertreter nehmen an, der Traum sei eine Reaktion auf körperliche Reize und ließe sich deshalb auch experimentell erzeugen. Während diese Theoretiker wissen wollen, *wie* die Träume entstehen, bemüht sich Freud, zu entschlüsseln, *was* sie bedeuten und was sie über den Träumer aussagen. Fromm (1981) schreibt in seinem Buch »Sigmund Freuds Psychoanalyse – Größe und Grenzen«: »Es hat viele Methoden der Traumdeutung gegeben, von denen sich viele auf Aberglauben und irrationale Ideen gründeten, doch weisen auch viele ein tiefes Verständnis für die Bedeutung des Traums auf. Dieses Verständnis kommt nirgendwo klarer zum Ausdruck, als in der Feststellung des Talmud: ›Ein Traum, der nicht gedeutet wurde, ist wie ein Brief, der nicht geöffnet wurde.‹ Mit diesem Satz wird anerkannt, dass der Traum eine Botschaft ist, die wir an uns selbst richten, die wir verstehen müssen, um uns selber zu verstehen« (1982, S. 73).

Freud (1900) gibt der Deutung von Träumen eine systematische und wissenschaftliche Grundlage; für ihn ist sie die »via regia«, der königliche Weg zum Unbewussten im Seelenleben. Das Unbewusste ist der Sitz der sexuellen Wünsche und Bedürfnisse, die verdrängt worden sind. Freud entdeckt, dass die Träume nicht einfach der Ausdruck unbewusster Regungen sind. Er stellt vielmehr fest, dass sie einer Zensur unterliegen, die die Bedeutung des wahren, *latenten* Traums entstellt. Die ursprünglichen Wünsche und Bedürfnisse dürfen im *manifesten* Traum erscheinen, wenn sie genügend verhüllt sind. Der Traum ist somit für Freud Wunscherfüllung: Es ist der verhüllte Ausdruck der Erfüllung sexueller Wünsche. Da sie in Traumbilder und Symbole umgewandelt werden, verlieren unsere kreatürlichen Triebe ihre Unmittelbarkeit und es fällt uns leichter, mit ihnen umzugehen. Auch Alpträume werden von Freud (1900) gedeutet. Für ihn sind sie traumhafte Wunscherfüllung verpönter sadistischer oder masochistischer Wünsche. Über die Entschlüsselung des kodierten Trauminhalts sucht er einen Zugang zum Unbewussten. Neben den Es-Ansprüchen, die er bis dahin als wesentlich erachtet, interessieren Freud seit 1932 auch zunehmend die Leistungen des Ich bei der Traumbildung. In seiner Revision der Traumlehre äußert er, das Wesentliche am Traum sei der Prozess der Traumarbeit; diese bildet durch Verdichtung, Verschiebung, Symbolisierung und sekundäre Bearbeitung aus dem latenten Gedanken den manifesten Inhalt.

Jung arbeitet anfänglich mit Freud zusammen, distanziert sich aber später von dessen enger Auslegung des Sexuellen im Traum. Jungs wichtigster Beitrag zur Traumlehre ist die Entdeckung des *kollektiven Unbewussten* und dessen *Archetypen*. Für ihn ist der Traum ist eine spontane

Selbstdarstellung der aktuellen Lage des Unbewussten in symbolischer Ausdrucksform. Die Trauminhalte sind die Bildersprache der Seele (Jung 1925).

Im kollektiven Unbewussten wird ein großes, inneres Reservoir an Symbolen bereitgehalten, auf das sich die Menschen unabhängig von ihrem Kulturkreis beziehen. In dieser tiefen, unbewussten Ebene sind auch die Archetypen angesiedelt, auf die Mythen, Märchen und Religionen zurückgreifen und unseren Träumen ihre Tiefe und Transzendenz verleihen. Hiermit sind kollektive Symbole wie der Schatten, die Anima, der Alte Weise und die Große Mutter gemeint. Alle diese archetypischen Bilder erscheinen in den Serien von Träumen auf dem Weg zur Individuation, die sich durch Auftauchen von Wandlungs- und Selbstsymbolen auszeichnet.

Wird die Symbol bildende Funktion der Psyche beispielsweise im Rahmen des Individuationsprozesses zur Integration der unbewussten Persönlichkeitsanteile genutzt, schreibt ihr Jung eine »transzendente« Funktion zu.

Charles Brenner (1976) begreift das Traumgeschehen als eine Regression im Dienste des Ich. Ausgehend vom Strukturmodell der Psyche (Es, Über-Ich und Ich), beschäftigt sich der Autor mit den Ich-Funktionen bei der Gestaltung des Traums. Aufgrund der selektiven und offensichtlich präzise steuerbaren Regression von Ich-Funktionen erscheinen im Traum Denkvorgänge aus verschiedenen Reifestadien, beispielsweise aus dem vorsprachlichen, dem visuellen, oder auch verbalen Bereich.

Ein weiterer Autor, der Ich-psychologische Aspekte bei der Traumentwicklung berücksichtigt, ist Erikson (1954). Er ist der erste Analytiker, der durch seine Darstellung »der manifesten Ich-Konfigurationen« als Variablen der Ich-Leistungen den manifesten Traum in einem neuen, ihn würdigenden Licht sieht. Für ihn ist der manifeste Trauminhalt eine Reflexion der verbalen Ausdrucksfähigkeit, der zwischenmenschlichen Atmosphäre, der Qualität der Objektbeziehungen und der Affektlage.

Die Psychoanalyse hat sich von einer triebtheoretischen Lehre zu einer Objektbeziehungs- und Ich-psychologischen Wissenschaft entwickelt. Nicht nur Ich-Psychologen, sondern auch Objektbeziehungs-Theoretiker bewerten heute die latenten wie manifesten Trauminhalte neu.

Für Fairbairn (1941) liegt in der Störung der Objektbeziehung der Beginn aller psychopathologischen Zustände. In seiner Libidotheorie ist diese primär auf Objektsuche ausgerichtet und nicht, wie Freud meint, auf Lustsuche. Dem Wunsch nach Objektbeziehungen entspringt aller Antrieb. Für ihn sind Träume Dramatisierungen der innerseelischen Situation, da Geträumtes die Beziehungen zwischen den inneren Objekten und den dynamischen Ich-Anteilen zum Ausdruck bringt. Eine These dieses Autors ist mir in meiner therapeutischen Beziehung zu psychisch gestörten Menschen, speziell zu Psychotikern, allgegenwärtig: Seiner Ansicht nach ist ein Mensch weder »oral«, noch »homosexuell«, sondern er benutzt immer nur die ihm am besten zur Verfügung stehenden erogen Zonen als Kanäle zur Herstellung von Objektbeziehungen (Fairbairn 1952).

Mit Otto Kernberg (1989) gesprochen, formt die innere Welt nicht nur die Wahrnehmung der äußeren, sondern beeinflusst durch die Charakterstruktur auch den zwischenmenschlichen Bereich des Individuums. Seine Objektbeziehungstheorie geht, in Anlehnung an Edith Jacobsen (1964) und Margareth Mahler (1975), von einer allmählichen Entwicklung der psychischen Struktur des Kindes aus, in der sich Selbst- und Objektrepräsentanzen herauskristallisieren und differenzieren.

Nach Kernberg (1989) hat das kindliche Ich zwei wichtige Funktionen zu erlernen:
– Die Differenzierung zwischen Selbst- und Objektrepräsentanzen (*die Unterscheidung zwischen Ich und Nicht-Ich*) und
– die Integration von libidinös mit aggressiv besetzten Teilrepräsentanzen (*des Selbst und der Objektwelt*) zu einem kohärenten, ganzheitlichen Konzept von sich und der Umwelt.

Das integrierte Selbstkonzept und die dazu gehörigen integrierten Objektrepräsentanzen bilden zusammen die Ich-Identität. Die Qualität der Objektbeziehungen hängt also von der Identitätsintegration ab.

Aufgrund der Ich-Struktur (mit primitiven oder reiferen Abwehrmechanismen) und der Art der inneren Objektbeziehungen (je nachdem ob die Integration misslungen oder gelungen ist) unterscheidet Kernberg verschiedene Ebenen der Charakterpathologie.

Ein Patient mit einer neurotischen Persönlichkeitsorganisation befindet sich somit auf einer höheren Ebene der Charakterpathologie. Hier können sich stabile Strukturen von Ich, Es und Über-Ich entwickeln. Die Spannungen zwischen den einzelnen psychischen Instanzen ergeben die Konflikte. Der Patient weist eine funktionelle Ich-Störung auf; seine Neurotizismen äußern sich als Symptom oder Charakterneurose. Die neurotische Konfliktlösung schränkt zwar diesen Menschen ein, aber die übrigen Lebensbereiche bleiben weitgehend störungsfrei.

Die Bearbeitung der Träume neurotischer Menschen ist regressionsfördernd. Verdrängte Triebregungen verschaffen sich, in Anlehnung an vorhandene Reize und in Übertragung auf Tagesreste, verkleideten Ausdruck im latenten Traumgedanken. Die Triebregungen bekommen ihre Befriedigung durch die Traumhandlung, formuliert Freud und beschreibt die Bewältigung des Primärprozesses, die Wirkung der Zensur und die Gestaltung des manifesten Traums durch den Sekundärprozess. Der Traum in der Behandlung von neurotischen Patienten fördert somit unbewusstes Material an die Oberfläche, das allmählich durch Assoziationen, Entsymbolisierung und Deutung, beziehungsweise analytische Bearbeitung, in das Ich des Patienten integriert werden kann. Dem manifesten Trauminhalt wird die latente Bedeutung entschlüsselt gegenübergestellt.

Entsprechend der strukturellen Diagnostik nach Kernberg (1989) bilden die mittlere, niedere und psychotische Ebene der Charakterpathologie die Gruppe der im deutschen Sprachraum so genannten frühen Störungen. Peter Fürstenau (1977) nennt diese Gruppe auch strukturelle Ich-Störungen, da sich hier Störungen in der Ich-Bildungsphase ergeben. Auf der mittleren Ebene der Charakterpathologie ist das Ich weniger integriert, das heißt, es gibt eine teilweise Spaltung in begrenzten Bereichen. Der Patient kann widersprüchliche Impulse und Strebungen nur schlecht integrieren; hierzu gehört die narzisstische Persönlichkeitsstörung. Die Borderline-Persönlichkeitsorganisation entspricht der niederen Strukturebene und bezeichnet eine Ich-Struktur mit schwerwiegender Entwicklungsstörung. Diese ist durch mangelnde Integrationsfähigkeit sowie durch widersprüchliche Impulse und Gefühle gekennzeichnet. Das Identitätsgefühl entspricht dem der Identitätsdiffussion nach Erikson (1956). Kernberg grenzt die niedere Ebene der Charakterpathologie von der psychotische Persönlichkeitsorganisation ab. Hier ist die Ich-Struktur soweit gestört, dass sich die Grenzen zwischen Selbst und Objekt sowie zwischen Innen- und Außenwelt vermischen.

In der psychotherapeutischen Behandlung von frühen, tief greifenden Störungen werden Träume anders angegangen. In solchen Fällen kann der manifeste Trauminhalt in unentstellter Form vorliegen. Aufgrund der mangelnden Trennschärfe zwischen Primär- und Sekundärprozess sind solche Menschen nicht in der Lage, inkompatible Inhalte zu verdrängen. Das schwache Ich ist einer drohenden Überschwemmung mit primärprozesshaften Inhalten ausgesetzt. Daher erscheinen regressionsfördernde Techniken, die darauf abzielen, den manifesten in den latenten Gedanken umzuwandeln, nicht wünschenswert. Außerdem besitzt ein schwaches Ich keine Fähigkeit zur Symbolisierung und zur Traumarbeit.

»Heinz Kohut unterscheidet verbalisierbare und nicht verbalisierbare Träume« (wobei Letztere die Traumatisierungen aus einer präverbalen Zeit widerspiegeln, Anm. d. Autorin). »Jene, die verbalisierbare Inhalte ausdrücken wie Triebdurchbrüche, Konflikte und versuchte Konfliktlösungen, und jene, mit Hilfe verbalisierbarer Traumbilder versuchen, die nichtverbalen Spannungen traumatischer Zustände zu binden – die Angst vor Überstimulierung oder vor Desintegration, d. h. Psychose« (Zauner 1983, S. 9). Schon die Darstellung des Traums sei in diesem Fall ein Versuch, mit der psychologischen Gefahr fertig zu werden, indem die aufgetretenen, namenlosen Vorgänge durch bemerkbare, visuelle Vorstellungen überdeckt werden.

Je nach vorliegender Art, muss nach Kohut auch die Vorgehensweise des Analytikers angepasst werden. Im Fall des neurotischen Patienten ist der Grundregel der freien Assoziation Folge zu leisten, bis die unbewusste Bedeutung erkannt wird. Bei Frühstörungen ist aufgrund der erhöhten Verletzbarkeit eine Unterstützung auf der Ebene des manifesten Trauminhalts nötig, um Angst zu nehmen und das Material für eine Bearbeitung zugänglich zu machen.

Das Erkennen vorhandener Ich-Leistungen bei der Traumbildung kann gerade bei diesen früh gestörten Patienten ein Ansatz für die zukünftige Ich-Stärkung und Verminderung von Angst bedeuten. In Anlehnung an Gertrude Blanck und Rubin Blanck (1974) spricht Christa Rohde-Dachser (1979) in diesem Zusammenhang von der Identifikation (im speziellen Fall von Erkennung) Ich-aufbauender Elemente des Traums. In einer tragfähigen therapeutischen Beziehung wird der Patient angehalten, sich mit diesen auseinander zu setzen. Überwältigende Affekte werden seitens des Therapeuten ertragen und ausgehalten, damit die beruhigende und Sicherheit spendende Funktion des therapeutischen Gegenübers für den Patienten sicht- und greifbar wird. Er kann diese langsam selbst verinnerlichen.

Da die innere Welt dieser Menschen von widersprüchlichen Teilobjekten bevölkert ist, werden sie bei der Traumdeutung zu einem späteren Zeitpunkt mit den Widersprüchen ihrer dissoziierten Selbst- und Objektbilder konfrontiert, um eine allmähliche Integration anzustreben.

8 Die Traumlehre von Sigmund Freud

In seinem Werk »Die Traumdeutung« (1900) bekundet Freud, den Nachweis erbringen zu können, dass »es eine psychologische Technik gibt, welche gestattet, Träume zu deuten«. Seine Entdeckungen werden zur Wiege der modernen Traumpsychologie. Seine Arbeit mit der Technik der freien Assoziation, die er teilweise gemeinsam mit Josef Breuer entwickelt, beschert ihm für die damalige Zeit revolutionäre Ergebnisse. Er stellt fest, dass Neurosen durch psychische Ursachen entstehen, und ihre krank machenden Faktoren außerhalb der Bewusstseinsebene liegen. Diese stehen mit Traumata aus der frühen Kindheit in Verbindung, die der Verdrängung von zumeist sexuellen Wünschen zugunsten elterlicher und gesellschaftlicher Normen entsprechen. Anfänglich definiert Freud die Verdrängung als eine Erinnerungsabwehr; die Abweisung vom Bewusstsein bleibt jedoch nicht ohne Folgen. Triebe und die dazu gehörigen Affekte sind Energiepotentiale, die sich gegen den Ausschluss vom Bewusstsein sperren und ihrerseits zur Befriedigung drängen. Können sie nicht zur direkten Abreaktion gelangen, suchen sie eine Notlösung in der Neurose, durch deren Symptomäußerung eine gewisse Spannungsminderung erfolgt. Das heißt, zunächst werden die Begriffe Verdrängung und Abwehr synonym gebraucht; später wird die Abwehr zum Oberbegriff und die Verdrängung als Mechanismus der Abwehr verstanden.

Die Traumtheorie gehört zur Metapsychologie, einem von Freud geprägten Begriff, für die von ihm begründete psychoanalytische Lehre in ihrer theoretischen Dimension. Die wissenschaftliche Aufgabe der Metapsychologie besteht in der Konstruktion begrifflicher Modelle, wie dem des psychischen Apparates und der Entwicklung von Theorien, wie der Triebtheorie. Auf einer deskriptiven Ebene wird versucht, die Strukturen innerhalb der Psyche, ihrer Entwicklungslinien und wechselseitigen Beziehungen zwischen Innen- und Außenwelt zu erfassen.

Wohin werden die vom Bewusstsein abgewiesenen Triebregungen, Wünsche und Bedürfnisse verdrängt? Diese Frage führt zum Mittelpunkt der psychoanalytischen Theorie – der Lehre vom Unbewussten. Die Metapsychologie kann das Unbewusste nur anhand seiner Manifestationen beschreiben – daran, was es bewirkt und woran es sichtbar wird. Das Unbewusste selbst ist nicht fassbar, da es ein energetisches Potential darstellt und sich als emotionale Bewegung äußert. Als das Emotionale vom Es begleitet es alle unsere Motivationen, Handlungen und Aktivitäten. Ohne Kenntnis der unbewusst motivierenden Vorgänge sind Therapeuten nicht imstande, die Neurosen richtig zu erfassen. Freud nimmt an, dass psychische Vorgänge im Unbewussten beginnen, sich bis zum Bewusstwerden entwickeln und nach Schwinden der Aktualität wieder ins Dunkel des Unbewussten zurücktreten. Der topische Gesichtspunkt seiner Metapsychologie beinhaltet die Modellvorstellung über die Aufteilung des psychischen Apparats in unterschiedliche Systeme – das sind Strukturen, die sich durch bestimmte Funktionen und Eigenschaften voneinander unterscheiden.

Das System Unbewusstes

Nach Freud lässt sich das Unbewusste nur an seinen psychischen Äußerungsformen erkennen. Es äußert sich mittelbar durch seinen *Inhalt* und durch seine *Arbeitsweise*.

Der Kerninhalt des Unbewussten besteht aus Trieb-, Selbst- und Objektrepräsentanzen. Die Triebe sind unseren Sinnen nicht unmittelbar zugänglich. Sie werden als Kräfte somatischen Ursprungs definiert, die sich durch Vorstellungs- und Affekt-Repräsentanzen äußern und bei ihrer Befriedigung auf ein Objekt angewiesen sind. Nach anfänglicher Unterteilung in Sexual- und Selbsterhaltungstriebe fasst sie Freud später unter dem Begriff Lebenstriebe zusammen. Dem Selbsterhaltungstrieb stellt er 1920 den umstrittenen Destruktions- oder Todestrieb entgegen. Mit diesen beiden Grundtrieben meint er die ursprünglichen Kraftpotenziale von Libido und Aggression.

Da die Triebe nicht unmittelbar beobachtet werden können, sehen wir nur ihre psychischen Äußerungsformen, wie Erregung, Strebungen und Wünsche, die uns als Affekte entgegentreten. Die Affekte wiederum können bewusst wie unbewusst verlaufen – sind vom Bewusstsein her annehmbar oder nicht. Sind die Affekte in ihrer Entfaltung unterdrückt, werden sie gezwungen, andere Wege zu gehen – dann treten sie nicht als Gefühl auf, sondern äußern sich beispielsweise in körperlichen Innervationen, in Herzklopfen, Schweißausbrüchen, Missempfindungen und Ähnlichem. In der Neurose sind die Affekte mehr oder weniger entstellt; jede neurotische Erkrankung stellt ein Stück unbewusstes Triebleben dar und hat einen verdrängten Affekt zum Inhalt. Neben den Affekten umfasst das Unbewusste die Selbst- und Objektrepräsentanzen als Spiegelbild der Innen- und Außenwelt des Menschen. Der Inhalt des Unbewussten äußert sich in der Neurose hauptsächlich durch seine Symptome.

Das Unbewusste macht sich nicht nur wie oben beschrieben durch seinen *Inhalt*, sondern auch wie folgt durch seine *Arbeitsweise* bemerkbar. Diese ist für die Art und Weise des Ablaufs der psychischen Tätigkeit in den ersten Lebensjahren des Menschen verantwortlich. Die Funktionsweise der frühesten Seelentätigkeit, wie sie für ein sehr junges Kind typisch ist, wird *Primärvorgang* genannt. Die Charakteristika des Primärprozesses sind: Verdichtung und Verschiebung der Denkinhalte, Zeitlosigkeit (weder Vergangenheit noch Gegenwart oder Zukunft werden erkannt), Fortfall der Logik, friedliche Koexistenz von Widersprüchen sowie das Fehlen einer korrigierenden Realität. Zu diesen einzelnen Phänomenen wird später Bezug genommen.

Beim Primärprozess erfolgt eine direkte und nicht kontrollierte Erregungsabfuhr; die wahrgenommenen Wünsche drängen zur unmittelbaren Befriedigung und vertragen keinen Aufschub. Da beim Kleinkind in erster Linie die eigenen Bedürfnisse bestimmen, wird das Steuerungsprinzip des Primärprozesses *Lustprinzip* genannt. Das Lust-/Unlustprinzip steht also im Dienste der Triebe, die eine direkte Manifestation des Unbewussten darstellen. Es meldet das Anwachsen der Reizgröße der Triebe und bringt gestaute Energie zur Entladung, bildet also einen Regulator der ökonomischen Verteilung triebhafter Energie und ist damit für den reibungslosen Ablauf des Gefühlslebens zuständig. Bei der neurotischen Störung ist diese regulative Funktion des Lust-/Unlustprinzips gestört (Freud 1923).

Im Verlauf der Individualentwicklung wird der Primärvorgang vom *Sekundärvorgang* abgelöst, der im Gegensatz dazu logisch, syntaktisch, zeit- und realitätsbezogen ist. Nach diesen Kriterien richtet sich die Denkweise des Erwachsenen. Da hier die Steuerung durch die Anforderungen der Realität erfolgt, wird sie *Realitätsprinzip* genannt. Während das Lustprinzip den Interessen des Unbewussten und seinen Trieben dient, steht das Realitätsprinzip im Dienste des Ich. Je besser ein Ich organisiert ist, um so mehr ist es imstande, Unlust zu ertragen, die Folgen seiner Handlungen abzuwägen und Rücksicht auf die realen Anforderungen zu nehmen, was ein Aufschieben oder gar den Verzicht von Lustbefriedigung bedeuten kann. Das Ich funktioniert dann im Sinne des Realitätsprinzips. Der Primärvorgang existiert jedoch im Schatten des Sekundärprozesses weiter. Durch Regression des Gesunden, wie sie beispielsweise in den Träumen beim Schlafen oder bei psychotischen Entgleisungen stattfindet, kann die seelische Funktionsweise wieder auf die frühe archaische Stufe des Primärprozesses zurückgreifen. Wir sehen im Unbewussten Prozesse, die wir mit zunehmender Herrschaft des Bewussten, beispielsweise beim heranwachsenden Kind und erwachsenen Menschen, nicht mehr erkennen.

Freud hat jedoch vier psychische Vorgänge genannt, bei denen sich das Wirken unbewusster Kräfte offenbart: die *Fehlleistungen*, die *Übertragung*, die *neurotischen Symptome* und die *Träume*.

Bereits 1901 definiert er, dass Fehlleistungen keinem zufälligen Versagen unterliegen, sondern Ausdruck unbewusster Dynamismen darstellen. Wenn man beispielsweise jemandem die Hand gibt und statt »Guten Tag« »Auf Wiedersehen« sagt, kann es kein Zufall sein. Es liegt hier eine Interferenz zweier verschiedener Intentionen vor, von denen die eine den geheimen Wunsch, das Treffen möge schon beendet sein, und die andere freundliche Begrüßung repräsentiert.

Die Übertragung ist ein nicht nur im psychoanalytischen Setting wirksamer Vorgang. Sie beeinflusst unmerklich, aber dennoch deutlich auch unsere zwischenmenschlichen Beziehungen im Alltag. Übertragung ist eine Wiederbelebung der Vergangenheit, ein Missverständnis der Gegenwart in Begriffen der Vergangenheit, meint Greenson (1967/1981, S. 163ff.). Das Wesentliche an der Übertragung ist also die Erfahrung von Gefühlen gegenüber einer Person, die diesem Menschen eigentlich nicht gelten und sich auf eine andere Person beziehen. Gewöhnlich wird auf eine gegenwärtige Person so reagiert, als ob es sich um eine Person aus seiner (infantilen) Vergangenheit handelt. Insofern ist Übertragung ein Anachronismus, ein Irrtum in der Zeit (Hoffmann u. Hochapfel 1984).

Ein Beispiel: Wenn ein Patient in der Stunde kleinlaut berichtet, er habe eine Prostituierte aufgesucht und erwartet jetzt von mir getadelt zu werden, erlebt dieser Mann in der Übertragung das Gefühl, ich wäre eine strenge Autoritätsperson, so wie seine Mutter, die solche Besuche mit Geld- und Liebesentzug bestrafte.

Während die ersten beiden psychischen Vorgänge auch im normalen Alltag zu finden sind, betreten wir mit den neurotischen Symptomen den Bereich der Psychopathologie. Der Kern psychoanalytischer Neurosenvorstellung ist der Konflikt. Neurosen sind als Kompromissbildungen Lösungsversuche und Folgezustände von reaktivierten, unbewussten, infantilen Konflikten. Diese entstehen, wenn zwei unvereinbare Tendenzen wie Wunsch und Verbot, aufeinander treffen. Da »normale« Konflikte ubiquitär auftreten und üblicherweise phasengerecht gelöst werden können, müssen sie von den pathologischen, infantilen, unterschieden werden. Pathogen werden solche Spannungen erst, wenn deren optimale Lösung die jeweils alters- und persönlichkeitsentsprechenden Möglichkeiten des jungen, heranwachsenden Menschen übersteigt.

Nach psychoanalytischer Meinung sind die eigentlichen Quellen von Neurosen in der Kindheit zu suchen, in der verpönte, angstbesetzte Triebregungen oraler, analer und ödipaler Natur verdrängt werden. Die Unlust, als Verursacher von angstbesetzten Vorstellungen und Triebregungen, setzt den Mechanismus der Abwehr ein; man versteht darunter die Gesamtheit der Versuche zur Vermeidung von Angst. Die Psyche besitzt eine ganze Reihe wirksamer Abwehrmechanismen, an deren Spitze die Verdrängung und die Regression stehen. *Verdrängung* ist der Vorgang, bei dem die Zensurinstanz des Vorbewussten einen psychischen Akt so behindert, dass er seinen Weg ins Bewusste nicht antreten kann. Die *Regression* beschreibt die Rückkehr der Triebe zu fixen Brennpunkten der Vergangenheit. Mit *Fixierung* wird das Verbleiben einer triebhaften Partialstrebung auf einer frühen, beispielsweise oralen, analen oder ödipalen Stufe beschrieben. Eine regressive Bewegung in frühere Entwicklungsstufen kann leichter erfolgen, wenn die bereits vorhandene Fixierung entsprechend stark ist. Auf diese Weise schützt sich das Individuum vor gefährlich erlebten Triebregungen und Wünschen, indem es für die Umwelt wahrnehmbar zum Kind wird.

Dispositionelle Faktoren wirken bei der Neurosenentstehung sowohl seitens der Triebe wie seitens des Ich.

Freud versteht die Verursachung der Neurose wie in Abbildung 7 gezeigt.

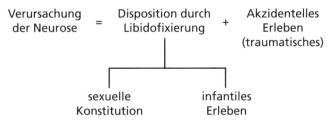

Abbildung 7: Ursachen der Neurose nach Freud (Mertens 1992)

Die traumatische Situation wird als energetischer Notstand aufgefasst, der Zufluss an Triebenergie wird vom Ich nicht adäquat abgeführt. Ich-gerechte, adäquate Spannungsabfuhr muss gleichermaßen den Anforderungen des Es, Über-Ich und der Realität genügen. Diese Vermittlerrolle wird als organisierende, synthetische Ich-Funktion bezeichnet. Ein gesundes, starkes Ich verfügt über genügend Stabilität der Ich-Funktionen, um frustrationstolerant, leistungsfähig und ausreichend flexibel zu sein.

Am Anfang einer neurotischen Störung steht ein aktueller Konflikt, der Ähnlichkeit mit verdrängten, infantilen Inhalten aufweist. Durch die gegenwärtige Belastungssituation wird der alte Konflikt mit Hilfe der Regression reaktualisiert, und der Betroffene versucht, den gegenwärtigen Konflikt mit kindlichen Mitteln zu lösen. Das Zurückgreifen auf infantile Erlebensformen erzeugt dabei zusätzliche Spannung und Angst, die um jeden Preis abgeführt werden müssen. Da sich als Konstituenten des Konflikts wie weder affektbesetzter Wunsch noch Verbot, weder Trieb noch Abwehr ganz durchsetzen können, erscheint der neurotische Kompromiss im Symptom. Eine vollständige Verdrängung kann nie gelingen. Entweder entsteht eine vordergründige Angst (spürbar als Affekt selbst), oder der hintergründige Affekt samt forderndem Triebanspruch verraten sich in einem Symptom, das die ursprünglich verpönte Triebregung larviert darstellt.

Im neurotischen Symptom erfahren die verdrängten Triebe und Affekte eine teilweise Befriedigung. Da neurotisch gestörte Menschen einen Krankheitsgewinn durch die Ersatzbefriedigung beziehen, entwickeln sie Widerstände beim therapeutischen Versuch, sie von ihrem Leiden zu befreien.

Ein Beispiel: Ein 18-jähriger Schüler ist glücklich, endlich eine Freundin gefunden zu haben. Er möchte viel Zeit mit ihr verbringen, wird eifersüchtig, wenn sie sich anderen Personen (z. B. Schulfreundinnen) widmet. Das Mädchen beginnt die Beziehung als beengend und als zu dicht zu empfinden. Nach einer gewissen Zeit beendet sie die Freundschaft. Der junge Mann reagiert daraufhin mit depressiver Verstimmung, zieht sich zurück, verlässt sein Bett kaum und entwickelt Durchfall als weiteres Symptom. Für ihn hat das Leben seinen Reiz verloren, er setzt sich mit Suizidgedanken auseinander und muss hospitalisiert werden. In der Vorgeschichte wird geschildert, dass er als kleines Kind öfters und längere Zeit von seiner Mutter allein gelassen worden ist, während sie Einkäufe und Besuche erledigte.

Im Unbewussten wird die äußere Realität durch die innere ersetzt. Wie man am praktischen Beispiel sehen kann, ist das äußere Erlebnis nur ein Anlass für das Wiederaufleben eines früheren, unbewussten Erlebnisses. Der Erkrankte reagiert auf den äußeren Anlass, als wäre es ein inneres Erlebnis – es passiert, wenn er in gewissen Erlebensbereichen auf eine infantile Stufe (hier die orale mit ihren Abhängigkeitswünschen) fixiert ist und darauf zurückregrediert. Der neurotisch gestörte Mensch lässt sich von aktivierten, unbewussten Motivationen leiten. Damit legt die Neurose Inhalt und Arbeitsweise des Unbewussten frei, wie es sonst nur in den Träumen und in den Fehlleistungen erfolgt.

Die moderne Psychoanalyse berücksichtigt nicht nur die sexuelle Ätiologie der neurotischen Entwicklung. Ohne Zweifel wird bei einer tief greifenden neurotischen Störung auch die Sexualität in Mitleidenschaft gezogen. Schwerwiegende Ursachen neurotischen Verhaltens sind auch tief sitzende Existenzangst, uneingestandene Minderwertigkeitsgefühle, überhöhter Leistungszwang, zusammengebrochene zwischenmenschliche Beziehungen wie auch nicht eingestandene religiöse oder geistige Bedürfnisse. Neurotische Symptome sind dabei aber mehr als nur eine Art von Fehlreaktion, denn die Neurose hat eine Schutz- und Notfallfunktion, da sie die jeweils bestmögliche Organisationsform eines psychischen Konflikts darstellt. Sie definiert sich sowohl durch die latente Psychodynamik in Form des unbewussten Konflikts wie auch durch die manifesten Symptome. Zuletzt ist es wichtig, zu erwähnen, dass alles Verdrängte unbewusst ist, aber nicht alles Unbewusste verdrängt.

Das System Bewusstes

Das Bewusstsein lässt sich als Sinnesorgan verstehen. Es dient der Wahrnehmung von äußeren und inneren Reizen – Bewusstwerden bedeutet somit einen Reiz wahrnehmen. Dieses System ist der Außenwelt zugewandt, steht in Beziehung zur äußeren Wirklichkeit und arbeitet nach dem Prinzip der Realitätsprüfung. Eine seiner Aufgaben ist die Unterscheidung, ob sich ein psychisches Ereignis außen oder innen abspielt.

Das Bewusste hat kein Gedächtnis. Im Unbewussten hinterlässt jeder Reiz Erinnerungsspuren, die aktiviert werden können, um ins Bewusstsein zu treten.

Das System Vorbewusstes

Dieses System beinhaltet Erinnerungen, die bewusstseinsfähig sind. Es unterhält gleichermaßen Beziehungen zur Außenwelt wie zum Unbewussten. Hier werden sowohl Eindrücke der äußeren Wirklichkeit empfangen und aufbewahrt als auch Abkömmlinge des Unbewussten angenommen. Im Vorbewussten befindet sich auch jene ordnende Funktion, die aus dem Unbewussten stammende Regungen kontrolliert und bewertet – die so genannte Zensurinstanz, die zum Teil auch mit der Funktion des Über-Ich zusammenfällt. Es ist die besondere Institution, die manche unbewusste Strebungen durchlässt, andere hingegen hemmt oder sie vor dem Bewusstwerden modifiziert. Im Traum begegnet sie uns als Traumzensur, in der Neurose erscheint sie in Form des Widerstands. Beim Gesunden sorgt sie für eine reibungslose seelische Homöostase, indem modifizierte, unbewusste Strebungen in einer dem Bewusstsein gemäßen Form wahrgenommen und integriert werden können. Entsprechend hemmt diese Instanz in der Neurose das Auftreten verdrängter Regungen. Durch das Einschalten des Systems Vorbewusstes entstehen also Widerstände – neurotische Symptombildung kann die Folge sein. Innerlich aufgestaute Energien gelangen nicht zur Aktion und Abfuhr – als Antwort darauf entstehen Spannung und Unruhe, während dem System Bewusstsein entsprechend wenig Energien zur Verfügung stehen.

Das Drei-Instanzen-Modell (Es, Ich, Über-Ich)

Das topographische Modell des psychischen Apparats wird später von Freuds strukturellem Persönlichkeitsmodell der drei Instanzen ersetzt. Diese theoretische Neufassung scheint erforderlich, nachdem klinische Erfahrungen ergeben, dass Schuldgefühle und Strafbedürfnisse unbewusst sein können; ebenso wie auch die Vorgänge, die zur Konstituierung des Ich beitragen, unbewusst verlaufen. Diesen neuen Erfahrungen muss eine neue Aufteilung des psychischen Apparats Rechnung tragen – das Drei-Instanzen-Modell.

Das *Es* entspricht in gewisser Weise dem Unbewussten des topischen Modells und schließt libidinöse wie auch aggressive Triebenergie mit ein. Es ist der Bereich der primären Impulse und aller triebhaften Grundbedürfnisse und stellt die umweltunabhängigste Substruktur dar.

Raymond Battegay schreibt in seiner psychoanalytischen Neurosenlehre über das Es: »Das Es ist ... jener Bereich, indem sich die basale, psychische Energetik vorfindet, aus der sich das Personale, das Ich erst hinausentwickelt ... Das Es wäre unter diesem Aspekt die treibende Kraft unseres Lebens, mit der wir uns zeitlebens auseinanderzusetzen und aus der wir unsere Individualität im stetigen Bezug zur äußeren Realität zu gestalten haben. Demzufolge ist uns das Es dauernder Quell zur Lebensbewältigung, aber auch – entsprechend dem, in ihm herrschenden Lustprinzip – eine gefährdende Macht, die uns gerade auch wieder von der Realität des Lebens wegführen kann« (1971/1986, S. 102).

Das *Ich* bekommt mehrere Funktionen zugeordnet. Die Realitätsprüfung als Ich-Funktion wird von Freud schon früh beschrieben, etwas später die Vermittlungs- und Anpassungsaufgabe zwischen den Unlust erzeugenden Innenreizen und den Anforderungen der Realität. Die Abwehr triebhafter Wünsche und Bedürfnisse, die unerträgliche Unlust mobilisieren, verlangt ein Repertoire an Schutzmaßnahmen. Ein gesundes Ich verfügt über flexible Abwehrmechanismen, durch deren Einsatz es Kompromisse eingehen kann, die einerseits der Abwehr und andererseits einer kaschierten und diskreten Triebbefriedigung dienen. Also stellen die Abwehrmechanismen höhere Ich-Leistungen dar. Bei der Antizipation von Gefahrenmomenten werden die Abwehrmechanismen prompt eingesetzt und verlaufen unbewusst. In der Strukturtheorie bekommt das Ich eine besondere Position, indem es nicht nur als Opponent, sondern auch als Vermittler im Konflikt angesehen wird. In dieser Funktion dient es drei Herren, dem Es, dem Über-Ich und der Realität. Es kann sich dabei sowohl in positive wie in negative Richtung bewegen – sowohl ein kreatives Leben gestalten als auch dynamischen Kräfteverlust und negative Veränderungen bewirken. In diesem Zusammenhang wird von der synthetischen Funktion des Ich gesprochen, deren optimales Gelingen als ein Index für Ich-Stärke angesehen wird.

Das *Über-Ich* beinhaltet den normativen Bereich im Menschen, also die von der Umgebung vermittelten Normen. Als Unterinstanz des Über-Ich stellt der Bereich von Wert- und Zielvorstellungen das Ich-Ideal dar. Battegay schreibt dazu: »Das Über-Ich … widerspiegelt die Ordnung der Außenwelt und damit auch deren Anforderungen; es wird so zu einem Repräsentanten der Gesellschaft im Ich. Je mehr das Über-Ich Macht über das Ich gewinnt, desto mehr wird das Ich gezwungen, sich der Gesellschaft anzupassen. Das Über-Ich als Repräsentant der Gesellschaft nimmt kaum Rücksichten auf die Bedürfnisse des Einzelnen und gewinnt deshalb einen harten Zug. Es kann grausam werden und vom Menschen Verzichte oder Selbstaufopferung verlangen. Das Über-Ich ist ein gestrenger Richter, der den Menschen zwingt, auf den billigen Sinnengenuss zu verzichten und ihm für das Übertreten seiner Idealforderungen Strafen auferlegt, so dass beispielsweise Schuldgefühle auftreten« (1971/1986, S. 106).

9 Funktionen des Traums

Schlafforscher haben gezeigt, dass Schlafen auch Träumen bedeutet. Wenn wir uns vorstellen, dass wir gut ein Drittel unseres Lebens in diesem andersartigen Zustand verbringen, können wir uns vergegenwärtigen, wie eng Wach- und Schlafmodus miteinander verflochten sein müssen. Die taoistische Mythologie kennt die Geschichte des Weisen Tschuang-Tsu, der sich nicht sicher war, ob er ein Mensch sei, der träumte, ein Schmetterling zu sein, oder ein Schmetterling, der träumte, ein Mensch zu sein. Der Schmetterling als Traumsymbol steht in diesem Fall wohl für die Seele und ihre Verwandlung nach dem Tod.

Wir haben erfahren, dass Freud zwischen dem manifesten Traumgebilde und den latenten Traumgedanken unterscheidet. Dabei sieht er den latenten Traum als die wesentliche Botschaft an. Aufgrund der so genannten Traumarbeit führt eine verdrängte Triebregung zum verkleideten Ausdruck dieses unterdrückten Wunsches. Für Freud ist der Trauminhalt eine Komposition aus Vergangenem und Gegenwärtigem, aus infantilem Material und den aktuellen Tagesresten. Entsprechend wird jener Anteil des Traums, der aus Wünschen und Bedürfnissen einer früheren Lebensperiode stammt, als »Tiefentraum« bezeichnet. Die Erlebnisse des alltäglichen Lebens mit ihren beglückenden oder frustrierenden Momenten liefern das Material für den »Oberflächentraum«. Trotzdem reicht ein Tagesrest nicht aus, um einen Traum zu produzieren. Der Traum entsteht dann, wenn das aktuelle Erlebnis mit einer Regung aus vergangenen Zeiten, mit einem infantilen Wunsch zusammentrifft. Anders ausgedrückt, bezieht der Traum seine Dynamik aus der Verbindung aktueller Ereignisse mit den ungelösten und unverarbeiteten Problemen der Vergangenheit.

Für Aristoteles ist der Traum eine Fortsetzung der seelischen Tätigkeit im Schlafzustand und innere Sinneswahrnehmungen einer Traumquelle. Wir kennen auch äußere Sinneswahrnehmungen, die zur Traumquelle werden können, beispielsweise ist es manchen Menschen schon passiert, dass sie im Traum das Klingeln des Weckers als Telefonklingeln verarbeiten und keine Lust empfinden, den Hörer abzunehmen. Aber es erscheint nicht sinnvoll, äußeren und inneren Reizen zu große Bedeutung bei der Traumbildung beizumessen.

»Nicht die Traumquelle, sondern die seelische Verfassung des Träumers ist das Wesentliche beim schöpferischen Akt des Träumens. Millionen von jungen Männern haben von altersher bis heute Liebeserlebnisse gehabt, aber nur ein Goethe gestaltete sein Erlebnis mit Friederike Brion zu einer

Faust-Dichtung« – schreibt Werner Kemper (1977, S. 64) in seinem Buch »Der Traum und seine Be-Deutung«.

Also ist die Hauptquelle des Traums unsere innere Welt mit all ihren unbewussten Wünschen, Bedürfnissen, Regungen, Phantasien, Gedanken und Ansprüchen wie auch die damit verbundenen Widerstände, Ängste, Befürchtungen und Sorgen.

Es erscheint sinnvoll, an dieser Stelle zu erwähnen, dass Freud (1932) nach längerer Arbeit zwei Zugangsmöglichkeiten zum Traum erkennt, die »Technik der Traumdeutung« und die »Theorie der Traumarbeit«. Entsprechend befasst sich die psychoanalytische Traumtheorie mit Sinn und Zweck des Traums, wie mit den psychischen Prozessen, die das Traumentstehen aktiv gestalten.

Nach Freuds Ansicht besteht eine Aufgabe des Traums darin, den Erholungscharakter des Schlafes zu unterstützen. Indem äußere und innere Reize, Tageserlebnisse sowie unterdrückte Regungen und Wünsche des Es von der Zensur des Schlafwunsches so verarbeitet werden, dass sie nicht zum Erwachen führen, bekommt der Traum die Funktion des »Schlafwächters«, der ihn mehr hütet, als dass er ihn stört. Eine andere Aufgabe des Traums ist, Wünsche zu erfüllen. Bei Kinderträumen, meint Freud, sei es am einfachsten, die Wunscherfüllungstendenz zu durchschauen, denn hier würden Wünsche oft unverhüllt und direkt ausgedrückt. Jüngere Autoren, wie Rosemarie Eckes-Lapp (1980), weisen daraufhin, dass zu der im Traum befriedigten Wunschwelt des Menschen nicht nur verdrängte Triebwünsche gehören, sondern alle unbewussten und vorbewussten Wünsche inklusive derer, die zur Erhaltung der narzisstischen Bedürfnisse notwendig sind. Die Traumwunscherfüllungsthese hat auch dann ihre Richtigkeit, wenn der manifeste Trauminhalt peinlich, schmerzlich, unlustvoll oder angsterfüllt erscheint. Angst bricht dann im Traum durch, wenn ursprünglich peinliche, unerlaubte, von Strafe und Schuldangst besetzte Wünsche zum Vorschein kommen, die von der Traumzensur in ihrer Symbolik nicht ausreichend entkräftet und modifiziert werden können. Freud hat sein Augenmerk mehr auf die Vergangenheit und ihr infantiles Erleben aus der Sicht der Es-Psychologie mit ihren triebhaften Komponenten gerichtet und weniger auf die Zukunftsorientiertheit der menschlichen Geistestätigkeit.

Jung, Alphonse Maeder (1912) und Harald Schultz-Hencke (1968) verweisen auf eine wichtige, die so genannte »prospektive« Funktion des Traums. Für sie sind Träume Vorbereitung und Lösungsversuche des aktuellen Konflikts. Für Maeder ist der Traum ein Vorläufer der Tat; innerpsychisch geformte Tendenzen konstellieren das spätere bewusste Handeln und Denken. Jung (1935) und Maeder schenken der Ich-psychologischen Seite mehr Beachtung und interessieren sich für die Ich-syntonen Lösungsversuche der drängenden Problematik.

Aus metapsychologischer Sicht spiegeln Schlafwächterfunktion und Wunscherfüllungstendenz den dynamischen, genetischen, gleichzeitig aber auch den ökonomischen Aspekt wider. Die strukturellen und adaptiven metapsychologischen Gesichtspunkte des Traums im Sinne von David Rapaport (1967) werden mehr von Jung, Maeder und Schultz-Hencke berücksichtigt, indem diese Autoren sich den »kompensierenden« Anteilen des Traumvorganges widmen. Sie beschäftigt der Beitrag des Traums zur Lebensbewältigung.

Für Eckes-Lapp (1980) ist Kemper (1977) der Entwickler einer integrativen Theorie der Traumfunktion, in der die »regulierende« Funktion des Traums eine Integration von Verschiedenem darstellt: Der Traum ist »Hüter des Schlafes«, indem er während des Schlafes störende intrapsychische Erregungen im halluzinatorischen Erleben entlädt und bindet. Aber er ist auch Wunscherfüllung im tieferen Sinne des Ausgleichs zwischen Triebansprüchen, äußeren und inneren Hemmungen. Er ist »Kompensation und Prospektion«, indem er die in der Wachexistenz vernachlässigten Seiten zu neuem Leben erweckt und der Persönlichkeit des Träumers wieder anfügt. Der Traum ist Regulator und Integrator der seelischen Funktionen. Der Vorgang des Träumens umfasst in erster Linie persönlichkeitsspezifische Merkmale des träumenden Menschen und läuft zunächst »autistisch«, ohne Kommunikationswünsche ab. Dennoch enthält er einen Beziehungsaspekt. Fritz Morgenthaler gibt der Traumtheorie und -deutung neue Impulse. Er erlebt den Traum, wie andere namhafte Analytiker auch, als Träger bedeutsamer Mitteilungen innerhalb einer Beziehung. »Es ist niemals zufällig oder gleichgültig, ob ein Traum und wem er erzählt wird. Unbewusste Motive spielen dabei eine Rolle, die mit dem latenten Traumgedanken in einer spezifischen Weise in Beziehung stehen«, schreibt er in seinen »Fragmenten zur Theorie und Technik der Traumdeutung« (1990, S. 46). Innerhalb der therapeutischen Situation spiegelt der vom Analysanden mitgeteilte Traum eine mehrschichtige, das heißt bewusste wie unbewusste Übertragungsebene wider und drückt somit den aktuellen Stand der Übertragung auf den Analytiker aus.

10 Die Traumarbeit

Den theoretischen Hintergrund der Traumarbeit bilden – allgemein gesprochen – kognitive Prozesse, also Denkleistungen. Sie verlaufen manchmal bewusst (sekundärprozesshaft), hauptsächlich aber vorbewusst und unbewusst (primärprozesshaft) und drücken sich entsprechend über Träume, aber auch über Fehlleistungen und neurotische Symptome in der Symbolbildung aus.

Der Stoff, den die Traumarbeit zum Traum umbildet, sind Sinnesreize, Tagesreste, infantile Erinnerungen sowie unbewusste Wünsche und Bedürfnisse, die durch die Regression im Schlaf zu der ursprünglichen Denkweise (Primärprozess) den latenten Traumgedanken ergeben (Freud 1900). Dieser ist ein Kompromiss zwischen den zur Befriedigung drängenden, unbewussten Strebungen und den sich ihnen entgegenstellenden, hemmenden Wirkungen des Ich. Die Zensur ist wirksam, dennoch kann das unbewusste Antriebserleben, da modifiziert und verkleidet, mehr »durchkommen« als im Wachzustand. Der Primärvorgang gestattet eine gewisse Triebnähe und bedingt somit die kompensatorische Funktion des Traums. Leon Altman (1994) betrachtet den Traum auch als Kompromiss zwischen Vergangenheit und Gegenwart, weil in ihm gegenwärtige und infantile Wünsche und Erfahrungen enthalten sind. Kemper (1977) macht darauf aufmerksam, dass bereits Schultz-Hencke (1968) die drei mönchischen Gebote Armut, Gehorsam und Keuschheit als Verzichtforderung gegenüber den drei kreatürlichen Grundbedürfnissen des Menschen ansieht, nämlich des Strebens nach Besitz und Fülle, nach Macht und Geltung und nach Sexualität. »Von frühester Kindheit an werden wir dazu erzogen, unsere ursprünglich nach sofortiger konkreter Befriedigung drängenden, kreatürlichen Triebregungen dahingehend abzuwandeln, dass sie ›gesittet‹, das heißt maßvoll gebändigt, wie es das soziale Zusammenleben erfordert, in Erscheinung treten und auf sublimere Ziele ausgerichtet werden. Heranwachsend wird man fähig, bewusst zu verzichten, aber unsere Triebregungen fordern im Traum ihr lebenslang zurückgedrängtes Recht. Daher die auffallende Häufigkeit, mit der sich in unseren Träumen die ursprüngliche Natur des einstigen, noch nicht gesitteten Kleinkindes versteckt oder vielfach sogar unverhüllt äußert: Ungehemmte Befriedigung leiblicher Bedürfnisse, unbekümmerte Beschäftigung mit den Exkrementen, rücksichtslose Durchsetzung der eigenen Wünsche ... noch durch kein Schamgefühl in Schranken gehaltene, sexuelle Ansprüche ... Für diese von früh an zu kurz gekommene Welt, stellt der Traum das ungefährliche, weil nur virtuelle, kompensatorische Betätigungsfeld dar« (Kemper 1977, S. 67f.).

Aus dem Vorangegangen wird ersichtlich, dass die Träume wichtige Bedeutung haben, denn sie offenbaren, was dem Tagesbewusstsein nicht gegenwärtig ist, und helfen so bei der Verarbeitung von Wünsche, Emotionen, Krisen und Konflikten. Daher kommt den Traumvorgängen ein psychodiagnostischer Wert zu.

Die psychoanalytische Traumtheorie enthält Anregungen zur Trauminterpretation. Traumquellen wie Tagesreste, die aktuelle Situation und infantile Erlebnisse werden angeschaut und analysiert. Mit Hilfe der Traumarbeit und ihren Mitteln wie Verdichtung, Verschiebung und Symbolisierung wird das Traumgeschehen entschlüsselt, um die darunter liegenden latenten Wünsche aufzudecken. Die Traumarbeit operiert nach den Prinzipien des Primärprozesses, dessen leichte Verschiebbarkeit und Motilität der psychischen Energie die Mechanismen von Verdichtung und Verschiebung erklärt.

Verdichtung

Für Altman ist Verdichtung die Verschmelzung zweier oder mehrerer Gedanken beziehungsweise seelischer Bilder. »Sie schuf den Centaur, die Meerjungfrau, die Sphinx und das ganze Heer von Mischgestalten der Mythologie. Sie bringt auch die Mischgestalten der Träume hervor. In unseren Träumen teilen wir mehr mit, als wir uns vorstellen« (Altmann 1975/1994, S. 20). Er nennt ein Beispiel für Verdichtung: ein Auto in der Garage; das Getriebe liegt auf der Werkbank; das Klappdach ist halb aufgerichtet. An diesen Traum knüpfen sich folgende Assoziationen:

»Der Träumer fühlte sich in der Analyse bloßgestellt, als sei sein Inneres nach außen gekehrt (auf der Werkbank), er klagte über Potenz- und Erektionsschwierigkeiten (halb aufgerichtetes Klappdach). Sein Vater war ein Autonarr, kannte sich in der Mechanik aus und zog oft den Patienten zu Hilfeleistungen hinzu. Der Patient hatte in der Garage masturbiert. Er liebte die Garage, weil er hier spielte; er hasste sie, weil er seinem Vater helfen und die eigenen Interessen zurückstellen musste« (Altmann 1975/1994, S. 22).

Kemper (1977) unterscheidet drei Arten von Verdichtungen. Eine Verdichtungsmöglichkeit im Traum entsteht dort, wo Gemeinsames von mehreren Personen oder Gegenständen ausgedrückt werden soll – wo die Vorstellungen und Gedanken eine gemeinsame Erlebniskategorie verbindet. So kann im Traum eine Autoritätsperson Eigenschaften des Vaters, des Lehrers, des Vorgesetzten und des Professors vereinen.

Gegensätzlichkeiten können ebenfalls verdichtet dargestellt werden, wobei die Verdichtung nicht einfach nur als Verschmelzung von konträren Assoziationen verstanden werden kann. Bei einer solchen Art von Verdichtung kann die Wirksamkeit der Abwehr gegen eine impulsbedingte Angst symbolische Verkleidung finden – beispielsweise wenn eine Angst auslösende Erinnerung an eine bestimmte Autoritätsfigur durch Verdichtung mit einer gegensätzlichen, also beruhigende Züge tragenden Figur, beschwichtigt werden soll.

Eine dritte Möglichkeit ergibt die Kombination von Verdichtung und Verschiebung, wie beim Witz und Rätsel. Die mehrfache Determinante eines Wortes wird hier mit einem gewitzten Beispiel von Kemper zum Ausdruck gebracht: Bismarck soll einem ausländischen Gesandten, auf dessen Bitte hin, den für den Ausländer schwer verständlichen Unterschied zwischen »senden« und »schicken« angeblich mit der Feststellung erklärt haben: »Sie sind ein Gesandter, aber kein Geschickter (geschickter!)« (Kemper 1977, S. 81).

Verschiebung

Die Verschiebung ist neben der Verdichtung der zweite wesentliche Vorgang der Traumarbeit. Da diese Mechanismen den Gesetzen des Primärprozesses folgen, verbindet beide die leichte und schnelle Verschiebbarkeit der psychischen Energie von einer Vorstellung auf einen anderen Gedanken oder ein anderes Bild. Durch Verschieben erfolgt eine Änderung der Wertigkeit, während durch Verdichten ein Verschmelzungsprodukt aus unterschiedlichen Eigenschaften oder Affekten entsteht, so dass eine Entstellung des ursprünglichen, rohen Materials erfolgt. Freud nennt diesen Aspekt Traumentstellung.

Ein Patient hat folgenden Traum, kurze Zeit nach Beginn der Analyse: Eine kleine, mit Schutzbekleidung ausgestattete Frau sitzt mit Hammer und Meißel in einem Stollengang einer Edelsteinmine und trägt mühevoll Schicht für Schicht ab.

Die schwer arbeitende Frau steht für die Analytikerin, der Arbeitsplatz unter der Erde für die analytische Praxis, in der am Unbewussten tief unten gearbeitet wird. Die Verschiebung betrifft Ort und Person. Die abgetragenen Edelsteinschichten repräsentieren die, als kostbar erlebte, innere Welt des Analysanden.

Symbolisierung

Durch den Mechanismus der Symbolisierung wird der latente Traumgedanke tief greifend entstellt. Freud betrachtet das Symbol in seiner »Traumdeutung« nicht als Ausdruck eines pathologischen Vorgangs, sondern sieht in der Symbolik der Traumsprache Bilder von universeller Bedeutung. Seiner Meinung nach vollziehen sich im Traum nur solche Symbolisierungen, die dem unbewussten Denkprozess wegen ihrer Zensurfreiheit und ihrer visuellen Darstellbarkeit gut ins Konzept passen. Die Symbolsprache des Menschen wird von ihm als eine Sprache des Unbewussten verstanden, die ein Bewusstwerden nicht ohne weiteres ermöglicht. Freud macht einen Unterschied zwischen der Symbolik des Traums und der Symbolik von Mythen und Märchen. Letztere besitzen einen reichhaltigen Schatz an symbolisierten Inhalten. Die Traumsymbolik dagegen bezieht sich, nach seiner Feststellung, auf wenige Grundgebiete menschlicher Existenz: auf die Geburt und den Tod des Menschen und auf seinen Körper mit seinen Funktionen, wobei die Sexualität eine herausragende Bedeutung bekommt. Auch Jones (1918) weist neben Freud auf die Wichtigkeit und Quantität der Sexualsymbole im Traum hin, wobei er auf phylogenetische Ursprünge der Symbolbildung zurückgreift und die Bedeutung der Geschlechtsorgane und -funktionen für primitive Kulturen hervorhebt. Der Traum bewirkt nun eine Regression – eine Wiederbelebung von archaischen, libidinösen Denk- und Ausdrucksweisen. Aus diesem Grund ist es verständlich, wenn eine Vielzahl von Traumsymbolen in Form von Höhlen, Spalten und phallusähnlichen Gebilden auf den Körper und somit auf Kopulationsmöglichkeiten sowie Masturbationsphantasien hindeuten. Wie in Teil I bereits beschrieben, sieht Jones das Symbol als Ergebnis einer Kompromissleistung zwischen Trieb- und Hemmungsanteilen, und als Ausdruck eines intrapsychischen Konflikts. »Nur was verdrängt ist, bedarf der symbolischen Darstellung.«

Die modernere Traumtheorie, die auch Ich-psychologische Determinanten berücksichtigt, sieht in der Symbolmanifestation auch eine Ich-

und nicht nur eine Es-Leistung. Für Lorenzer (1970) bildet das Ich die Symbole, wobei das Baumaterial dazu vom Unbewussten geliefert wird. Der Symbolisierungsprozess verläuft für ihn adäquat zur Entstehung seelischer Repräsentanzen. Selbst- und Objektrepräsentanzen sind für Lorenzer ein Gebilde von Symbolen.

Sekundäre Bearbeitung

Nach dem Drei-Instanzen-Modell kommen aus dem Es verdrängte, triebhafte Wünsche und Bedürfnisse im Traum erst dann zur Darstellung und somit zur Befriedigung, wenn sie mittels der Verschiebung, Verdichtung und Symbolisierung soweit entstellt sind, dass sie für die Zensur des Ich und Über-Ich annehmbar werden. Sowohl die Angstentwicklung wie auch die Abwehrmechanismen des Ich versperren den unerlaubten Es-Regungen den Weg, damit sie nicht unverhüllt die Traumbühne betreten. Dabei sind die Ich-Anteile nicht immer ausgesprochen triebfeindlich, denn eine Ich-Aufgabe ist ja, Triebbefriedigung zu erreichen.

Das Über-Ich mischt sich ebenfalls ein und droht mit Bestrafung, Schuldgefühlen oder Gewissensäußerungen, wenn ihm die infantilen Wünsche verwerflich erscheinen. Die drei Instanzen bieten ein Wechselspiel gegenseitiger Kräfte an und huldigen dem zustande gekommenen Kompromiss. Demzufolge gibt es weder einen überwiegenden Es-Traum, Ich-Traum, oder Über-Ich-Traum. Damit die ganzen regressiven Prozesse im Schlaf ein nach Möglichkeit verständliches Ganzes darstellen, muss die sekundäre Bearbeitung einsetzen, die sich des sekundärprozesshaften Denkens bedient. Sie will Unzusammenhängendes nach logischen Gesichtspunkten verbinden und Ordnung ins chaotische Durcheinander bringen.

11 Traumserie Boris – eine Kasuistik

Die Ausführungen über die Traumtheorie möchte ich mit einer Traumserie eines jungen, infantil gebliebenen Mannes mit psychogener Impotenz illustrieren.

Boris wird mir überwiesen, da ich seine Muttersprache spreche. Seine

Beschwerden beginnen Ende 1991, im Alter von 20 Jahren, kurz nach der Abreise des Vaters nach Deutschland. Seine Mutter und er sind auf einer Hochzeit von Verwandten eingeladen. Beide haben sich herausgeputzt – die Mutter, 39-jährig, mit Püppchengesicht und schlanker Figur, wirkt mit ihrem frischen, mädchenhaften Aussehen und ihrem hübschem Kleid erotisch und verführerisch. Aufgrund ihrer jugendlichen Ausstrahlung kann man sie eher für seine Freundin, als für seine Mutter halten. Im Gegensatz zu ihrem schüchternen und tanzunwilligen Sohn amüsiert sie sich auf dem Fest prächtig und tanzt ausgiebig mit Verwandten. Boris dagegen steht abseits, trinkt an dem Abend verhältnismäßig viel und geht früher als geplant, allein nach Hause. Im Badezimmer überkommt ihn ein großes sexuelles Verlangen und er versucht, heftig zu onanieren. Durch einen »Filmriss« wegen des ungewohnt hohen Alkoholspiegels kann er sich an keine weiteren Einzelheiten erinnern. Am nächsten Morgen verspürt er erstmals Brennen beim Wasserlassen, seine Eichel ist geschwollen. Der Schmerz, der zunächst nur Penis und Hoden umfasst, dehnt sich im Verlauf von Wochen bis zum Anusbereich aus, gefolgt von einer immer massiver werdenden Erektionsschwäche mit Libidorückgang. Aufgrund der nun vollständigen Impotenz fühlt er sich nicht als vollwertiger Mann, wird reizbar und wirkt bedrückt. Mehrere Ärzte, sowohl in seiner Heimat als auch in Deutschland, können keine somatische Ursache hierfür finden.

Was zunächst wie ein »simpler« ödipaler Konflikt mit Inzestwunsch, entsprechenden Schuldgefühlen und folgendem Kastrationsbedürfnis anmutet, enthüllt sich im Verlauf der psychotherapeutischen Behandlung als eine tief greifende Störung.

Boris wird als einziges Kind sehr junger Eltern in einer Großstadt geboren. Ein Jahr nach der Geburt des Sohnes bezieht die Familie ein sehr beengtes, primitives, selbst gebautes Häuschen im selben Dorf, in dem auch die Großeltern leben. Das Haus besteht nur aus zwei Räumen; zum Badezimmer und der Toilette gelangt man nur über den Garten. Die Sauberkeitserziehung wird schon im Alter von nicht ganz zwei Jahren traumatisch vollzogen; die Eltern lassen eine alte Nachbarin mit Sack und Besen kommen. Sie droht dem Jungen, ihn wie ein Stück Dreck in den Sack zu kehren, den sie zubinden und auf den Müll werfen würde, wenn er nicht »brav aufs Töpfchen geht«. Seit diesem Vorfall verhält sich Boris ganz angepasst und meldet sich artig. Diese rigiden Erziehungsmethoden verhinderten die normale Ausbildung der Trotzphase. Im Alter von drei Jahren versucht er einmal zu trotzen und wird mit Gewalt davon abgehalten. Ängste sind die Folge – vor Dunkelheit wie vor herumflatterndem Federvieh. Bei jedem Ungehorsam wird er bestraft und von der Mutter fest auf den Hintern geschlagen. Als er älter wird, trägt sie ihm auf, sich eine Weidenrute auszusuchen und abzuschneiden, die dann dafür benutzt wird, ihn zu züchtigen. Die Mutter ist die dominante und hart durchgreifende Person im Haus, während Boris den Vater als weich und weniger schlagfreudig beschreibt. Doch einmal verliert der Vater die Kontrolle und schlägt kräftig zu. Boris erinnert sich, angesichts der erlebten Bedrohung, aus Angst in die Hose uriniert zu haben. Obwohl die Erziehungsmethoden des Vaters weniger die Ebene der körperlichen Züchtigung berühren, sind sie genauso kränkend und tun »in der Seele weh«. Die Demütigung erfolgt in der Weise, dass der Vater bei Elternabenden vor versammelten Erziehungsberechtigten, Jugendlichen und Lehrern vom Sohn verlangt, aufzustehen und öffentlich Erklärungen über sein Fehlverhalten abzugeben. Daraufhin wird Boris wiederholt von seinen Mitschülern verspottet und ausgelacht.

Da beide Eltern die Ordnung sehr schätzen, wird Boris beim Verursachen der kleinsten Unordnung entsprechend geschimpft. Auf der anderen Seite bemühen sich Vater wie Mutter, ihm nach Möglichkeit jeden Wunsch zu erfüllen. Unter finanziellen Opfern wird für ihn ein Fahrrad gekauft, mit dem er sehr gern in der Umgebung radelt. Aufgrund der beengten Wohnverhältnisse muss der Sohn bis zum zwölften Lebensjahr im elterlichen Schlafzimmer schlafen. Die strenge katholische Erziehung lässt jedoch nicht zu, dass die Eltern vor dem Kind Zärtlichkeiten austauschen. Boris kann sich an keine Intimitäten zwischen den beiden erinnern. Die sexuelle Aufklärung erfolgt auf der Straße.

Der Junge erlebt es als schwierig, Anschluss an andere Jugendliche zu finden. Schmächtig gebaut und klein geblieben, ist er bei Streitereien häufig der Unterlegene und steckt mehr als einmal Prügel ein. Während der Pubertät und selbst danach bleibt er dem anderen Geschlecht fern. Die Annäherung an Mädchen »will irgendwie nicht klappen«. Die Bindung an die Mutter scheint weiterhin ihre Wirkung zu zeigen. Als der Vater nach Boris' Schulabschluss Mitte 1991 mit dem Plan nach Deutschland ausreist, seine Familie ungefähr ein Jahr später nachkommen zu lassen, wird seine Abwesenheit nicht unbedingt als befreiend erlebt.

In Deutschland bewohnt die wieder vereinte Familie erneut ein kleines Zimmer. Der Vater arbeitet als Pflasterer, die Mutter als Putzfrau und der Sohn verdient sein Geld auf dem Bau. Die ausgeprägten Beschwerden des jungen Mannes dominieren das ganze Familienleben. Die Gedanken der drei Familienmitglieder kreisen nur um die Fragestellung, wie Boris seine Potenz wiedererlangen kann. Die gestaute, bis zur Ausreise nach Deutschland mehr oder minder erfolgreich unterdrückte Aggressivität gegenüber beiden Eltern schafft sich unter diesen Umständen immer mehr Ausdruck. Der Sohn zeigt sich zunehmend aggressiver und reizbarer und sucht Streit mit seinen Eltern, um sich nach erfolgter Explosion zerknirscht seinen Schuldgefühlen hinzugeben. In dieser schwierigen Lebenssituation kommt der Patient November 1993 zur stationären Behandlung. Der junge Mann ist auf eine organische Ursache seiner Beschwerden fixiert. Die einfache Strukturiertheit seiner Persönlichkeit und die massive Abwehrhaltung gegenüber einer möglichen psychischen Verursachung seiner Symptomatik gestalteten den Beginn unserer Arbeit ziemlich schwierig. Erst allmählich kann eine Vertrauensbasis hinsichtlich Inhalt, Ziele und Auswirkungen der Therapie geschaffen werden. Gewisse Zeit später berichtet Boris seine Nachtträume.

Die Augenoperation

Traum: Boris muss am linken Auge operiert werden. Er verlangt eine Vollnarkose, während der Arzt an einer örtlichen Betäubung festhält, mit dem Argument, es sei so besser für ihn. Der Arzt zeigt Entschlossenheit, die Operation durchzuführen, während der Patient noch zögerlich erscheint.

Das linke Auge ist in Wirklichkeit ganz gesund. Wenn wir das Auge jedoch symbolisch als Fenster zur Seele betrachten, verstehen wir die Notwendigkeit einer gravierenden (= operativen) Korrektur im innerseelischen Bereich. Die Muttersprache, in der die Behandlung durchgeführt wird, verspricht Tiefgang, da sie tiefer unter die Haut – unter die Oberfläche geht. Also will der Patient eine komplette Unbewusstheit in Form von Vollnarkose erreichen, um sich auf diese Weise zu offenbaren. Unter einem anderen Aspekt betrachtet, verrät der Wunsch nach Vollnarkose gleichzeitig eine Abwehrhaltung – Boris soll nichts von dem ärztlichen Eingriff spüren, er will sich »der Operation« passiv hingeben. Im Traum erscheint der Operateur als männlich, während die Psychoanalyse in Wirklichkeit von einer Frau durchgeführt wird.

Angst wird spürbar, dass ihm die tief verdrängten Probleme bewusst werden könnten, so wie der Wunsch, sich einem männlichen Chirurgen hinzugeben. Es ist der Wunsch nach einem starken Vater, der Verantwortung trägt und bei dem Eingriff von den Augen (= Wahrnehmungsfähigkeit) sowie den Händen (= Handlungsbereitschaft) Gebrauch macht.

Der Patient versucht, sich unbewusst einem solchen Mann homoerotisch-passiv unterzuordnen.

Der Ödipuskomplex stellt sich hier interessanterweise in seiner negativen Variante dar. Wir wissen, dass bei der positiven Ausformung der Knabe seine Mutter begehrt und mit seinem, auch geliebten, Vater rivalisiert, indem er sich an seine Stelle wünscht. Die Überwindung der ödipalen Phase erfolgt dann über Aufgabe der unerreichbaren Wünsche. Der Junge wendet sich dem gleichgeschlechtlichen Elternteil zu und söhnt sich mit ihm über Identifizierungsvorgänge aus. Das Ergebnis ist eine aktive Hinwendung zur männlichen Geschlechtsidentität. Wenn diese Vorgänge nicht zufriedenstellend ablaufen können, bleibt die oben genannte Konstellation erhalten – Freud (1905) nennt sie in ihrem pathogenen Gehalt Ödipuskomplex.

Der negative Ödipuskomplex entsteht, wenn die Mutter eher hart, dominierend, der Vater eher weiblich-weich erscheint und der Knabe seine Mutter ablehnt, weil er von ihr nachhaltige Enttäuschungen erfahren hat. Der Junge lehnt dann die Mutter als reales Sexualobjekt ab und richtet seine Liebeswünsche auf den Vater. Durch Identifizierungsvorgänge mit der Mutter, und der imaginären Einnahme ihres Platzes in Beziehung zum Vater, ermöglichen diese psychischen Abläufe eine passiv-feminine Einstellung, die später eine latente oder gar manifeste Homosexualität bedingen kann.

In seiner Heimat ist bis heute eine gelebte Homosexualität ein gesellschaftlicher Fauxpas. Homophile Neigungen werden allseits bespottet – eine der größten Kränkungen, die man einem Mann zumuten kann, ist, ihn einen Homosexuellen »zu schimpfen«. Also empfindet auch Boris aufgrund seiner unbewussten Neigungen große Schuld. Sein Gewissensproblem äußert sich symbolisch im linken Auge. Seine Problematik mit dem »unwilligen« Penis hätte sich im Traumbild auch durch eine Verschiebung zur Nase darstellen können. Aber es geht hier auch um die Kontrolle, um das kontrollierende Auge und um das wache Gewissen. Das Schuldgefühl wird durch das Auge überbesetzt. Auch im Hinblick auf die vergleichbare, hohe Empfindlichkeit beider Organe ist das Auge ein gut gewähltes Symbol für den Penis.

Die Spritze

Traum: Boris befindet sich in einer Klinik. Der Arzt und die Krankenschwester tragen die Gesichtszüge seiner Eltern. Beide wollen ihm eine riesengroße Spritze in den »Bauch verpassen«.

Auch in diesem Traum wird ein ödipales Thema behandelt. Die hier innewohnende Dynamik spricht dafür, dass beide Eltern nach jahrelanger Unterdrückung aus ihrem Sohn plötzlich einen Mann machen möchten, indem sie ihm »einen Penis verpassen«. Die penisbesetzte Mutter unterstützt in diesem Vorhaben den passiv-weiblichen Vater. Unter einem anderen Aspekt betrachtet, gibt der männliche Arzt mit Unterstützung der Krankenschwester die Spritze in den Bauch hinein. Dieser Ablauf lässt sich einerseits als Kastration, andererseits als männliches näher kommen interpretieren. Indem der Patient etwas »verpasst bekommt«, erlebt er sich als männlich-passiv, die homoerotische Unterordnungswünsche beim negativen Ödipuskomplex sind deutlich spürbar. Auf der Übertragungsebene fällt die Deutung etwas selbstkritisch aus. In Wirklichkeit hat Boris auf der Station zwei Bezugspersonen – seine Ärztin, die in der Woche zwei analytische Sitzungen in seiner Muttersprache durchführt und seinen Bezugspfleger (ein junger, dynamischer, sehr männlicher und durchaus ehrgeiziger Mann). Der Erfolgswunsch vom Fachpfleger und der Ärztin könnte, bei kritischer Selbstbetrachtung, unbewusste Ängste beim Patienten verursacht haben (die Beiden wollen mit Nachdruck Potenz in den Bauch verabreichen).

Das Pferd

Traum: Auf einer Wiese steht hinter Boris ein sehr geschwächtes Pferd (kraftlos und halb verhungert), das eine große und tiefe Wunde auf der linken Hüfte hat. Ein Mitpatient greift mit der Hand in die Wunde und holt mehrere große Schrotkugeln heraus. Der junge Mann merkt, dass er auf einer hässlichen, grünen Schlange steht, springt auf und rennt weg. Der Mitpatient hat einen langen Stock, mit dem er die Köpfe der vier inzwischen aufgetauchten, großen Schlangen, zerschmettert. Hinterher steckt er wütend den Stock in die Erde und geht.

Das Thema erwachsene Sexualität nimmt auch auf der unbewussten Ebene einen großen Raum ein. Das Pferd, das symbolisch für männliche

Potenz, Kraft und Durchsetzungsvermögen steht, wird von Boris weder gefüttert noch umsorgt. Er kümmert sich nicht um das Pferd und schaut passiv zu, statt sich der Wunde (= Trauma) anzunehmen. Das traumatische Erlebnis ist noch tief emotional verdrängt und noch gar nicht bewusst (die Wunde befindet sich auf der linken Pferdehüfte).

Die Bedürfnisse nach Eigenständigkeit und die Wünsche nach Durchsetzung werden in der zuvor geschilderten familiären Atmosphäre von Anfang an unterdrückt und enttäuscht. Passivität und Unterordnung garantieren hingegen eine gewisse Sicherheit und weniger Angst. Nicht umsonst versucht ein Alter Ego (mitleidender Patient), die als feindlich erlebten und bedrohlich empfundenen Beziehungen (= Schrotkugeln) zu den Eltern, den Autoritäten und zur Erwachsenenwelt als Ganzes herauszunehmen und somit zu entfernen. Die Flucht vor der Triebhaftigkeit (aggressiver wie libidinöser Natur) in der Gestalt der hässlichen, grünen Schlange ist als eine regressive Bewegung zu verstehen, die das Leben erträglich macht. Die Assoziationen von Boris zu den vier Schlangen im Traum führen ihn zu Frauen und Mädchen, die für ihn zu »gefährlichen Feinden« geworden sind, die ihn verfolgen, beißen, vergiften, oder gar vernichten wollen. Unter dem Übertragungsaspekt betrachtet, führen mich meine eigenen Gedanken über die vier Schlangen zur Vermutung, dass sich mein Patient einer großen weiblichen Kraft gegenübersieht und sich von ihr überschwemmt fühlt. Die Ärztin, die Beschäftigungstherapeutin, die Musiktherapeutin und seine Mutter sind alles Frauen um die Vierzig, die um ihn besorgt sind. Der junge Mann musste sie unbewusst als eine gefährliche, weibliche Übermacht erleben. Der kompensatorische Wunsch, ein männliches Wesen möge der schlangenähnlichen, weiblichen Übermacht Einhalt gebieten, wird dadurch verständlich.

Verlorene Zähne

Traum: Boris befindet sich in dem Haus seiner Eltern in dem heimatlichen Dorf. Aus dem Dach des Hauses lodern Flammen empor, aber die Eltern scheinen zu schlafen. Er weckt sie, rennt die Treppe herunter und merkt plötzlich, dass ihm alle Zähne der rechten Gebisshälfte herausfallen, und spuckt sie in seine Hände. Die Zähne sind ganz ausgetrocknet und verfault, wie bei einem Toten. Boris kümmert es nicht weiter, und er denkt sich nur, dass er zum Zahnarzt gehen muss, um sich eine Zahnprothese machen zu lassen.

Dieser und der folgende Traum werden zusammen besprochen.

Der Samurai

Traum: Boris befindet sich im Garten seiner Eltern. Ein schwarzer Wagen, voller als Samurai gekleideter Männer, fährt vorbei. Die vermummten Gestalten sind mit Schwertern bewaffnet und schauen ihn an. Sein Vater rasiert sich vor dem Spiegel im Raum neben dem Bad, ohne zu merken, dass die Tür neben ihm mit einem Schwert durchbohrt ist und an dieser Stelle Blut hinunter geflossen und bereits geronnen ist. Boris sieht das sofort und schreit: »Der Onkel ist tot!« Der Vater reißt darauf die Tür auf. Beide sehen, dass der Onkel mitten im Bauch durchbohrt ist und mit dem Schwert im Körper an der Türe hängt. Der junge Mann schreit vor Schmerz auf, nimmt ein großes Messer und schneidet sich den kleinen Finger seiner rechten Hand zur Hälfte ab. Vom Rachegefühl erfüllt ruft er »Ich töte sie«, ergreift das Messer und rennt los, um die Samurai zu suchen.

Die problematisierte, männliche Aggressivität und entsprechende Kastrationsängste bilden in beiden Träumen ein zentrales Thema. Das Ausleben von aggressiven Impulsen setzt Boris unbewusst mit einer lebensbedrohlichen Situation gleich. Sind einmal die Flammen der (väterlich) männlichen Aggression gezündet, droht das Haus abzubrennen. Durch die freiwillige Aufgabe der eigenen kaptativen Aggressivität (= Zahnverlust) ist es ihm möglich, das Haus der Eltern vor dem Zerstören zu bewahren, was einer Kastration gleichkommt.

Eindrücklich und plastisch werden im zweiten Traum das Erleben der eigenen »minderwertigen« Männlichkeit, die Kastrationswünsche und die Ängste davor, sich opfern zu müssen, dargestellt. Die Dramatisierung der männlichen, kriegerischen Tapferkeit einerseits und die Akzentuierung der durchaus auch erotisch getönten, mannhaften, östlichen Gemeinschaft andererseits werden in den Samuraifiguren spürbar.

Der etwa 40-jährige, bartlose, infantil gebliebene Bruder der Mutter, lebt in Wirklichkeit zurückgezogen, ohne weibliche Kontakte, bei seinen Eltern. Am Ort der Intimitäten (im selben Bad onanierte der Patient vor Beginn seiner Beschwerden) wird dieser Onkel im Traum mit dem Schwert durchbohrt. Hat hier vielleicht eine Verführungssituation zwischen Onkel und Neffen stattgefunden? Es ist zu vermuten, dass Boris ihm dafür die Schuld gibt, denn der »größere« Penis bekommt als Strafe ein größeres Schwert und der »kleinere« von Boris (= kleiner Finger im Traum) wird mit einem Messer gekürzt. Der einzige Verwandte, der mit einem Messer (beim Rasieren) hantiert, ohne eine Verletzung davonzutragen, ist der Vater. Die Samurai, als Angehörige des japanischen Kriegerstands, haben einen strengen Ehrenkodex, Bushido genannt. Neben Waffentüchtigkeit und Todesverachtung fordert ihre Ethik Selbstzucht, und Boris macht ausgiebig davon Gebrauch.

Der Badeausflug

Traum: Ein Cousin von Boris und er möchten baden gehen. Der Vater von Boris gibt seinem Sohn ein Moped und erklärt ihm, wie er zu fahren hat. Boris fährt einen Hügel hinauf und ist berauscht von der Geschwindigkeit. Dort oben befindet sich ein Kanal mit einer Schleuse zum Regulieren des Wasserniveaus. Das Wasser ist ausgesprochen schmutzig, von grünlichbrauner Farbe, die Strömung stark und das Kanalbett ganz voll. Der junge Mann empfindet zwiespältige Gefühle, einerseits gefällt ihm das Wasser nicht, andererseits verspürt er einen Drang hineinzugehen. Viele junge Leute baden auch darin. Ein Jugendlicher namens Peter wendet sich an Boris und sagt, der Kanal sei Privatbesitz und er allein könne die Erlaubnis zum Baden erteilen oder ein Verbot aussprechen. Boris dreht sich wortlos um und stellt fest, dass sein Moped geklaut ist. Er ist ärgerlich und fasst Peter an den Hals, aber dieser lacht ihn nur aus.

Nach der Erzählung des Traums erinnert sich der Patient, dass der betreffende Cousin mit einem Mädchen befreundet gewesen sei, das später die Freundin von Peter wird. Das Moped versteht Boris als eine Art männliche Potenz und ist zunächst ganz davon berauscht. Das Kanalwasser, schmutzig und schädlich, aber unwiderstehlich anziehend, stellt ein transparentes Beispiel für die Mischung von aggressiven und sexuellen Impulsen dar, sind doch laut Freud Enddarm und Geburtskanal eine Öffnung und damit gewissermaßen eine Kloake in der infantilen Phantasie. Dieses fließende Wasser ist auch ein Symbol für die weibliche Versuchung und Verführung in diesem Traum. Aber die Mädchen gehören anderen Jungen – für Boris ist das verboten. Peter (die Verkörperung von gesunden, durchsetzungsfähigen Jugendlichen) »besitzt« nicht nur das Wasser, sondern auch das Mädchen. Gegen ihn kann der Cousin (ein zunächst hilfreicher Alter Ego, der später allerdings abwesend und somit unzuverlässig ist) nichts ausrichten.

Die Hilflosigkeit von Boris, gegenüber der Umwelt wie auch seiner Generation wird deutlich spürbar. Er hat niemanden – keinen Freund, keinen Verwandten, alt oder jung, der ihn unterstützt. In der Pubertät brauchen heranwachsende junge Menschen eine gleichgeschlechtliche Verstärkung, der Cousin lässt ihn im Traum jedoch im Stich. Das Moped, eine Leihgabe des Vaters, stellt ein Symbol dar – für männliche Identifikation, Durchsetzungskraft und konstruktive Aggressivität –, das später wieder zurückgenommen (= geklaut) wird. In dem Diebstahl des Mopeds lässt sich die Wiederholung des (männlichen) Versagens innerhalb seiner Generation veranschaulichen – erinnern wir uns, dass das Symptom angefangen hat, als junge Verwandte geheiratet haben.

Im Zusammenhang mit der ungelösten ödipalen Problematik zieht sich ein bestimmtes Thema wie ein roter Faden durch die oben erwähnten Träume: Es ist die innerseelische Grundeinstellung narzisstisch-phallischer Natur, sich als minderwertig, hilflos, schwach und unterlegen zu fühlen. Boris kann die ödipale Thematik nicht aufgreifen, weil seine Genitalität noch zu schwach ist. Seinen eigenen Worten zufolge sei er eine Null, während die anderen alles seien. Als Sohn, der nur einen negativen Ödipuskomplex aufweist, kann der Patient das Phallische nicht bewahren und regrediert deshalb weiter.

Während die Jugendlichen seiner Altersstufe ödipale Reife erlangt haben und ihre aufkeimende Männlichkeit in der Clique spielerisch, konkurrierend zur Schau stellen, kämpft Boris verzweifelt um seine Männlichkeit. Die anderen heranwachsenden jungen Männer sind imstande, das Phallische zu genießen. Mein Patient ist durch die tief greifende Regression dafür zu kindisch; die phallischen Aspekte werden eingebüßt und die väterliche Leihgabe (= Moped) kann nicht bewahrt werden.

Sowohl der emotionale Hunger nach männlicher Anerkennung wie das noch anzuerkennende Recht, sich als Individuum mit eigenen »respektablen« Wünschen und Bedürfnissen zu behaupten, werden in der gegenwärtigen Sitzung thematisiert.

In der Nacht darauf entsteht der folgende Traum.

Der Tiger

Traum: Boris befindet sich in einem Wald und beobachtet, wie ein Tiger ein Fahrrad fahrendes, dunkelhaariges, etwa fünfjähriges Mädchen in einem blauen Kleid verfolgt. Der junge Mann versucht, hinter dem Tiger zu bleiben, und sieht dabei plötzlich einen großen, kahlköpfigen Mann hinter einem Busch liegen, der offensichtlich vom Tiger getötet worden ist. Er hat am Hals eine große Fleischwunde, die weiße Kleidung ist blutbefleckt. Boris scheint nicht verwundert, geht weiter und sieht den Tiger auf einer Lichtung stehen. Zunächst erstarrt der junge Mann, dann fällt ihm ein, er könne den Tiger erschießen. Sein Gewehr von der Schulter abnehmend, schießt er wild um sich, ohne jedoch den Tiger zu treffen, der daraufhin im Wald verschwindet.

Die Assoziationen des Patienten über das dunkelhaarige, kleine Mädchen, führen ihn zu seiner eigenen Kindheit zurück, in der er sich bedingungslos dem Willen der Eltern beugen musste. Das Mädchen im blauen Kleid repräsentiert einen Gehorsamsaspekt vergangener Tage. Boris erlebt sich im ödipalen Alter tatsächlich als weiblich. Der Tiger steht für das (Potenz fressende) Symptom, das ihn in eine gefährliche Situation bringt. Wer wird nun wen besiegen? In diesem Traum wird deutlich, dass Boris' Kräfte wachsen. Er macht »dem Tiger« Angst. So wie er Angst hat, will er den Anderen (potenten Jugendlichen) mit seinem Gewehr Angst einjagen und zeigt zum ersten Mal mehr Entschlossenheit, mehr Kampfesmut und mehr »Männlichkeit«. Boris kann zwar das Symptom noch nicht verlassen, aber er dokumentiert, dass er bald soweit ist. Der Patient schießt, aber traut sich nicht, gezielt aggressiv zu sein; Krachmachen, Herumballern, aber noch kein echtes Zielen ist insgesamt noch nicht männlich genug. Immerhin ist das Sich-Wehren ein positiver Aspekt auf einer noch frühpubertären Ebene, die noch nicht zum Ziel hat, die Frauen zu erobern. Der tote, in Weiß gekleidete, kahlköpfige Mann symbolisiert die zum Sterben verurteilte regressive, Libido unterdrückende »unschuldige, »Sünde ablehnende« Tendenz (bedeutet Glatze doch Triebentsagung). Unbewusst stellt sich Boris darauf ein, dass seine Triebhaftigkeit, sowohl libidinöser wie konstruktiv-aggressiver Natur, eine Weiterentwicklung durchlaufen darf. Die weiße Kleidung könnte auch an einen Arztkittel erinnern. Auf der Soziotherapiestation, wo der Patient behandelt wird, ist das Tragen weißer Schutzwäsche jedoch nicht üblich.

In den darauf folgenden Sitzungen berichtet der junge Mann, dass er allmählich eine positive Veränderung an sich selbst bemerkt. Während er früher missgelaunt, aggressiv und verschreckt gewesen sei, fühle er sich jetzt ruhiger, ausgeglichener, könne lachen und besitze ein besseres Selbstwertgefühl. Der Glaube, dass die analytische Behandlung Erfolg bringen könnte, sei stärker geworden. Es häufen sich Träume, in denen eine angenehme Atmosphäre herrscht: Mal bewirtet er im früheren Asylantenheim eine ehemalige Mitschülerin aus seiner Heimat, mal wechselt er in seiner Geburtsstadt mit einem Jugendlichen aus seiner alten Klasse ein paar nette Worte. Boris sieht im Traum abwechselnd Vater und Mutter lachen. Während eines mehrtägigen Patientenausflugs mit der Station lässt er sich einen Vollbart wachsen, mit dem er männlicher aussieht. Auch sein Gesamtverhalten nimmt erwachsene Züge an. Fast nebenbei erwähnt Boris, dass ein Teil der Symptomatik, nämlich das Brennen beim Wasserlassen und die Schmerzen im Urogenitaltrakt verschwunden seien. Die Empfindung, seinen Harn frei laufen zu lassen, mache ihn glücklich. An der Impotenz habe sich jedoch noch nichts geändert.

Äußere, widrige Umstände setzen dieser Behandlung ein abruptes Ende. Nach einem Tauziehen von mehreren Monaten um den Verbleib der Familie, kommt der endgültige Bescheid, dass die drei Asylanträge abgelehnt worden sind. Vater, Mutter und Sohn wird nahe gelegt, Deutschland möglichst bald zu verlassen. Die Realität verlangt nun schnelles Handeln, denn wir müssen die Therapie beenden. Für Boris ist es nun wichtig, sich erneut mit seiner Heimat, seiner Rückkehr und der bevorstehenden Einberufung in die Armee zu beschäftigen. In dieser Zeit entsteht auch der letzte Traum, den ich im Rahmen dieser Kasuistik vorstellen möchte.

Ein Eimer voller Trauben

Traum: Aus Deutschland zurückgekehrt, fährt Boris mit seinem Fahrrad zu den Großeltern in seiner Heimat, weil er sie besuchen möchte. Freudig überrascht öffnet ihm dort sein Onkel (der im früheren Samurai-Traum getötet wird) die Tür und umarmt ihn herzlich. Dann geht Boris ins Zimmer der Großeltern, um ihnen sein Geschenk, einen roten Eimer, voll mit reifen blauen Weintrauben und roten Äpfeln, zu überreichen. Er erklärt, dass er dieses Obst unterwegs auf seiner Reise von Deutschland nach Hause gepflückt habe.

Neben der durchaus positiven Auseinandersetzung mit der Rückkehr, möchte ich abschließend nur einen Aspekt dieses Traums herausgreifen.

Die blauen Weintrauben sind ein männliches, die roten Äpfel ein weibliches Symbol; beide Großeltern haben diese Früchte selbst im Garten. Boris will mit dem Geschenk mitteilen, dass auch er selbst etwas Positives, nämlich eine allmählich gereifte Sexualität, aus Deutschland mitbringt.

12 Trauminterpretation

Das sehr anschauliche Beispiel von Boris' Traumserie bietet einerseits, im Rahmen der psychoanalytischen Traumtheorie, einen guten Querschnitt über die Mittel der Traumarbeit, andererseits einen Einblick in die praktische Handhabung der Traumdeutung. Die wichtigste Schlussfolgerung aus der Kasuistik von Boris dürfte sein, dass der Traum eine vieldimensionale Schöpfung der Psyche darstellt – ein vielseitiges Produkt unseres unbewussten Phantasielebens. Weiterhin wird festgestellt, dass den Träumen, da sie Hinweise auf die Persönlichkeitsstruktur und -entwicklung geben, diagnostische Bedeutung zukommt. Es wird ersichtlich, dass der Traum Wunscherfüllung, Kompensation und Konfliktlösung darstellt. Als Kompromissleistung zwischen verschiedenen inneren Kräften repräsentiert er eine synthetische Ich-Leistung. Durch Spiegelung von Gelingen oder Misslingen der erwünschten Ich-Integration kann man im Traum eine prognostische Bedeutung erkennen. Angesichts dieser Vieldeutigkeit soll eine Trauminterpretation, die bestrebt ist, möglichst viele Aspekte zu erfassen, folgende Gesichtspunkte beinhalten:

Die Erfassung des manifesten Trauminhalts

Durch die Neubewertung des latenten und manifesten Trauminhalts in der modernen psychoanalytischen Literatur hat sich auch die Bedeutung dieser beiden Anteile gewandelt. Parallel zur Entwicklung der Psychoanalyse – von der triebtheoretischen über die Ich-psychologische zur objektbeziehungstheoretischen Wissenschaft – verändert sich auch die Auseinandersetzung mit den Trauminhalten. Während der Blütezeit der psychoanalytischen (Trieb-)Theorie sind es die unbewussten Triebkräfte und Wunschvorstellungen des latenten Trauminhalts, denen man besondere Aufmerksamkeit schenkt. Seit der Zeit der Ich-Psychologie wird der Traum nicht nur als Es-Leistung, sondern als Resultat integrativer Ich-Aufgaben gesehen. Das Geträumte erscheint als Kompromissleistung aus dem Wechselspiel der psychischen Instanzen, dem die sekundäre Bearbeitung als gehobene Ich-Funktion den letzten Schliff gibt. Eckes-Lapp schreibt: »Das Ich stellt im Traum mit dem ihm zur Verfügung stehenden Funktionen eine ihm gemäße, persönlichkeitsspezifische Kompromissleistung zwischen Antriebsimpulsen, Über-Ich-Anforderungen, strukturellen Hemmungs- und Abwehrformationen her. So ist der Traum zugleich Wunscherfüllung, Kompensation, Konfliktlösung, Ausdruck und Darstellung aktueller und persönlichkeitsspezifischer Befindlichkeit und Funktionstraining – insgesamt gesehen eine Ich-Leistung der Synthese des Selbst« (1983).

Schwere psychische Störungen, die sich während der Entstehungsphase von Selbstvorstellungen und Objektbildern einstellen und sich somit während der Konstituierungsphase von Objektbeziehungen entwickeln, wirken sich insbesondere auf manifeste Trauminhalte aus. Die Objektbeziehungen solcher schwer gestörter Menschen funktionieren auf der Ebene von Teilobjekten – entsprechend zeigen die Bilder im manifesten Traum das Selbst und die Objekte in ihrer unverhüllten, gespaltenen, grob verzerrten, stark affektgeladenen und dissoziierten Form. Diese Art von schweren Ich-Störungen verlangt nach einer besonderen Behandlungstechnik, die sich auch dem manifesten Trauminhalt auf spezielle Weise annähert.

Der psychoanalytische Umgang mit Träumen unterscheidet sich in seiner Vorgehensweise je nach Niveau der Persönlichkeitsorganisation eines Patienten. Besitzt der Träumer eine ausgereifte (neurotische oder gesunde) Ich-Struktur und genügend Befähigung zu assoziieren und zu regredieren sowie die Bereitschaft, sich zu früheren Entwicklungsphasen samt ihrer affektiv verbundenen Erlebensweisen hinführen zu lassen, wird die klassische Methode angewandt. Mit Hilfe des Analytikers wird unbewusstes Material ans Tageslicht gefördert; verdrängte Konflikte, deren Folgen und pathologische Verfestigung werden durch den latenten Traumgedanken offenbart. Anders bei der Behandlung der so genannten frühen Störungen. Das zentrale Problem stellt hier nicht das Verdrängte dar, sondern die Unfähigkeit zu verdrängen. Es ist nicht der Konflikt zwischen drei entwickelten psychischen Instanzen, sondern die strukturellen Mängel, die Schwäche des Sekundärprozesses sowie seine defizitäre Führung bei kognitiven Prozessen. Diese Unzulänglichkeiten bedingen die Ich-Schwäche und die Unreife der Abwehrmechanismen, die im Kapitel 13 (S. 153ff.) näher beschrieben werden. Hier muss man sich vergegenwärtigen, dass ein so schwaches Ich der ständigen Bedrohung ausgesetzt ist, von primärprozesshaften Inhalten überflutet zu werden. Deswegen erscheint eine regressionsfördernde, klassisch-analytische Vorgehensweise nicht sinnvoll.

Träume von frühgestörten Patienten (zu denen die narzisstischen Störungen, die Borderline-Fälle und die Psychosen gehören) sind durch primärprozesshafte Strukturen gekennzeichnet, die keiner vernünftigen sekundärprozesshaften Bearbeitung unterliegen, wie auch durch nicht neutralisierte Triebhaftigkeit (wie z. B. archaische Destruktivität oder offene inzestuös-libidinöse Wünsche). Hierbei sind es weniger die unverhüllten inzestuösen Wünsche als vielmehr die dissoziierten Affekte in ihrer exzessiven, bedrohlich wirkenden Aggressivität, und massiven Autodestruktivität, die den Analytiker als ganze Person und Experten fordern. So induziert beispielsweise der Traumbericht eines frühgestörten Patienten – er befindet sich als emotional unbeteiligter Besucher im Konzentrationslager neben Plastiksäcken voll mit grauenvoll zerstückelten Leichen – eine breite Palette intensiver Gefühle im therapeutischen Gegenüber. Entsetzen, inneres Zurückweichen, Wut, sogar Gegenaggression kann auftauchen und muss gebändigt werden. Die Erzählung, schaurig wie sie ist, bekommt nämlich den Charakter einer Mitteilung. Der Therapeut wird angehalten, sich diesen Inhalten »auszusetzen« – hält er diese aggressiven, abgespaltenen Ich-Anteile des Patienten aus, wird er zum Container von dessen unerträglichen Gefühlen und die therapeutische Beziehung gewinnt die nötige Tragfähigkeit für weiteren Fortschritt. Der Analytiker übernimmt eine wichtige beruhigende und Sicherheit spendende Funktion für den Patienten. Durch das veränderte Beziehungsangebot kann er sie aber allmählich internalisieren (zum so genannten psychoanalytischen »Raum« oder Holding-Funktion nach Donald W. Winnicott siehe Kapitel 15). Das archaische Aggressionspotential solcher frühgestörter Patienten findet sehr konkreten Ausdruck im Traum, wenn beispielsweise vom geträumten Piloten berichtet wird, der mit Genugtuung eine Bombe nach der anderen über seine Heimatstadt fallen lässt.

In den meisten manifesten Traumbildern zeigt sich, wie oben bereits angedeutet, nicht nur der aktuelle Stand der Konfliktbearbeitung, sondern auch eine konkretistische Erlebnisweise bestimmter Phantasien. Auf der Subjektstufe gedeutet, ist im »Piloten-Traum« eine massive autodestruktive Handlung spürbar. Andererseits ist die zielgerichtete Aggression einer systematisch durchgeführten Explosionskette »sichtbar«, die ein Stadtviertel nach dem anderen vernichtet. Statt dem Gedanken »das ist ein rachsüchtiger Mensch« nachzugeben, soll der Analytiker dem Patienten lieber erklären, dass seine aggressive Entwicklung mit entsprechenden Wünschen angesichts erlebter Enttäuschungen und Kränkungen verständlich erscheint. Aggression folgt auf Frustration, und beide sind immer mit einem realen Gefühl der Ohnmacht innerhalb einer Objektbeziehung verbunden. Spürt der Analysand nicht nur das Mitgefühl, sondern auch die Akzeptanz dieser nicht »salonfähigen« Emotionen, fühlt er sich verstanden und in seiner »berechtigten« Wut angenommen. Die Rückkopplung seine Reaktionen und Träume zu verstehen, schafft die Basis für einen Lernprozess, in dem der Patient Bewältigungsstrategien entwickeln kann, sich im realen Leben besser durchzusetzen. Ist er einmal aus der ohnmächtigen Position herausgekommen, bewirkt das Erfolgserlebnis eine quantitative und qualitative Veränderung der exzessiven Aggression.

In ähnlicher Form findet auch der allmähliche Abbau nicht neutralisierter, libidinöser Wünsche statt. Autoren wie L. Bryce Boyer (Boyer u. Giovaccini 1967) und Rohde-Dachser (1983) übertragen die oben beschriebene Vorgehensweise bei aggressiven Trauminhalten auf Träume mit grob sexuellem oder inzestuösen Gehalt. Sie schlagen vor, einem Patienten, der vom Koitus seiner Mutter träumt, zu sagen: »Der Traum zeigt *auch*, wie sehr Sie Ihre Mutter lieben« (Rohde-Dachser 1983, S. 113). Sie beschreibt als Ziel einer solchen Deutungen die Einbettung der grob-sexuellen ödipalen Wünsche in eine breiter gespannte Objektbeziehung, in der auch Zärtlichkeit ihren Platz hat. Auf diese Weise wird »eine Integration des abgespaltenen, grob sexuellen Impulses in den Bereich besser neutralisierter Libido angestrebt, also eine Legierung mit zärtlichen Gefühlsregungen« (S. 113). Sind solche dissoziierten, aggressiv oder libidinös besetzten Selbst- und Objektbilder ausgearbeitet worden, kann die Aufforderung an das so genannte beobachtende Ich des Patienten erfolgen, die getrennt gehaltenen Imagines einer Realitätsprüfung zu unterziehen. Lässt er sich dann mit den klar erkennbaren Widersprüchen konfrontieren, ist ein »Brückenschlag zwischen den antagonistischen Vorstellungsinhalten« möglich. »Die gespaltenen Traumbilder können auf diese Weise allmählich integriert werden, so dass der Patient in die Lage versetzt wird, Ambivalenz gegenüber einem einzigen Objekt zu erleben«, formuliert Rohde-Dachser (1983, S. 115).

Die Traumstimmung

Jungianische Analytiker und Leuner (1985) haben mich gelehrt, der Traumstimmung einen größeren Stellenwert beizumessen, als sie üblicherweise in der klassischen psychoanalytischen Traumlehre innehat. Die Gefühlstönung des erzählten Traums induziert in mir als Zuhörerin eine affektive Aufnahme- und Erfassungsbereitschaft und bewirkt eine entsprechende, emotionale Stellungnahme. Das auf diese Weise entstandene, gefühlsmäßige therapeutische Echo wird zur Hypothesenbildung herangezogen, und es empfiehlt sich dabei, wachsam zu sein. Dieses Vorgehen erfordert eine hohe Aufmerksamkeit, denn die Affekte im Traum unterliegen in der Traumarbeit denselben Entstellungsmechanismen wie die Gegenstände oder ihre Vorstellungen. So kommt es beispielsweise zur Isolierung, der »Darstellung durch das Gegenteil« (z. B. die Verwandlung von Gewalt in Sanftmut) oder zur Verschiebung des emotional Bedeutsamen auf unbedeutende Nebensächlichkeiten. Es ist also wichtig, das therapeutische, empathische Verstehen zu reflektieren und anhand der anderen Traumelemente zu überprüfen. Trotzdem ist für Freud (1900) der Affekt das Beständigste am Traum. Er definiert den Trieb als eine Strebung aus Affekt- und Vorstellungsanteil. Eckes-Lapp schreibt: »Die Gefühlsfunktion ist die zentrale Ich-Funktion, die die Steuerung der Antriebsfunktionen in Gang setzt. Stimmungen, Gefühle und Affekte sind ›ganzheitliche Stellungnahmen‹ zu den Geschehnissen der Innen- und Außenwelt … die Art der Traumstimmung, die Gefühle und Affekte im Traum geben Aufschluss über das Gelingen oder Misslingen der strukturellen Verarbeitung der bei Tage durch Versuchungs- und Versagungssituationen mobilisierten Antriebsdynamik … das Vorkommen spezifischer Ängste, wie Trennungsangst, Kastrationsangst, Schamgefühl gibt Hinweise auf strukturelle und genetische Fixierungsstellen« (1983, S. 50).

Die Erfassung der Assoziationen zum Traum

Freud hat der Psychoanalyse das Prinzip der so genannten freien Assoziation zugrunde gelegt und diese entsprechend auch bei der Deutung von Träumen verwandt. Im Umgang mit dieser Grundregel verlangt er einen offenen, durch sekundärprozesshaftes Denken nicht vorselektierten Kommunikationsstil. Der Analysand soll sich bemühen, alle seine spontanen

Einfälle ohne Auslassung zu erzählen, denn nur ein unbefangener und unkontrollierter Bericht bietet die Möglichkeit, Aufschluss über unbewusstes Erleben zu erhalten. Die Psychoanalyse geht davon aus, dass dem Bewusstsein des Patienten die Gründe der aktuellen Konfliktsituation nicht zugänglich sind. Das gezielte Erfragen der Handlungsgründe würde nur Rationalisierungen ans Tageslicht bringen, da diese unbewusst sind. Die freie Assoziation bringt Abkömmlinge unbewusster Phantasien an die Oberfläche, die als wichtigste Determinanten der produzierten Einfälle gelten. Eine wichtige Grundlage für die Freisetzung unbewusster Phantasien und Handlungsimpulse sind hierbei die kreative Regressionsfähigkeit sowie die ausreichend vorhandenen synthetischen Ich-Funktionen des Klienten.

Wir stellen fest: Die von Freud erwünschten Einfälle sind spontaner Natur, die im Entspannungszustand überraschend kommen und einen Es-haften Charakter aufweisen, lassen sich nicht durch angestrengte Aufmerksamkeit erzwingen. Es geht also um verdrängte Einfälle, gegen die sich ein Widerstand richtet und von denen man eigentlich nichts wissen will.

Im speziellen Fall des Traums erscheint es Freud wichtig, ihn nicht sofort als Ganzes zu betrachten und sich schon gar nicht, ad hoc ein vorschnelles Urteil über dessen Sinn zu erlauben, sondern die Traumeinfälle vielmehr zu sammeln um sie einer genauen Analyse zu unterziehen. Er spricht von verschiedenen Möglichkeiten, wie man im Einzelfall assoziativ vorgehen kann:

»In welcher Reihenfolge lassen wir den Patienten die Teilstücke seines Traums vornehmen?

Da stehen uns mehrere Wege offen:
- Wir können einfach der chronologischen Ordnung folgen, wie es sich bei der Erzählung des Traumes herausgestellt hat, das ist die so genannte strengste, klassische Methode, oder
- wir können den Träumer weisen, sich zunächst die Tagesreste im Traum herauszusuchen, oder
- wir heißen ihn, mit jenen Elementen des Trauminhalts den Anfang zu machen, die ihm durch ihre besondere Deutlichkeit und sinnliche Stärke auffallen« (Freud 1932).

Dabei sieht Freud vom manifesten Traum ab, einer Domäne, der sich zunehmend die neueren Autoren widmen.

Neben der Freudschen assoziativen Technik gibt es auch Jungs Methode der *Amplifikation*. Sie erklärt, dass der Sinn von Symbolen, Traumbildern und Phantasien auch durch eine Anreicherung von sinnverwandtem

Material aufgeschlüsselt werden kann. Nachdem die individualspezifische Problematik erkannt und bearbeitet worden ist, können die Einfälle und Anregungen des Therapeuten aus der Mythologie, Religionsgeschichte und den Volksmärchen dazu beitragen, die kollektive Ebene des Unbewussten zu betreten. Jung meint damit, dass den »subjektiven Assoziationen« (wie die Herstellung eines individuellen Kontextes) »objektive« gegenüberstehen, die als allgemein menschliches Gedankengut gelten. Während der Symbolschwerpunkt bei den subjektiven Assoziationen im persönlichen Unbewussten zu suchen ist, liegt er bei objektiven im kollektiven Unbewussten. Hier hat das Traumsymbol archetypische Qualität und beinhaltet nicht so viele anamnestische, individuelle Bezüge.

Durch das Erkennen der Entstellungsmechanismen und die entsprechende Entsymbolisierung kann der Therapeut die Stimmung und den Sinn eines Traums erfassen, was ihm den Blick auf den latenten Traumgedanken eröffnen kann. Eine wirklich treffende Deutung des Traums machen allerdings erst die frei assoziierten Einfälle des Träumers möglich.

Die Objektstufe

Die Objektstufe ist die klassische, von Freud vertretene Interpretationsebene bei der Traumdeutung. Die Erinnerungen infantiler wie auch rezent erlebter Ereignisse werden im Traum vom unbewussten Wunsch übersetzt und dann als real erlebt. Die im Traum auftretenden Personen können für die Deutung auf der Objektstufe konkret auf Eltern, Geschwister, Lehrer, Freunde und so weiter bezogen werden. In diesem Fall wird beispielsweise eine im Traum erlebte väterliche Person als Repräsentanz des wirklichen Vaters des Träumers aufgefasst. Eine solche spezifische traumhafte Darstellung gibt einen Anhaltspunkt, welche wesentlichen Eigenschaften frühkindlicher Prägung die väterliche Imago aufweist. Der Traum enthält Hinweise auf die Art und Problematik früherer wie jetziger Objektbeziehungen sowie auf die sozialen Interaktionsmöglichkeiten des Träumers mit diesen Bezugspersonen. Mit der Deutung auf der Objektstufe erfassen wir sowohl die genetisch-retrospektiven Momente als auch die aktuelle Konfliktsituation durch die Einbeziehung der Tagesreste. Mit anderen Worten: Diese Deutungsebene beschäftigt sich mit der Betonung der Realität, dem Verhalten des Träumers zu seiner Objektwelt und seinen konkreten Beziehungen.

Ab einer gewissen Ich-Schwäche von Patienten mit tief greifenden Störungen arbeiten manche Analytiker fast ausschließlich auf der Objektstufe. Der Bezug zum Bösen, Abartigen, Verfolgenden, Beschämenden und Irrationalen kann an »anderen Personen« festgemacht werden, bevor diese abgespaltenen Persönlichkeitsanteile den langen Weg von einer Ich-dystonen zu einer Ich-synthonen Entwicklung antreten.

Die Subjektstufe

Ein besonderer Verdienst Jungs in der Traumforschung und -psychologie, ist die Unterscheidung der objektstufigen von der subjektstufigen Deutung. Im Zusammenhang mit der bereits besprochenen Deutung auf Objektstufe spricht Jung (1935) von einer »reductio ad primam figuram«, einer Rückführung zu den wichtigsten Bezugspersonen aus der frühen infantilen Zeit. Dort, wo eine »lebenswichtige« Beziehung die Ursache des Konflikts bildet, ist die Deutung auf der Objektstufe angebracht. In den meisten Träumen muss jedoch die Ergänzung der Deutung auf der Subjektstufe erfolgen, wenn man mehrere Determinanten des Geschehens erfassen will.

Zunächst ist zu erwähnen, dass das ganze Traumgebilde die subjektive Schöpfung des träumenden Menschen ist. Jung vergleicht den Traum mit einem Theater, in dem der Träumer Szene, Spieler, Souffleur, Regisseur, Autor, Publikum und Kritiker ist. Nach ihm sind alle Figuren des Traums personifizierte Züge der Persönlichkeit des Träumers. Mit anderen Worten bedeuten diese Gedanken von Jung, dass die Deutung auf der Subjektstufe den Träumer mit sich selbst konfrontiert. Diese Tatsache impliziert die sehr unangenehme Erkenntnis und Einsicht, dass der Lügner, der Taschendieb, der Egoist, der Sadist und so weiter in uns steckt. Deshalb findet in der Therapie die Deutung auf der Subjektstufe, speziell bei Ich-schwächeren Patienten, nur begrenzte Anwendung. Die psychische Belastbarkeit sowie der Stand des therapeutischen Prozesses müssen zunächst reflektiert werden, bevor von dieser Variante der Traumdeutung Gebrauch gemacht wird. Ist der Patient jedoch Ich-stark genug, kann die Konfrontation mit dem Angefeindeten, dem Entwerteten und Asozialen zu heilsamen Erschütterungen führen. Der Träumer bekommt durch diese Vorgehensweise allmählich die Möglichkeit zu lernen, für seine Eigenschaften, Wünsche und Unsitten selbstverantwortlich einzustehen.

Die Analytische Psychologie behauptet, die Objektstufe dient der Analyse, die Subjektstufe der Synthese. Während die Objektstufe durch die freie Assoziation und ihre vielfältigen Außenbezüge zur Bewusstwerdung des Konflikts beiträgt, kann die Subjektstufe nach entsprechender Durcharbeitung des Materials die Synthese ermöglichen. Wegen ihrer umfassenden Beleuchtung vieler Aspekte ergänzen sich die beiden Interpretationsmöglichkeiten ganz ausgezeichnet, um die volle Bedeutung des Traums zu erkennen; aus diesem Grund können sie sehr gut parallel angewandt werden. Trotzdem bleibt die Subjektstufe eine essentielle Bedeutungsebene des Traums, denn durch sie kann beispielsweise das Spezifische einer Landschaft als ein Seelenabbild und entsprechende Stimmungslage verstanden werden. Jungianer verstehen die Traumbilder als Imagines – als Bündel subjektiver Erfahrungen, Wahrnehmungen und Gefühlen. Die Imago als inneres Abbild, beispielsweise der leiblichen Mutter, kann erheblich von der Realität oder der Vorstellung anderer Bezugspersonen abweichen. Mit anderen Worten: Die Imagines in uns müssen nicht die objektive Wirklichkeit widerspiegeln, sondern vermitteln eine sehr subjektiv gefärbte Sichtweise.

Die Symbolik des Traums

Die Symbolik an sich, wurde bereits an verschiedenen Stellen des Buches ausführlich besprochen. Hier möchte ich nur in Erinnerung rufen, dass das Symbol auch im Traum eine hohe adaptive Ich-Leistung darstellt, eine Kompromissbildung aus verschiedenen Anteilen der drei psychischen Instanzen. Bei der Entsymbolisierungsarbeit in der Therapie ist es hilfreich, gemeinsam mit dem Träumer darauf zu achten, ob es sich hierbei um allgemeine oder höchst individuelle Symbole handelt. Diese lassen sich nur anhand der vorgetragenen Assoziationen und den Tagesresten erarbeiten.

Die Übertragung

Freud schrieb 1912 die Abhandlung »Zur Dynamik der Übertragung« und seit dieser Zeit ist die Übertragung ist ein wichtiges Phänomen und therapeutisches Instrument in der psychoanalytischen Behandlung.

In der Kindheit gestaltet jeder Mensch sein Liebesleben individuell, meint Freud, in dem er bestimmte Liebesbedingungen stellt und gewisse Ziele bei seiner Triebbefriedigung setzt. »Übertragungsreaktionen sind im Wesentlichen Wiederholungen einer früheren Objektbeziehung« (Greenson 1967, S. 165). Die Tatsache, dass der Patient in der tiefenpsychologisch orientierten Psychotherapie Erlebnisse wiederholt, wird als große Chance erkannt. Im Zuge der »Übertragungsneurose«, also durch die Wiederbelebung früher, infantiler Fixierungen in der Beziehung zum Psychotherapeuten, können diese im direkten Erleben bearbeitet und aufgelöst werden. Zwei Mechanismen bedingen die Übertragung: die Aktualisierung (Wiederholung) der Vergangenheit und die Verschiebung auf andere Personen.

Man unterscheidet die positive von der negativen Übertragung. Die erste entwickelt sich auf dem Boden einer vertrauensvollen, therapeutischen Beziehung und wird durch Zuneigung, Respekt, Bewunderung, ja Verliebtheit gekennzeichnet. Diese positiven Gefühle fördern einerseits den erfolgreichen Verlauf der Behandlung, können andererseits jedoch auch in den Dienst eines Widerstands treten, wenn beispielsweise der Therapeut durch Beschwichtigungsmanöver von seinen Zielen abgelenkt werden soll. Von negativer Übertragung wird gesprochen, wenn der Patient Misstrauen, Wut, Neid oder Hass und Verachtung gegenüber seinem Arzt empfindet. Der Therapeut wird dann möglicherweise als der unterdrückende Vater, die frustrierende Mutter, die egoistische Schwester oder der bevorzugte Bruder erlebt. Verständlicherweise stören solche Gefühle den Fortgang jeder therapeutischen Bemühung und müssen unter dem Aspekt des Widerstands betrachtet werden. Dessen Analyse wird im freudschen Sinne als wichtigste therapeutische Aktivität verstanden. Emotionale Einstellungen, Gefühle und Verhaltensweisen, die in der Beziehung des Kindes zu bedeutsamen Bezugspersonen erworben worden sind, können in der Therapie durch Regression wiederbelebt und an den Analytiker adressiert werden. Die Bearbeitung des Übertragungswiderstands verlangt dann genaue Beobachtung sowie geduldiges Abwarten, um den Widerstand zum richtigen Zeitpunkt mit Toleranz und Taktgefühl zu thematisieren und zu deuten.

Die ganze, reichhaltige Palette der Emotionen, Phantasien und Vorstellungen findet auch im Traum ihren Niederschlag. Nach Altman ist der Traum die via regia um die Übertragung aufzuklären. Das Geträumte offenbart die vorherrschende Vorstellung vom Analytiker durch die Rolle, die der Träumer ihm zuteilt (Altman 1994). Entsprechend erscheint der

Therapeut als Richter, Straßenarbeiter, Jet-Pilot, Chirurg oder Cowboy und das Behandlungszimmer als Selbstbedienungsladen, unterirdisches Tagewerk, Raketenrampe oder Hexenhaus. Morgenthaler nimmt den Übertragungsaspekt sehr ernst: »Wenn ein Traum da ist, müssen Sie immer daran denken: Wie ist die Übertragung und wie sind die Identifikationen? Es gibt keinen Traum, der irgendeinem erzählt wird, ohne dass eine Identifikation im Unbewussten vorliegt, zwischen dem, der den Traum gehabt hat, und dem, dem er den Traum erzählt« (1990, S. 147). Unter diesem Aspekt betrachtet, sind Träume Indikatoren für den psychoanalytischen Prozess.

Der Widerstand

Freud nennt jene psychische Kraft des Patienten Widerstand, die sich seinen Bemühungen entgegen stemmt, die pathogenen Erinnerungen bewusst werden zu lassen. In »Hemmung, Symptom und Angst« beschreibt Freud 1926 fünf Arten von Widerstand: »1. den Verdrängungswiderstand, womit er den Widerstand der Ich-Abwehr meinte. 2. Übertragungswiderstand. Da die Übertragung ein Ersatz für Sich-Erinnern ist und auf einer Verschiebung von früheren Objekten auf gegenwärtige Objekte beruht, ordnete Freud auch diesen Widerstand als ›Ich-Widerstand‹ ein. 3. Auch den Krankheitsgewinn oder sekundären Krankheitsgewinn reihte er unter die Ich-Widerstände. Als 4. Art des Widerstands sah er diejenigen Widerstände an, die das Durcharbeiten notwendig machen, nämlich Widerholungszwang und Klebrigkeit der Libido, die er zum Es-Widerstand zählte. 5. Die von Freud genannte Art des Widerstands ist die aus Schuldbewusstsein und Strafbedürfnis entstehende; er hielt sie für Über-Ich-Widerstand« (Greenson 1967/1981, S. 97).

Die moderne Psychoanalyse hat diese Klassifikation noch ergänzt: So unterscheidet man Widerstände, die sich bei Gefährdung des Patientenselbstwertgefühls gegen die analytische Arbeit richten (also narzisstischer Art) von jenen, die aus der Angst entstehen, Veränderungen würden zu Schwierigkeiten in wichtigen Objektbeziehungen (z. B. zum Partner oder Vorgesetzten) führen. Wieder Andere resultieren aus der Angst, frühere adaptive Lösungen aufzugeben. Zusammenfassend kann festgestellt werden, dass Widerstand eine Haltung ist, die sich gegen die Bewusstmachung unbewusster Inhalte richtet.

Grundsätzlich kann jede Verhaltensweise einen Widerstand darstellen. Dieser kann bewusst, vorbewusst oder unbewusst ablaufen und scheint multiple Funktionen zu haben. Neben der Vermeidung unlustvoller Affekte und Spannungen oder Gefahrensituationen oder der Fortführung infantiler Befriedigungsmöglichkeiten hat er auch einen positiven Aspekt. Er schützt die Synthesefunktion des Ich und drückt Stärke und Verteidigungsfähigkeit gegenüber den als überwältigend erlebten unbewussten Vorstellungen und Gefühlen aus: Somit wird eine Destabilisierung oder gar Fragmentierung des Ich durch Überflutung vermieden.

Adam (2000, S. 419) unterscheidet in Bezug auf die Träume zwei Formen: *Der Widerstand in der Traumarbeit* ist nach der Grundlage der Psychoanalyse am Verhalten des Patienten erkennbar. Auch hier finden sich ablehnende Zeichen in der Körperhaltung, in den mangelnden Assoziationen, in der Art des Umgangs mit seinen eigenen Träumen (Abwertung oder Wertschätzung). *Der Widerstand im Traum selbst* ist durch das Verhalten des Traum-Ich charakterisiert, das sich auf ganz spezifische Art und Weise mit allen Traumobjekten beschäftigt. So kann jemand beispielsweise auf dem Weg nach Ziel A in Richtung B fahren, einen Gegenstand suchen und nicht finden, gegenüber einer Traumgestalt widersprüchliche Gefühle zeigen und anderes mehr.

Angst und Flucht, Vermeidung oder abrupter Abbruch einer Traumsequenz sind ebenfalls als Widerstandsphänomene einzuschätzen (Adam 2000, S. 423). Traumlosigkeit sowie Traumflut wären als eine weitere Form zu nennen.

Teil III · Kreativität in der psychiatrischen Praxis

13 Der kreative modifiziert-analytische Umgang mit Schizophrenie

Theoretische Konzepte der Entstehung

Die psychotische Erkrankung ist multifaktoriell bedingt. Genetische Einflüsse, zwischenmenschliche Probleme, Belastungssituationen und innerpsychische Konflikte tragen zur Entstehung der schizophrenen Krankheit bei. Dementsprechend spricht man von einer Vulnerabilität für die Schizophrenie, die ihren Ursprung in der bio-sozio-psychologischen Matrix hat. Dabei wird nur die Disposition (Neigung) vererbt, nicht die Erkrankung selbst. Die genetische Vererbung ist somit für den Grad der Vulnerabilität verantwortlich. Erhöhte Anfälligkeit bedeutet größere Empfindlichkeit gegenüber Stress. Wenn die Schwelle gesenkt ist, reichen bereits schwache Stressoren aus, um eine psychotische Reaktion zu bewirken. Verschiedene Fähigkeiten aus dem Bereich der Informationsaufnahme und ihre Verarbeitung sind eingeschränkt. Die Beeinträchtigung der kognitiven Differenzierung führt zur Reizüberflutung, da relevante und irrelevante Reize als gleichwertig wahrgenommen werden. Die Störung der verbalen Kommunikation führt unter anderem zur Sprachverarmung und Zerfahrenheit beziehungsweise zu unzusammenhängendem Denken. Bereits erlangte soziale Fertigkeiten im interpersonellen Umgang gehen zurück; die Interaktion mit anderen Menschen wie die Lösung von Alltagsproblemen wird als nicht möglich erlebt.

»Die ›schizophren‹ genannten Psychosen können sinnvoll als Ergebnis einer *Entwicklung* angesehen werden, die einen hereditär und/oder zerebral dysfunktionell und/oder durch die psychosozialen Personifikationsbedingungen schwachen, für das Zerbrechen anfälligen Menschen widerfährt. Schwierige zwischenmenschliche Erfahrungen und eigene schwierige Wesensart induzieren, ja steigern sich gegenseitig. Die Lebensgeschichte bis zur Manifestation des schizophrenen Syndroms ist eine Kette von ideosynkratischen Kränkungen und Schwächungen eines in bestimmten Bereichen des Selbsterlebens übermäßig verletzlichen (vulnerablen) Individuums, welche schließlich zum Versagen des Ringens um den Bestand des Selbst/Ich führt. In solcher Synopse erscheint das Schizophrenwerden, das Zerbrechen des Ich, verstehend nachvollziehbar« (Scharfetter 1990, aus dem Vorwort zur 2. Auflage).

Der Kinderpsychiater Reinhard Lempp (1973) deutet in seinem psychobiologischen, mehrdimensionalen Entwicklungsmodell der Schizophrenie das schizophrene Syndrom als Realitätsbezugsstörung.

Luc Ciompi (1982) versteht die »Struktur der Psychose« als hierarchisches System von affekt-logischen Bezugssystemen. Er benutzt dazu das Konzept des Selbst nach Kernberg. Seinem Erklärungsmodell zufolge leiden schizophreniegefährdete Menschen an einer fundamentalen Unklarheit, Widersprüchlichkeit und Labilität innerhalb wichtiger, internalisierter, affektivkognitiver Bezugssysteme. Die Auslöser von psychotischen Krisen werden als verändernde Größen der Bezugssysteme interpretiert, und die psychotische Symptomatik als Überlastungszeichen verstanden.

Wenn die inhaltliche und emotionale Ebene im Umgang mit psychosegefährdeten Menschen widersprüchliche Anforderungen (z. B. doublebind) enthält, kommt es zu einer starken Belastung für den Betreffenden. Widersprüchliche Aussagen im Kommunikationsmuster tragen bei bestehender Vulnerabilität zur Konfusion und psychotischen Dekompensation bei. Ebenso begünstigen stark ausgedrückte Gefühle (»high expressed emotions«) von Angehörigen eine erhöhte Rückfallwahrscheinlichkeit. Ärgerliche und feindselige Emotionen, mit denen der Patient häufig konfrontiert wird, sind schädlich und somit Psychose auslösend.

Nach psychoanalytischer Auffassung stellt das Misslingen der Nähe-Distanz-Regulation das Kernproblem des schizophrenen Menschen dar. Er schwankt ständig zwischen dem Wunsch nach Symbiose mit dem Objekt (= ein emotional wichtiges Gegenüber) und der Flucht davor, aus Angst vor Identitätsverlust. Mentzos (1992) definiert diesen Gegensatz als Bipolarität zwischen autophilen und heterophilen Tendenzen. Ausgehend vom mahlerschen Konzept handelt es sich hierbei nach Mentzos um den Konflikt zwischen Verschmelzungs- und Individuationsbestrebungen, wofür er die nicht gelungene Selbst-Objekt-Differenzierung beim Schizophrenen verantwortlich macht. »Der Betreffende behält sowohl gleichzeitig seine Sehnsucht nach der Vereinigung mit dem Objekt als auch seine Angst, dabei sein Selbst zu verlieren« (Mentzos 1991, S. 40).

Nach Kernberg ist die Internalisierung der Objektbeziehungen ein entscheidender Organisationsfaktor sowohl für die Ich- als auch für die Über-Ich-Entwicklung. Er beschreibt die Grenzen zwischen Selbst und Objekt beim Psychotiker ebenfalls als fragil und durchlässig: »In den Psychosen determiniert eine pathologische Verschmelzung zwischen Selbst- und Objektbildern ein Versagen der Differenzierung von Ich-Grenzen und damit der Differenzierung des Selbst vom Nicht-Selbst« (Kernberg 1976/1989, S. 150f.). Bei diesem Vorgang kommt es zu einem Realitätsverlust. Die Fähigkeit zur Realitätsprüfung geht verloren.

Siehe dazu als Illustration Bild 5 (Seite 198), auf der Selbst und Nicht-Selbst eine Auflösung und erneute Verschmelzung erfahren. Wenn die Realität für den schizophreniegefährdeten Menschen unerträglich frustrierend wirkt, kommt es über die Projektion aggressiver Wünsche und Retrointrojektion der aggressiv besetzten Imagines zum psychotischen Erleben. Hierbei werden »böse« Selbst-Objekt-Anteile projektiv in der Außenwelt untergebracht und eine vorübergehend rettende Vereinigung von »guten« Selbst-Objekt-Fragmenten im Kranken erzielt. Voraussetzung hierfür ist nach Jacobsen (1967) die Zunahme der Aggression auf Kosten der Libido mit der Folgeerscheinung einer allgemeinen Entneutralisierung der Triebe. Sie behauptet, die vorherrschenden Ängste des Psychotikers hängen von der Schwere seiner aggressiven Konflikte ab. Der psychotische Mensch hat am meisten Angst vor der gewaltsamen Auflösung seiner psychischen Struktur, die einen Zusammenbruch der bereits teilweise integrierten Selbst- und Objektrepräsentanzen nach sich zieht.

Die pathologischen Veränderungen im psychotischen Erleben lassen sich mit dem objektbeziehungstheoretischen Modell besser erklären. Mertens formuliert in seinem Buch »Psychoanalyse«: »Während das Instanzenmodell von Ich, Es, Über-Ich die Auffassung beinhaltet, dass wesentliche Entwicklungsaufgaben des Ich bereits nahezu abgeschlossen sind (wie zum Beispiel die Realitätswahrnehmung, die Fähigkeit zwischen Selbst- und Objektrepräsentanzen unterscheiden zu können, die Verfügbarkeit über bestimmte Funktionen der Beziehungspersonen, die per selektiver Identifikation verinnerlicht wurden) und dass das Über-Ich einen gewissen Grad an Autonomie erlangt hat, thematisiert das objektbeziehungstheoretische Modell die Entwicklungs- und Sozialisationsprozesse, die vor dem Erreichen der Selbst- und Objektkonstanz ablaufen. Hierbei geht es vor allem um die Vorgänge der Entstehung von Selbst- und Objektrepräsentanzen, die Verinnerlichung von interpersonellen Beziehungen und der Umwandlung solcher Beziehungen in psychische Strukturen. Der Ausdruck ›Objektbeziehungskonflikt‹ bezieht sich nun, genau betrachtet, auf einen Konflikt zwischen den Bedürfnissen eines Kindes und den Zielvorstellungen, Geboten und Verboten, die noch nicht als seine eigenen erfahren werden, sondern projektiv und introjektiv vermengten, mehr oder weniger noch primärprozesshaft erfahrenen, elterlichen Selbstobjektrepräsentanzen zugeordnet werden« (1992, S. 140).

Zusammenfassend lässt sich sagen, dass die Spannungen des Objektbeziehungskonfliktes ihren Ursprung in der Unfähigkeit haben, die libidinös besetzten Selbst- und Objektbilder mit den aggressiv besetzten zu vereinen. Der an einem solchen Konflikt leidende Mensch muss ständig um seine Entwicklung kämpfen.

Die Fragmentierung und Integration von Selbst- und Objektrepräsentanzen ist ständig von Phantasien der Zerstörung und Wiederherstellung begleitet. Solche Phantasien sind in der psychoanalytischen Literatur wiederholt beschrieben. Die Erfahrung oder auch nur die Befürchtung, das eigene Selbst zu verlieren, ist erschreckend. Um diesen Umstand zu umgehen, bildet der erwachsene Schizophrene ein anderes, psychotisches Selbstgefühl.

»Falls der Patient in der Lage ist, sich eine neue, wenn auch psychotische Identität zu schaffen, wird seine Psychose stabil. Er verwendet weiterhin Projektionen und Introjektionen, aber seine neue Identität bewahrt ihn vor unerträglicher Angst ... Seine neue Identität ist zusammengesetzt aus kleinen Stücken undifferenzierter Selbst- und Objektvorstellungen, aus verschmolzenen Objektvorstellungen, die kombiniert sind mit einigen differenzierten Selbst- und Objektvorstellungen und deren affektiver Besetzung« (Volkan 1992, S. 34f.).

Um die introjektiv-projektive Bezogenheit des schizophrenen Menschen zu verstehen, mit der er auf der regressiven Ebene funktioniert, müssen zunächst die Internalisierungsprozesse und die Externalisierungsvorgänge geklärt werden.

Nach Otto Fenichel ist »die erste Realität das, was man hinunterschlingen kann. Ursprünglich bedeutet die Realität zu erkennen, ein Urteil darüber abzugeben, ob etwas Spannungen schafft oder Befriedigung gibt – ob man es ausspucken muss oder hinunterschlingen kann. In den Mund stecken oder ausspucken ist die Grundlage für alle Wahrnehmungen« (1932/1983, S. 59). Diese Fähigkeit des In-den-Mund-Nehmens oder Ausspuckens liegt den Mechanismen von Introjektion und Projektion zugrunde. Mentzos (1989) versteht in Anlehnung an Roy Schafer (1968) unter Internalisierungsprozessen jene, bei denen das Subjekt reale oder phantasierte Interaktionen mit seiner Umgebung in innere Regulationen und Charakteristika verwandelt. Nach diesen beiden Autoren finden Objektbeziehungen, die Anlass zu Inkorporationen geben, vor der Differenzierung zwischen Selbst und Objekt statt. Die Introjektionen stammen nach Mentzos aus einer Zeit, in der diese Differenzierung schon stattgefunden hat. Die Identifizierung, als reifer Mechanismus, setzt wiederum eine bereits konstante Objektbeziehung voraus. Also stellen Inkorporation, Introjektion und Identifikation wichtige Teilkomponenten der psychischen Reifung dar. Wenn diese mangelhaft verläuft, können primitive Internalisierungsformen wie Inkorporationen oder Introjektionen beim Erwachsenen durch regressive Bewegungen reaktiviert werden.

Sind die Internalisierungsprozesse für die Entstehung des Selbst konstitutiv, so gilt laut Mentzos dasselbe analog für die Externalisierungsvorgänge in Bezug auf die Entstehung der Welt der Objekte. Diese erfolgen wie die Internalisierungsprozesse in analogen Stufen – nämlich der Exkorporation, Projektion und Selbstobjektivierung.

Das Bedürfnis, das Selbst und die innere Welt nach außen zu tragen und sie in realen Formen zu objektivieren, ist mindestens genauso groß und intensiv wie umgekehrt die Tendenz, die Objekte zu introjizieren und sich mit ihnen zu identifizieren. Besonders starke projektive Tendenzen finden sich bei psychotischen und Borderline-Patienten.

Wie bereits zuvor erwähnt, besteht der Hauptzweck der Projektion darin, böse, entwertete und aggressive Selbst- und Objektimagines zu externalisieren beziehungsweise sie in der Umwelt zu deponieren. Da der Prozess der Introjektion und Projektion kreisförmig ist, wird der Patient allerdings von dem bedroht, was er externalisiert hat. Die Reinternalisierung der aggressiv besetzten Teilobjekte führt dazu, dass dem Kranken die Umgebung als bedrohlich und die Mitmenschen als Angreifer erscheinen (= projektive Identifizierung).

Zwei kurze Fallvignetten

An dieser Stelle können zwei Beispiele diese introjektiv-projektive Bezogenheit des psychotischen Menschen illustrieren. Es sind zwei Sequenzen aus ambulant durchgeführten Sitzungen mit einem damals 36-jährigen schizophrenen Patienten namens Josef.

Die Scampi-Verkäuferin

Während einer Krise am Persischen Golf erzählt Josef, dass er zu einem italienischen Feinkostladen gegangen sei, um sich Scampis zu kaufen. Beim Eintreten hört er die Verkäuferin sagen: »Das ist schon der fünfte Mann, der hierher kommt und eingezogen werden kann.« Beim Abgeben seiner Bestellung äußert sich diese Frau: »Erst den Bauch voll schlagen und sich anschließend aufschlitzen lassen.«

Diese Bemerkung hat ihn zutiefst getroffen; sogar die Scampis haben ihm nicht mehr geschmeckt. Seitdem hat er massive Verkrampfungen im Bereich der Mund- und Schlundmuskulatur, der Magen hat sich zusammengezogen und er hat starke »schneidende« Schmerzen im Bauch, so als ob man ihm den Bauch aufschlitzt. Der Patient richtet sich mit der Bitte an mich, etwas für ihn tun, damit es leichter werde.

Einer der wichtigsten Aspekte bei der Behandlung psychotischer Patienten ist die Notwendigkeit der Einsicht, dass sie mit dem Therapeuten auf eine primitive Weise kommunizieren, und zwar mit verbalen und nonverbalen Mitteln. Beim Empfang der nonverbalen Mitteilung, besonders der durch die Projektion vermittelten Gefühle, muss der Therapeut zwischen seinen eigenen und den vom Patienten projizierten Gefühlsregungen unterscheiden. Eine mögliche Art, durch die der Therapeut diese Projektionen feststellen kann, ist ein plötzliches Erleben der Gefühlssituation, die einen Aspekt des Patienten in dessen eigener innerer Erlebniswelt darstellt. Ich versuche, seine Gefühle nachzuempfinden, und stelle fest, dass es sich im Erleben von Josef bei der Verkäuferin vom Feinkostladen um eine Frau handelt, die ihre Aggressionen den Männern gegenüber in gewaltsamer Art auslebt, indem sie ihnen diese aufzwingt; das ist natürlich nur eine Aktivierung der Übertragung der schlechten Mutterbeziehung im Erleben des Patienten.

Josef ist in der dualen Beziehung Mutter–Kind stecken geblieben und hat die Bemerkung der Frau aus dem Feinkostladen konkretistisch aufgefasst. Sie, die eigentlich beschützen will, macht er zur Hexe. Sie hat vom »bösen« Vater gesprochen – für Josef ist der Dritte in der Triangulierung jedoch abstrakt –, er kann ihn nicht fassen und bezieht alles auf die Verkäuferin. Infolge seiner brüchigen und durchlässigen Ich-Grenzen ist mein Patient zu schwach, sich zu schützen. Er schluckt diese Bemerkung, die nun als etwas Gefährliches und Bedrohliches in seinem Inneren erlebt wird; bei der psychotischen Inkorporation wird das Subjekt in einem solchen Ausmaß zum Bestandteil des Selbst, dass zwischen Selbst und Objekt keine Differenzierung vorgenommen werden kann.

Im Rahmen seiner gefühlsmäßigen Zeichnung assoziiere ich das Märchen »Hänsel und Gretel« und erwähne dieses unvorsichtigerweise. Noch bevor ich weiterreden kann, beginnt sich Josef zu winden; die Hände schützend auf den Bauch gepresst, sagt er, er spüre jetzt die Schmerzen noch viel deutlicher. Was ist passiert? Das Märchen als Symbol wird auf eine konkretistische Weise empfunden, die Hexe als leibhaftig präsente Gefahr erlebt, die jetzt konkret vor ihm beziehungsweise in ihm steckt und ihn bedroht. Also muss ich mich auf dieser konkretistischen Ebene bewegen, um ihn zu erreichen oder gar Linderung zu schaffen. Wenn er etwas inkorporiert, muss hier Exkorporation Abhilfe schaffen, und ich erinnere mich, dass er die Scampis von der Verkäuferin angenommen und gegessen hat. Daraufhin erfolgt meine Intervention: »Das, was Sie von dieser Frau annahmen und gegessen haben, können Sie jetzt durch den Stuhlgang wieder hinausbefördern.« Josef blickt mich freudig an und sagt: »Ja, das, was ich von der Hexe gegessen habe, kann ich auch wieder hinausscheißen!« und gleich darauf: »Ja, ich spüre schon, wie alles im Bauch wieder in Fluss kommt, ich glaube, diese Bemerkung von Ihnen sitzt.«

In der nächsten Stunde berichtet Josef, dass es mit den Bauchschmerzen erheblich leichter geworden ist, allerdings ist der Stuhl schwierig herausgekommen. Nach meiner Bemerkung, dass er das Gute und Eigene im Bauch behalten könne, kann das Thema nun ruhen.

Die Vernichtung des Ich ist ein charakteristischer Zug in den meisten interpersonalen Beziehungen des psychotischen Menschen. Die Bemerkung der Verkäuferin ist gewaltsam in sein Selbst eingedrungen. Josef nimmt auf körperliche Art und Weise die Gefahr wahr, die er als Vernichtung der Identität, als Aufschlitzen seines eigenen Bauches erlebt. Das Fehlen oder die Zerbrechlichkeit der Ich-Grenzen gegenüber der Umwelt, und die ausbleibende Selbst-Objekt-Differenzierung, macht diesen Menschen in erschreckender Weise »durchlässig« für alles, was um ihn herum geschieht. In der Interaktion mit dem Therapeuten wird er allmählich fähig, die ihm aufgestülpte, reintrojizierte Aggression wiederzugeben und langsam Selbst und Objekt zu differenzieren.

Die Liebesdienerinnen

Josef kommt in die Stunde und äußert seinen Wunsch, in meiner Anwesenheit zu malen. Er will versuchen, seine Neigung, gelegentlich Prostituierte aufzusuchen, zu Papier zu bringen. Bild 6 (Seite 199) zeigt das entstandene Bild. So simpel sind manchmal die Mittel, mit denen therapeutische Arbeit geleistet werden kann.

Josef malt langsam, hält zwischendurch inne und gibt Erklärungen ab. Die »schwangere« Frau, die halb auf dem Rücken liegt, hat weibliche Züge und ist aus diesem Grund für ihn nicht attraktiv. Die »knabenhafte«, maskulin wirkende Prostituierte hat breite Schultern und schmale Hüften. Er möchte vor ihren Stiefeln knien und onanieren. Während er malt und erzählt, tauchen in mir folgende Gedanken und Phantasien auf: Die Genitalien der weiblich wirkenden Frau stellt er als ein »Riesenloch« dar, das Angst macht und verschlingend wirkt. Was in dieses Loch hineingerät, bleibt für immer dort und wird nicht mehr hergegeben. Die zweite Frau dagegen hat viele prägnante, männliche Attribute. Von der äußeren Erscheinung her ist die Mutter korpulent mit großer Brust und ausgeprägtem Hinterteil. Während sie die Dominierende im Haus ist, die das Vermögen mitbrachte und ihre zwei Männer anleitet, ist sein Vater ein depressiv strukturierter Mensch, der weich und nachgiebig erscheint.

Zwischenzeitlich versucht Josef mir das Bild zu erklären: »Das, was ich nicht habe, soll von den anderen auf mich abstrahlen. So auch die Männlichkeit und Dominanz, das Durchsetzungsvermögen von den knabenhaften, dominanten Nutten.« Während er »abstrahlen« sagt, habe ich ein anderes Bild vor Augen – Josef mit weiblich geformtem Körper, leichter Gynäkomastie, Kugelbauch und einem, nach seinen Angaben, kurzem Penis will auf eine konkretistische Art und Weise Männlichkeit »mit den Stiefeln eingetreten bekommen«. (Früher ließ er sich von Prostituierten mit Stiefeln treten und leckte diese ab. Dieses masochistische Verhalten ist inzwischen nicht mehr vorhanden.)

Ich greife diese »direkte Übernahme« von Männlichkeit durch die knabenhaften Prostituierten auf und wir besprechen, um wie viel besser es ist, seine eigene Männlichkeit zu entdecken und zu entwickeln. Plötzlich fällt ihm an dieser Stelle ein Traum ein, in dem er mit mir kuschelt – ich, die

Therapeutin habe aber einen *männlichen* Vollbart. Er hole sich Männliches von mir, ist sofort darauf sein Kommentar, verbunden mit der Frage, ob dies legitim ist. »Ja«, lautet meine Antwort, »das ist eine therapeutische Beziehung.« Was hole ich mir von ihm, bekomme ich zu hören. Das, was er mir gibt, nehme ich an, verarbeite es und gebe es ihm zurück, antworte ich. »Ja, ja, Sie sind noch mein Rückgrat, aber eines Tages wird es anders.«

Diese Sitzung kann man unter verschiedenen Aspekten betrachten. Sicher sind primitiv gespaltene Vorstellungen mit introjektiv-projektiver Besetzung verknüpft. Die primitive Spaltung lässt den Patienten äußere Objekte, einschließlich seiner Therapeutin, nur als gut oder böse sehen. Allerdings hätte eine vorzeitige Konfrontation mit der primitiven Spaltung an dieser Stelle die Entfaltung des Hintergrunds verhindert, die für ein analytisches Durcharbeiten dieser der Abwehr dienenden Anpassung nötig ist. An dieser Stelle möchte ich nur einen Aspekt vom Nachttraum aufgreifen, und zwar den, dass ich als Frau einen Vollbart trage und sich Patient und Therapeutin aneinander kuscheln. Erotische Momente mögen sicherlich eine Rolle spielen, aber das Wesentliche ist in meinen Augen hier etwas anderes. Die Identifizierung durch Inkorporation und Introjektion, beziehungsweise die Anwendung von primitiven, projektiven Mechanismen, die bei jedem psychotischen Menschen gleichzeitig auftreten, finden auch bei Josef mit derselben Gültigkeit statt. Während die ungewollte Identifizierung durch Inkorporation des bösen Objekts bei der Sitzung mit der Feinkostverkäuferin entscheidend war, ist es bei dieser zweiten Sitzung mit dem Nachttraum der so genannte Prozess der projektiven Identifizierung. Hierbei hat Josef Teile seiner eigenen, ursprünglich als minderwertig erlebten Männlichkeit, in das Subjekt (= Therapeutin) projiziert, die zweifelsohne dadurch eine massive Aufwertung bekommen. Das Kuscheln bedeutet somit eine Art erste Tuchfühlung, ein zärtliches Annehmen-Können der eigenen männlichen Anteile in meiner Person, die ihn auch liebend annimmt, so wie er ist.

Wichtige Abwehrformen für die schizophrene Dynamik

Die projektiv-introjektive Bezogenheit des psychotischen Menschen macht auf der einen Seite den Beziehungsaspekt in der zwischenmenschlichen Kommunikation sehr wichtig. Auf der anderen Seite können schizophrene Symptome als Konfliktausdruck zwischen den einzelnen psychischen Instanzen angesehen werden. Bei der psychotischen Dekompensation überflutet das Es mit seinen nicht durch Verdrängung zurückgehaltenen Triebimpulsen das Ich und unterminiert die Realitätsprüfung.

Im Gegensatz zur neurotischen Persönlichkeitsorganisation, bei der sich die Abwehr um den zentralen Mechanismus der Verdrängung fokussiert, finden sich beim Menschen mit psychotischem Organisationsniveau die so genannten primitiven, um den Mechanismus der Spaltung zentrierten Abwehrformen. Diese »primitiven« Mechanismen schützen das Ich vor Konflikten, indem sie konträre Erfahrungen des Selbst und der Objektwelt voneinander getrennt halten. Für das Verständnis der schizophrenen Dynamik ist es sinnvoll, diese Abwehrformen zu kennen.

Nach Jacobsen (1964) und Kernberg (1989) differenzieren sich libidinöse und aggressive Triebe im Verlauf der ersten Lebenswochen. Während dieser Zeit entwickelt der Säugling durch seine Interaktion mit der Mutter eine so genannte Selbst-Objekt-Repräsentanz, die libidinös besetzt wird. Das Gegenstück zu dieser Konstellation bildet eine etwas später entstandene, nun aggressiv besetzte Selbst-Objekt-Repräsentanz. »Gute« und »böse« Konstellationen existieren zunächst nebeneinander. Wenn sich allmählich die Ich-Grenzen konstituieren, werden die Selbst- von den Objektrepräsentanzen gespalten. Im so genannten Stadium der entwicklungsbedingten psychologischen Spaltung existieren »gute« und »böse« Selbstrepräsentanzen und entsprechende »gute« und »böse« Objektrepräsentanzen. In dieser Phase der Entwicklung und Internalisierung von Objektbeziehungen wird Selbst vom Nicht-Selbst unterschieden, aber das Ich ist noch unfähig, die polarisierten Teilrepräsentanzen zu integrieren.

Im Verlauf der weiteren Entwicklung, etwa im Alter von zweieinhalb Jahren, bildet das Ich des Kindes zunehmend integrative Fähigkeiten aus, so dass »gute« und »böse« Selbst- und Objektrepräsentanzen eine Legierung erfahren. Später verwendet das Ich keine Spaltung mehr und es entsteht eine Objektkonstanz; das Kind kann gegenüber den neuen integrierten und allmählich der Realität entsprechenden ganzen Selbstbildern und Objektvorstellungen mehr Ambivalenz ertragen und aushalten.

Bei Menschen mit frühen Störungen, wie beispielsweise im Fall der psychotischen Persönlichkeitsorganisation, verändert die entwicklungsbedingte Spaltung ihre Funktion und übernimmt die führende Rolle in der Abwehr. Sie wird dann defensive Spaltung genannt. Nach Kernberg (1993) ist das Ziel der Spaltung zu Abwehrzwecken, die verinnerlichte »gute« Beziehung mit der Mutter vor der Verunreinigung mit der schlechten Erfahrung, die der Betreffende mit ihr hatte, zu schützen (s. Bild 7, Seite 200).

Um den zentralen Mechanismus der Spaltung gruppieren sich andere »primitive« Abwehrformen, wie die projektive Identifizierung, die primitive Idealisierung, die Verleugnung, die Omnipotenz und die Entwertung. Kernberg (1989, 1993) sieht die projektive Identifizierung als Tendenz oder Impuls eines Menschen, sie auf einen Anderen zu projizieren, anstatt sie selbst zu erleben, Durch die kreisförmige Bewegung von Projektion und Retrointrojektion besteht Angst vor dieser anderen Person, da sie scheinbar unter dem projizierten Impuls steht. Außerdem besteht das Bedürfnis, diese bestimmte Person zu kontrollieren, indem sie zu einem bestimmten Verhalten provoziert wird, das oberflächlich betrachtet die Projektion bestätigt.

Die primitive Idealisierung als Abwehrmechanismus kennzeichnet die Tendenz, äußere Objekte als ausschließlich »gut« wahrzunehmen und ihre positiven Eigenschaften, bis hin zur Ausblendung von alltäglichen, menschlichen Fehlern, übertrieben darzustellen.

Das Gegenstück der Idealisierung ist die vollständige Entwertung anderer beziehungsweise die Wahrnehmung dieser Personen als gefährlich und verfolgend. Sowohl die Omnipotenz wie die Entwertung sind Derivate der Spaltung (Kernberg 1989, 1993). Die Verleugnung wird durch die Existenz emotional voneinander unabhängiger Bereiche des Bewusstseins dokumentiert: Diese Patienten sind sich dessen bewusst, dass ihre Affekte in Bezug auf sich oder andere extremen Schwankungen unterliegen. Mal sind sie ausschließlich gut, mal nur böse oder schlecht, aber diese Erkenntnis hat für die erlebende Person zu dem bestimmten Zeitpunkt keine emotionale Relevanz.

Das charakteristische Überwiegen der oben beschriebenen, primitiven (= unreifen) Abwehrmechanismen, wie Spaltung, primitive Idealisierung, projektive Identifizierung, Verleugnung, Omnipotenz und Entwertung, bildet laut Kernberg die so genannten »spezifischen« Aspekte der Ich-Schwäche.

Er hat das Konzept der Ich-Schwäche ausgearbeitet und unterscheidet neben den spezifischen auch »unspezifische« Anzeichen wie
- mangelhafte Angsttoleranz – »lässt sich daran ermessen, inwieweit jede Steigerung von Angst über das gewohnte Maß hinaus zu weiterer Symptombildung führt«;
- mangelnde Impulskontrolle – »erscheint in Form einer unberechenbaren, sprunghaften Impulsivität als unspezifische Reaktion auf jeden stärkeren Anstieg von Angst oder Triebspannung, gleich welcher Art«;
- mangelhaft entwickelte Sublimierungen.

Kernberg formuliert hierzu: »Kreative Genussfähigkeit und kreative Leistungsfähigkeit sind die beiden wichtigsten Aspekte der Sublimierungsfähigkeit; sie sind auch die besten Indikatoren dafür, in welchem Ausmaß der Patient über eine konfliktfreie Ich-Sphäre verfügt und daher ist umgekehrt ihr Fehlen ein wichtiger Indikator für eine Ich-Schwäche« (Kernberg 1983, S. 41ff.).

Zusammenfassend kann man sagen, dass die Psychodynamik einer psychotischen Erkrankung, wie die einer Neurose, darstellbar und mit den ungünstigen Veränderungen auf einer frühen Entwicklungsstufe begründbar ist. Auf der Grundlage einer frühen Störung in der Beziehung zu den primären Bezugspersonen kommt es zu einer Beeinträchtigung der Ich-Entwicklung mit entsprechenden Konsequenzen für die Triebentfaltung. Das Resultat mündet nach Mentzos (1989) in ein Dilemma zwischen selbstgerichteten und objektgerichteten Tendenzen. Pathologische Objektbeziehungen in den frühen Entwicklungsphasen, in denen keine klaren Grenzen zwischen den Beziehungspartnern vorliegen, führen zum Misslingen der Individuation. Somit wird die Grundlage für die gesunde Entwicklung weiterer, reiferer Bindungs- und Triebkonflikte entzogen. Eine phasengerechte, adäquate Lösung des ödipalen Konflikts ist nicht mehr möglich, da eine dazu nötige Identifikation mit dem gleichgeschlechtlichen Elternteil als existentielle Bedrohung empfunden wird.

14 Die Therapeutische Zweierbeziehung

Die Psychoanalyse mit ihren richtungsspezifischen Theorien und Konzeptionen unterliegt als Wissenschaft einem Wandel. Die psychoanalytischen Grundkonzepte von Übertragung/Gegenübertragung und Widerstand sind von Anfang an tragende Säulen der erfolgreichen psychoanalytischen Behandlung gewesen. Michael Ermann greift das Konzept der hilfreichen Beziehung heraus, das »klinische Vorstellungen über die Wirkung der Psychoanalyse als Psychotherapie unter dem Aspekt der Objektbeziehung in der psychoanalytischen Situation umfasst«. In Übereinstimmung mit Horst Kächele (1988) unterscheidet er in der analytischen Therapie spezifische von unspezifischen Beziehungsfaktoren, die zum Erfolg beitragen. Von den letztgenannten erscheinen die Betroffenheit und die Involviertheit des Patienten, die Aktivität des Therapeuten und das Zusammenpassen von Patient und Therapeut besonders wichtig. Zu den spezifischen Beziehungsfaktoren zählen die psychoanalytische Haltung, der Umgang mit Regeln und Rahmen sowie der Deutungsprozess (Ermann 1996, S. 8).

In der älteren Literatur (vgl. dazu die puristische analytische Auffassung aus den 40er Jahren des 20. jahrhunderts, die weit bis in die 60er Jahre ihre Gültigkeit behielt) werden Beziehung und Deutung als zwei Interventionstypen unterschieden. Diese Eigentümlichkeit des Auseinanderhaltens geschieht unter der konzeptuellen Vorstellung der Neutralität beziehungsweise Abstinenzhaltung.

Die heutige, moderne Interaktionssituation zwischen Analytiker und Analysand nähert sich wiederum idealerweise eher einer »symmetrischen Beziehung« (Ermann 1996, S. 12-21). Diese Wechselseitigkeit impliziert auch die Ebene des Erlebens. Gute Therapeuten sind bemüht, emotionale Anteile der unbewussten Interaktion zu erkennen, indem sie induzierte Eigengefühle als diagnostisches Instrument einsetzen. Damit treten sie in Kontakt mit dem Selbst des Patienten, aber auch mit den verinnerlichten Personen aus seiner Erlebniswelt. Die Deutungsarbeit erfolgt dann im nächsten Schritt.

Auf väterliche sowie mütterliche Beziehungsmodi angewandt, könnte man laut Johannes Cremerius (1979) bei klassisch-technischer Abstinenzhaltung die klärende, deutende Arbeit mit »paternistischer Vernunftstechnik« gleichsetzen, während die moderne Beziehung zwischen Therapeut und Patient die Züge einer eher »mütterlichen Holding-Therapie« nach dem Prinzip der »korrektiven emotionalen Erfahrung« erhält. In diesem Zusammenhang hat Ermann (1996) integrative Arbeit geleistet, indem er beschreibt, dass »Deutungen nicht nur Einsichten eröffnen können, sondern dass das Deuten der Übertragungsbeziehung selbst einen Beziehungsmodus darstellt, der eine Neuerfahrung möglich macht«, und dass »zutreffende Übertragungsdeutungen ... ein zentrales Element der Beziehungsarbeit sind ...; so wird die Deutung zum Medium, indem die Beziehung sich vermittelt und eine sprachlich symbolisierte Gestalt annimmt. Sie kann auf Dauer verinnerlicht werden und stiftet dann eine neue Beziehungswirklichkeit« (Ermann 1996, S. 50f.).

Die analytische Arbeit mit schizophrenen Menschen erfordert eine veränderte Herangehensweise. Die Psychose bezieht ihre Dynamik aus der zwischenmenschlichen Kommunikation. Hier steht die Beziehung zum Patienten ganz im Mittelpunkt der therapeutischen Bemühungen. Die Gestaltung der therapeutischen Beziehung ist nicht einfach, denn es erfordert Mut und Ausdauer, in der ständigen Auseinandersetzung mit dem psychotischen Menschen immer wieder aufs Neue mit seinen eigenen, beunruhigenden, wechselhaften und bis zu diesem Augenblick nicht gekannten Gefühlen konfrontiert zu werden. Die wichtigste Voraussetzung für die Psychotherapie von Schizophrenen ist laut Benedetti die innere Bereitschaft des Therapeuten, die Welt dieses abseits stehenden Menschen zu teilen, um so den psychotischen Spalt zu überbrücken.»Dank der eigenen Phantasie und intuitivem Verstehen taucht der Therapeut in die psychotische Welt ein und bringt es fertig, sich in das fragmentierte Erleben des Kranken hineinzubegeben« (Benedetti 1983, S. 299). Seiner Meinung nach muss der Therapeut von Psychosen ein großes emotionales Engagement aufweisen, soll vom Abenteuergeist angefeuert, vom wissenschaftlichen Interesse energetisch aufgeladen und von der therapeutischen Liebe beflügelt sein. Und genau diese ist es, schreibt er, die »die Fähigkeit kreiert, einen Menschen, der sich ohne Wert, ohne Anmut, ohne die Fähigkeit zu lieben wähnt, als wertvolles, anmutiges, schönes, liebenswertes Wesen zu empfinden«. Dank dieser Fähigkeiten stellt sich der Therapeut als ganze Person zur Verfügung. Die auf diese Art entstandene »therapeutische Mitexistenz, die psychotische Symbole in Antworten und Echo des therapeutischen Ichs umschlagen lässt, bewirkt eine Neuausgabe der Psychose im Raum der Dualität, eine Psychosynthese des desintegrierten Ichs«, äußert Benedetti (1983, S. 301-309).

Autoren wie Winnicott (1965), Kohut (1979), Fürstenau (1977) und Blanck und Blanck (1974) haben sich ebenfalls für eine sinnvolle Modifikation der psychoanalytischen Behandlung bei strukturell Ich-gestörten Patienten ausgesprochen. »*Ich-psychologisch* gesprochen, meine ich, dass der Analytiker die dem Analysanden nicht zur Verfügung stehenden basalen Ich-Funktionen für den Patienten solange stellvertretend ausüben muss, bis der Patient in der Lage ist, diese Funktionen in eigener Regie zu übernehmen. *Objekttheoretisch* gesprochen heißt das: Der Analytiker muss den Kontakt zum Patienten herstellen, in den sich isolierenden, abschirmenden Patienten libidinös eindringen. Dieser vollziehende tätige Aspekt des Umganges mit strukturell gestörten Patienten steht in einem deutlichen Gegensatz zu der gleich bleibend distanzierten, freischwebenden Aufmerksamkeit«, schreibt Fürstenau (1977, S. 197-207).

Das Arbeitsbündnis mit dem Psychotiker besteht in einer konfliktreichen und affektgeladenen Wechselbeziehung, wobei Übertragungs- und Gegenübertragungsvorgänge eingeschlossen sind, deren Bearbeitung Voraussetzung der Behandlungsmethode ist. Viele Autoren verwenden für diese interpersonelle Beziehung den Oberbegriff des psychoanalytischen

Raumes. Winnicott (1965) spricht vom »affektiven Holding«, Bion (1962, 1990) vom »kognitiven Containing«. Die therapeutische Funktion der Aufnahme und der Duldung beziehungsweise die entsprechende Verarbeitung des angebotenen Materials steht bei beiden Modellen im Vordergrund, dennoch unterscheiden sie sich ein wenig voneinander. Für Ross Lazar (1990, 1993) beinhaltet »Container-contained« im Gegensatz zum »Holding« einen aktiven mentalen Vorgang. Es ist eine Transformation, deren Produkt die Entstehung von Deutungen ist. Winnicotts (1969) Begriff »Holding Environment« ist dagegen in einem globaleren Rahmen zu verstehen, denn er beinhaltet sämtliche nährenden Aspekte der Umwelt des Kindes, inklusive realem physischen Halten. Bions Modifikation des Projizierten durch das therapeutische Prisma stellt wiederum einen dynamischen Prozess der »Entgiftung« dar. Er unterstreicht die Bedeutung des Therapeuten, sich als Container für seinen Patienten zur Verfügung zu stellen. Indem der Therapeut die aggressiven Affekte des Kranken in sich aufnehmen und »bewahren« kann, ohne sofort auf dieses Gefühlsangebot zu reagieren, entlastet er ihn. In einem nächsten Schritt können diese durch das therapeutische Ich modifizierten Gefühle für das Erkennen der gegenwärtigen Beziehungswünsche genutzt werden. Die entsprechende therapeutische Haltung erfordert vom Arzt eine hohe Frustrationstoleranz und disziplinierte Affektregulierung. In einer solchen Atmosphäre des Vertrauens, der Entlastung und des Angenommenseins braucht der Kranke nicht zu fürchten, dass er den Therapeuten mit seinen archaischen Liebes- und Hassgefühlen auffrisst oder zerstört. Auch Harold Searles (1964) beschreibt, wie wichtig es gerade bei stark gestörten Patienten ist, eine kontrollierte therapeutische Symbiose entstehen zu lassen. Diese Einstellung erleichtert die Fähigkeit, empfänglich für die projektiven Identifizierungen eines Patienten zu sein, sich vom Patienten benutzen zu lassen, dabei jedoch genügend abgegrenzt und getrennt zu sein, um dieses Geschehen nicht nur beobachten, sondern auch kontrollieren zu können.

Wie bereits erwähnt, ist die Einsicht des Kranken, mit dem Therapeuten zu kommunizieren, einer der wichtigsten Aspekte bei der Behandlung psychotischer Patienten. Entsprechend der introjektiven-projektiven Bezogenheit des schizophrenen Menschen vollziehen sich die Übertragungs-/Gegenübertragungsphänomene als zirkulärer Prozess. In Anlehnung an die Arbeit von Heinrich Racker (1978) nennt Kernberg (1993) den Empfang dieser nonverbalen Mitteilungen seitens des Patienten »Probeidentifizierung des Analytikers«, die eine Form der Regression im Dienste des Ich darstellt. Racker unterscheidet seinerseits bei der Benutzung der Gegenübertragungsreaktion zwei Typen der Identifizierung. Unter einer *konkordanten* Identifizierung wird die Identifikation des Therapeuten mit einem Selbstaspekt des Patienten verstanden – der Analytiker erlebt das gleiche Gefühl, wie es der Patient im selben Augenblick empfindet (Empathie ist direkter Ausdruck einer konkordanten Identifizierung). Bei einer *komplementären* Identifizierung, setzt sich der Analytiker nicht mit dem Selbst des Patienten gleich, sondern mit dessen Objektrepräsentanz. In dieser Situation erlebt der Therapeut die Gefühle, die der Patient seinem Übertragungsobjekt zuschreibt (Kernberg 1992, S. 71f.). Nach diesem Autor wechselt der Analytiker ständig zwischen diesen beiden Arten von Gegenübertragungsidentifizierungen hin und her. Dieser Prozess bewirkt beim Therapeuten eine umschriebene Auflösung der Ich-Grenzen im Bereich seiner Interaktion mit dem Patienten. Während dieser Zeit läuft im Analytiker ein Prozess des Durcharbeitens ab. Kernberg nennt diesen Umstand *Aktivierung einer primitiven Selbst-Objekt-Dyade*. Der innere Gefühlszustand des Therapeuten kann oft ein Hinweis auf die Existenz von Selbst- und Objektrepräsentanzen darstellen, die der Patient in ihm evoziert hat. Das Registrieren solcher Befindlichkeiten kann als therapeutisches Instrument in der Beziehung zum Patienten eingesetzt werden. Der Therapeut soll sich die aktivierte Selbst-Objekt-Dyade bewusst machen und sie dem Patienten mitteilen.

Zum Beispiel veranlasst mich Josef, ihm Hilfe anzubieten, um sie anschließend verärgert abzulehnen. Er erlebt die helfende Hand als angriffslustig und bekämpft sie. Der Patient wehrt auf diese Weise eine Selbstrepräsentanz ab, in der er sich als unzulänglich und als machtlos erlebt. Indem er sie mir überstülpt, kann er sich davon »distanzieren«. Wenn ich diesen Rollentausch erkenne, zunächst akzeptiere und ohne wütend zu werden, die Ohnmacht nicht als die meine, sondern als die seine wahrnehme, bin ich imstande, diese entsprechend zu deuten. Das Ansprechen dieser als unerträglich empfundenen, abgespaltenen und projizierten Gefühle bewirkt eine Veränderung in der therapeutischen Situation.

Die maßgebliche Dimension der Arbeit mit dem schizophrenen Menschen ist das Hier und Jetzt. Das Ergebnis der Begegnung zwischen Therapeut und Patient ist ein gemeinsames Werkstück aus den unbewussten Intentionen beider Beteiligter. »Der Analytiker reagiert mit seinen eigenen inneren Bildern – konkordant oder komplementär – unbewusst auf die Beziehungsangebote des Analysanden. Er erlebt unbewusst in der Identifizierung mit dem Patienten oder seinen inneren Objekten, fühlt sich wie der unbewusste Teil seines Patienten oder wie seine verinnerlichten Partner und stellt dazu eben jene eigenen verdrängten Erlebnisse zur Verfügung, auf die es ankommt« (Ermann 1996, S. 56). Das Aufspüren der induzierten, als eigen erlebten Gefühlslage sowie deren Bewusstmachung bilden die Basis für die anschließende Deutung. Die Deutung verkörpert dann laut Gill das Verstehen und gibt dem gedeuteten Erleben einen Platz in der konkreten, fassbaren Beziehung. Unter dem Aspekt der Objektbeziehung verschmelzen dann Beziehung und Übertragungsdeutung zu einer sinnvollen Einheit.

Auch nach Benedetti (1983) erfährt die psychotische Welt des Patienten eine gewisse Verwandlung, sobald sich der Therapeut hineinbegibt und dort anstelle des Kranken handelt. Im dualen Raum einer kontrollierten, therapeutischen Symbiose wird der Rahmen geschaffen, in dem der psychotische Mensch sich selbst im Therapeuten finden kann. Er spricht in diesem Zusammenhang von der »Dualisation des psychotischen Systems«. Indem der Therapeut sich in die psychotische Landschaft hineinversetzt und dort durch positivierende Einfälle und Phantasien das Schwache ins Starke umwandelt, führt er die negative Existenz seines Patienten in die eigene über und verschafft ihm eine »Leihexistenz« (1983, S. 169). Diese vom Therapeuten ausgehende »Positivierung« des negativen psychotischen Erlebens schafft die Basis für eine allmähliche Psychosynthese. Benedetti beschreibt zwei stufenweise angewandte Komponenten der therapeutischen Arbeit, die Psychosynthese und die Analyse. Bei der Psychose müssen zunächst die Ich-Fragmente erkannt und durch die Psychosynthese integriert werden, bevor die Psychoanalyse angewandt werden kann.

Die nun folgenden Beispiele liefern ein anschauliches Bild, wie die oben beschriebenen Ansätze in der psychotherapeutischen Praxis umgesetzt werden.

15 Kasuistik Bernd

Bernd leidet an einer chronischen Psychose aus dem schizophrenen Formenkreis. Er hält an seinem Wahngebäude fest, der Auserwählte zu sein, der eine Ewigkeit gefoltert werden soll, und berichtet in denkzerfahrener Weise über kommentierende Stimmen. Affektiv wirkt er ausgesprochen starr, auch Blickkontakt lässt sich nicht herstellen. Im Verlauf seines stationären Aufenthalts, während einer schweren psychotischen Regression, in der er weder selbständig gehen noch essen kann, beginne ich mit ihm zu arbeiten, zumal er auf die Gabe von sämtlichen Neuroleptika mit einer schweren Leukopenie reagiert. Vier Mal in der Woche stehe ich Bernd für eine halbe Stunde zur Verfügung.

Was sich in dieser Zeit alles zwischen uns abspielt, weiß ich nicht mehr im Einzelnen. Ich weiß nur, dass ich fest entschlossen bin, ihm ein Stück Leben zu schenken. Wiederholt pralle ich an der autistischen Mauer ab, schweige mit ihm, leide Ewigkeiten und bleibe oft verzweifelt und ratlos zurück. Er nimmt zu dieser Zeit in meinem psychischen Erleben einen wichtigen Platz ein. Die Affektstarre, seine emotionale Unzulänglichkeit und das mutistische Verhalten bereiten mir oft seelische Qualen. Manchmal spüre ich in mir die stumme Frage: Warum tust du dir das nur an und ist das denn so wichtig, was du tust? Die Antwort darauf liefert Benedetti (1983), indem er den Therapeuten auffordert, das psychopathologische Verhalten auszuhalten. Somit bietet die behandelnde Person dem Patienten die Möglichkeit, das Abnorme seiner Psyche, das Närrische und das Böse in sich anzunehmen. Das Aushalten bedeutet dann ein wirkliches Getragenwerden.

Mehrere Monate später sagt Bernd plötzlich, dass er sich in einem Eisblock befinde. Nach meiner Intervention, die damals mehr aus einer inneren Not als aus dem Wissen um die helfende menschliche Wärme geboren war, zeichnet sich eine allmählich deutlich werdende, affektive Auflockerung ab. Er beginnt, von sich aus mehr zu reden, ist aber zeitweise noch hochgradig denkzerfahren.

»In der abgründigen Angst vor all dem, dessen man so unabdingbar bedarf, entsteht nun das psychotische Symptom bzw. die bizarre ›sinnlose‹ Kommunikation, die sich hinter undurchdringlichen Mauern verbirgt und die von keiner Bezugsperson semantisch wahrgenommen und entschlüsselt werden kann«, schreibt Benedetti (1983, S. 190).

Ich versuche, seine Sprache zu sprechen, wobei ich oft selbst nicht verstehe, was gesprochen wird; ich lasse mich von meinem inneren Führer leiten. Es gibt Tage, an denen ich anschließend verwirrt zurückbleibe, von der leisen Angst beschlichen, jetzt womöglich auch psychotisch zu werden.

Laut Benedetti tue ich das Richtige. Ich bleibe mit Bernd »im Symptom«, höre auf das Symptom und kann auf diese Weise »alle Gemütserscheinungen miterleben, die der Kranke ausschließlich innerhalb seiner Symptomerscheinungen erfährt« (1983, S. 191).

Will ich Bernd verstehen, muss ich meine Logik zurücklassen und mich auf seine verschlüsselte Sprache einlassen, um an seinem psychotischen

Leben teilhaben zu können. Außerdem bedeuteten die zerfahrenen Äußerungen nach der autistischen Kluft sowieso einen Fortschritt für seine kommunikative Situation.

In dieser Zeit erzählt mir Bernd einen Traum von einem Gefäß, das wie durch Geisterhand berührt, in viele Scherben zersplitterte. Darauf träume ich, dass ich mich auf einem Schiff befinde, das auf einen Wasserfall zusteuert und zusammen mit mir in die Tiefe stürzt, wobei aber alles ganz bleibt. Hier greift wohl die dialogische Positivierung nach Benedetti (1983) auf der unbewussten Ebene ein. Ohne deutendes Vorgehen teile ich dem Patienten meinen Traum mit, worauf sich Sitzungen häufen, in denen Bernd selbst geordneter wird. Die Gespräche verlaufen jetzt so, dass ich gelegentlich an das anknüpfen kann, was er mir zuspielt, und er das Zugespielte in der Antwort zurückwirft. Bernd merkt, dass ich den flüchtigen Gedanken, das zufällige Wort verstehe, ist selbst aber frei, das Angebot fallen zu lassen, auf ein anderes Thema überzugehen oder auf ein vorhergehendes zurückzukommen. In diesen Situationen folge ich ihm ohne Enttäuschung und nicht müde, ihm mitmenschlich zu begegnen.

Nach Benedetti ist das Hauptziel der Psychotherapie von Psychosen die Aktivierung und Integration abgespaltener Selbst-Aspekte im Patienten, wobei sich dieser Prozess zu Beginn im Therapeuten und erst später im Kranken gestaltet. Der Traum des Therapeuten gilt als Indikator für den Verlauf des Integrationsprozesses von Symbiose und Abgrenzung, der sich in der behandelnden Person vollzieht. Die psychotherapeutische Arbeit besteht auch darin, die Phantasien des Patienten durch Spiegelung (in dem Fall durch meinen Traum) zu bestärken und durch Einflechten von Primärprozesshaftem zu vernetzen. Dadurch wird der Symbolisierungs- und Sekundärprozess aktiviert.

In der darauf folgenden Zeit äußert Bernd einmal das Bedauern, nur eine Apfelsine nach dem Mittagessen bekommen zu haben. Ich hole ihm sofort eine übrig gebliebene Orange aus der Stationsküche. Animalisch gierig und laut schmatzend, verschlingt er die Frucht in drei großen Happen. Die Apfelsine ist ein uraltes Symbol der Liebe und der mütterlichen Nahrungsgabe. Symbolisch heißt es hier, das psychotische Erleben eines emotionalen Hungers zu befriedigen. Dem schizophrenen Menschen, der Symbolisches als Konkretes auffasst, wird über die konkrete Geste jenes Symbol zurückgegeben, das ursprüngliche Bedürftigkeit erfüllt. Das Erleben mit der Apfelsine bedeutet auch eine beglückende Kontaktaufnahme von Bernd mit seiner Therapeutin (kräftiges Hineinbeißen in die dargebotene Nahrung). Das Geschenk der Frucht bedeutet auch das Zulassen libidinöser Triebregungen auf der symbolischen Ebene – und zwar in einer zulässigen und erträglichen Gestalt.

Anschließend entwickelt Bernd mehr Eigenaktivität, verlangt Ausgang, um sich selbst Orangen zu kaufen, geht zum Friseur und achtet mehr auf seine Kleidung. Gleichzeitig drängt er zunehmend auf seine Entlassung. Da er nun einen deutlich verbesserten Umgang mit der Realität zeigt, gebe ich seinem ständigen Drängen trotz meiner Bedenken nach, er sei noch nicht ausreichend stabilisiert.

Nach der Entlassung nimmt Bernd seine ambulanten Termine zunächst regelmäßig wahr und macht selbständig Unternehmungen in der Stadt. Kurze Zeit später bahnt sich ein neuer Schub an: Bernd fühlt sich zunehmend beobachtet und spricht vermehrt darüber, dass er gefoltert werden werde.

Im Rahmen eines ambulanten Termins muss Bernd eine kurze Zeit im Wartezimmer Platz nehmen, wo jemand unglücklicherweise ein Buch über Hexenverfolgung im mittelalterlichen Deutschland liegen gelassen hat. Der Patient verarbeitet die Situation paranoid: Das Buch liege seinetwegen auf dem Tisch, um ihm zu sagen, dass er gequält werde. So werde ich zur Zielscheibe böser Projektionen: Ich sei die böse Hexe, die ihn nicht in Ruhe lasse. Anschließend erscheint er nicht mehr zur Therapie. Unser Fachpfleger findet ihn in seiner Pension, erneut im autistischen Rückzug, unrasiert im Bett liegend, mit zugezogenen Gardinen. Kurz nach seiner erneuten Einweisung muss ich ihn für eine ganze Woche verlassen, da ich in einer anderen Stadt einen Workshop zu leiten habe. Prompt entwickelt sich ein erneuter, hochgradig regressiver Zustand. Bernd schreit beim Essen wie ein Baby, legt sich ins Bett, strampelt wie ein Kleinkind, lässt sich zu Boden oder in die Arme des Pflegepersonals fallen und macht in die Hose. Verzweifelt ruft mich mein Assistent an und fragt um Rat. Wir beschließen, voll auf seine regressiven Wünsche einzugehen und ihm viel Zuwendung zu geben.

Bei hoher Gefährdung des Ich und in einer zunehmend aussichtslos werdenden sozialen Situation, scheint bei psychotischen Menschen eine Regression differenzierter Liebesbedürfnisse auf körperliche Ansprüche stattzufinden. Im Gefüttert-, Gewaschen- und Berührtwerden möchte der Patient eine mitmenschliche Situation integrieren. Soziale Strukturen der Geborgenheit fehlen und sollen durch vital bedingte Situationen erweckt werden. Die Regression scheint im Dienste der Ich-Bildung zu stehen. Die Erfüllung rein körperlicher Bedürfnisse auf der regressiven Ebene ersetzt die nicht erreichbaren Bedürfnisse auf geistiger Ebene.

Mit meinem Erscheinen auf Station geht es Bernd schlagartig besser. Er steht auf, nimmt allein die Mahlzeiten ein, wirkt jedoch in den Sitzungen affektiv unnahbar, starr und schweigt über lange Zeit. Er vermittelte mir den Eindruck eines verbockten Kleinkindes. Gleichzeitig habe ich aber die Empfindung, dass er sich noch mehr Zuwendung wünscht – vielleicht als eine Art Wiedergutmachung für die Zeit, in der ich ihn allein gelassen habe. Ich setze mich daraufhin ein paar Mal abends im Spätdienst an sein Bett, halte seine Hand und schweige, bis er einschläft. Ludwig Binswanger (1994) benutzt dafür den Ausdruck »gemeinsame Tragung«.

Verschiedene Autoren halten es für geboten, die Psychotherapie psychotischer Patienten in einem Zustand der erträglichen Versagung durchzuführen, wobei die Grenzen, je nach Zustand der Regression fließen. Einem kindlich regredierten Schizophrenen die aktive Fürsorge in der Ernährung und der Pflege sowie die mütterliche Zuwendung zu versagen, würde bedeuten außerhalb seiner emotionalen Reichweite zu bleiben. Viele Ansprüche der Patienten gehen zurück, wenn sie adäquat erfüllt werden. Die infantile Regression verschwindet von selbst, der Kranke reift, lernt zu verzichten und Aufgaben selbst zu übernehmen.

In dieser Zeit habe ich wieder einen Traum – Bernd und ich spielen Ball auf einer Wiese. In Wirklichkeit eine menschliche Ruine, ein Häufchen Elend, erscheint er mir im Traum in seiner vollen Größe von 1,90 Meter, vital, kräftig und männlich. Er belehrt mich, dass ich, um den Ball zu fangen mit der rechten Hand ausholen, aber mit der Linken fangen müsse. Im Traum erweise ich mich als gelehrige Schülerin und habe das Gefühl, das Ballwerfen spiele sich zwischen zwei vollwertigen Partnern ab.

Benedetti beschreibt interessanterweise unterschiedliche Arten von therapeutischen Träumen. In der einen wird der Therapeut in die trostlose Welt seines Patienten versetzt, in der anderen kann die Situation des Patienten direkt gestaltet und verändert werden. »Es gibt nicht nur therapeutische Träume, in denen der Therapeut seelische Zustände seines Patienten wahrnimmt, die ihm *so* vorher nicht bewusst waren, sondern es gibt auch Träume, die Ziele der Therapie offenbaren« (1998, S. 61).

In der Therapie fungiere ich unverändert in der Rolle des konstanten Liebesobjekts, begegne seiner Verbocktheit mit ungeminderter Zuneigung. Ende Mai wirkt Bernd erheblich selbständiger, offener, zugänglicher und interessiert sich schon für Zeitungslesen. Im Sommer zeigt sich eine gravierende Besserung im psychopathologischen Befund; zeitweise wirkt er geradezu fröhlich, es ist ihm möglich, jetzt formal geordnet, auch über banale Dinge des Lebens zu sprechen, er entwickelt zunehmend Realitätssinn und verlangt von allein, in die Tagklinik entlassen zu werden. Er verliebt sich in eine junge Krankenschwester, entwickelt Charme, schäumt vor spritzigen, geistreichen Bemerkungen und verteilt Komplimente. Gegen Ende seiner stationären Zeit ist er unumstritten der Liebling des Personals.

16 Kasuistik Josef

Der andere Ansatz psychotherapeutischen Vorgehens wird anhand der Arbeit mit einem weiteren Patienten ausführlich besprochen. Es ist eine mehrjährige ambulante Arbeit, an der er und ich beteiligt waren. So wie ich viel von ihm erfahren und gelernt habe, so hat er von meinem Bemühen profitiert, seine psychotischen Erlebnisse zu verstehen und am Aufbau einer realitätsbezogeneren Welt mitzuwirken.

Es geht für mich wie für den Patienten darum, einen Sinn und Zusammenhang zwischen scheinbar unverständlichen, sinnlosen Erlebens- und Reaktionsweisen zu finden. Das Ich des Patienten will sich als Subjekt mit einer ihm eigenen Lebensgeschichte erfahren, um die ihm möglichen und erträglichen Objektbeziehungen selbst gestalten zu können. Eine Behandlung über mehrere Jahre hat ihre eigene Geschichte, wobei innere und äußere Ereignisse eine Rolle spielen.

Ich lerne Josef im akuten psychotischen Schub während eines von insgesamt elf stationären Aufenthalten im Bezirkskrankenhaus Haar kennen. Diagnostiziert wird eine paranoid-halluzinatorische Erkrankung aus dem schizophrenen Formenkreis. Die produktive Symptomatik umfasst Wahnhaftes: Er fühlt sich durch blonde Menschen verfolgt und erlebt sich wegen seiner dunklen Haare minderwertig. Alle, auch die Eltern, sind gegen ihn. Seine Angst vor Einbrechern nimmt er konkretistisch wahr, indem er glaubt, dass die Äste des Baumes vor dem Fenster beim Sturm durch das Fensterglas eindringen und ihn verletzen können. Er hat Geruchshalluzinationen; so verbreite der Teppich in seinem Schlafraum einen giftigen Geruch. Das coenästhetische Erleben äußert sich dadurch, dass er einen Fremdkörper (Glassplitter) in seinem rechten Fuß spürt und die Angst damit verbindet, dieser könne ins Gehirn wandern und es zerstören.

Hinter diesen Phänomenen verbirgt sich eine schmerzhafte soziale Isolation. Er ist unfähig, Liebe zu empfangen und zu geben, da die Beziehungen zwischen ihm und der Umwelt von Ablehnung, Wut und Zerstörung beherrscht sind. Seine psychische Existenz ist bedroht – die Wahrnehmung von Leichengeruch war der Grund für einen von mehreren Suizidversuchen.

Angesichts der erlebten Gefährlichkeit der Objektwelt denke ich, dass eine rein pharmakologische Behandlung nicht die Lösung seiner Konflikte bringen wird. Außerdem spricht mich seine Fähigkeit zur Reflexion an. Er ist bereit, über seine Krankheit nachzudenken, eine Veränderung zu wünschen und dafür ein therapeutisches Arbeitsbündnis einzugehen.

Josef wird 1954 als einziges Kind einer wohlhabenden Bauernfamilie geboren. Nach der Realschule 1971 drängen die Eltern zum Abbruch der Fachoberschule. Der Einzug zum Wehrdienst erfolgt 1976, doch sechs Wochen später wird die Entlassung aus gesundheitlichen Gründen veranlasst. Das Leben auf dem Hof findet unter schwierigen Bedingungen statt.

Worin besteht seine Urproblematik? Soweit seine Erinnerung zurückreicht, wird er von der Mutter beherrscht. Bis heute bestimmt und verbietet sie seinen Umgang mit anderen Menschen, sorgt für sein Äußeres, dringt in seine Gedanken ein und verursacht ihm Schuldgefühle, wenn er für kurze Zeit das Haus verlässt. Im Vater sieht er nie ein Vorbild, da auch er von der Mutter dominiert wird. Josef ist in der Dyade Mutter–Kind stecken geblieben. Die Mutter scheint ihren Sohn als narzisstisches Selbstobjekt zu erleben; es ist ihr nicht gelungen, zwischen ihrem Selbst und dem ihres Sohnes klare Grenzen zu ziehen, zwischen ihren eigenen und seinen Bedürfnissen und Gefühlen zu unterscheiden. Sie fühlt sich als Frau unerfüllt und unvollständig und gibt ihrem Sohn zu verstehen, dass ihr Leben ohne ihn leer und sinnlos ist. Josef ist mit dem Gefühl aufgewachsen, für die Mutter da sein zu müssen.

Ernst Abelin (1975), der die Notwendigkeit einer frühkindlichen Triangulierung hypothetisch ausgearbeitet hat, berichtet von Müttern, die aufgrund ihres extrem gestörten Selbstwertgefühls ihren Kindern die Beziehung zu dritten Objekten verbieten. Seine Mutter gehört offensichtlich zu dieser Kategorie von Eltern.

Die Identifikation mit dem Vater ist in seinem Fall völlig misslungen. Unter normalen Umständen stellt die mütterliche Bewunderung für den Vater eine Hilfe für den kleinen Jungen dar, sich von seinem primären Liebesobjekt zu lösen, intrapsychisch eine Selbst- und Objektkonstanz auszubilden und sich dem Vater als Identifikationsmodell zuzuwenden. Josefs Vater, der von der Mutter völlig beherrscht und nicht bewundert wird, stellt ein klägliches Identifikationsvorbild dar.

Das Versagen des Vaters ist in der französischen Schizophrenieforschung genauer untersucht. Dem schizophrenen Kind fehlt die symbolische Funktion des Vaters, so dass es in der symbiotischen Verschmelzung mit der Mutter arretiert bleibt. Der Vater kann die Trennung der primitiven Mutter-Kind-Einheit nicht herbeiführen. Erst nach dem Übergang von einer dualen zu einer triangulären Objektbeziehung erfährt sich der Junge als ein von der Mutter abgegrenztes Selbst. Die bedrückende Distanzlosigkeit zur Mutter lässt Josef auf das Stadium der ohnmächtigen Abhängigkeit regredieren. So ist es nicht verwunderlich, wenn dem mütterlichen Boden, auf dem er steht, Giftgeruch anhaftet.

Entsprechend schwierig gestaltet sich zunächst der Verlauf der Therapie. In der ersten Zeit kann Josef keine positive Gefühlsbeziehung in der Übertragung erleben oder benennen. Vorherrschend ist ein psychotisches Misstrauen. Er denkt, dass der Staat, dessen Beamtin ich bin, ihn fertig machen und manipulieren wolle.

Laut Kernberg (1983) werden unverdaute Teil-Objektbeziehungen mit negativer affektiver Valenz aktiviert und auf mich projiziert – meine Person wird in die paranoide Verarbeitung einbezogen. So ist Josef beispielsweise davon überzeugt, da meine Stimme kalt klinge, ich habe einen metallischen Verzerrer ins Telefon eingebaut, um ihn zu schikanieren. In Wirklichkeit ist er derjenige, der mich schikaniert und damit beschimpft, dass seine zwei früheren Therapeutinnen zwar schlecht, aber immer noch besser als ich seien. In diesem Stadium der Therapie nimmt er keine Deutungen von mir an. Wichtig für ihn scheint nur die Frage: Wie viel hält diese Therapeutin aus? Um in Beziehung zu ihm zu bleiben, muss ich diesen Rollentausch akzeptieren – er in der Funktion der dominierenden, sadistisch wirkenden Mutter, ich in der Rolle des hilflosen, sich Vieles gefallen lassenden Kindes. Seine Angst, manipuliert zu werden, zwingt ihn, jedes Interesse des Subjekts an ihm und jede Zuwendung mit Ablehnung zu beantworten. In dieser Form kann er jedoch die Beziehung zwischen sich und mir annehmen.

Wenn wir Therapeuten dem schizophrenen Patienten unterstellen, dass er sich nach Liebe zu dem Objekt sehnt, während er sich zugleich davon gefährdet fühlt, so wird diese Art der Objektbeziehung verständlich. Um mit Benedetti (1983) zu sprechen, müssen wir in der Psychotherapie mit Schizophrenen lernen, Widerstandshaltungen als Schutz vor einer allzu großen, den Kranken überwältigenden Abhängigkeit zu verstehen. Gleichzeitig wird dabei auch verständlich, dass die Gegenübertragungsgefühle eine Art therapeutische Übernahme des Leidens des Patienten darstellen, also eine Art Aufnahme der unerträglichen Emotionen. Ich wirkte wie ein Container im Sinne von Bion (1962, 1990), in den affektiver Unrat gesteckt und gelagert werden konnte, bis er wieder für den Patienten erträglich geworden war. Laut Kernberg handelt es sich um die kognitiv integrierende Funktion des Therapeuten, welche sich in seiner Fähigkeit spiegelt, zu ertragen, was der Patient bei sich anfänglich nicht aushalten kann. Dies versetzt den Patienten in die Lage zu akzeptieren, was früher allzu schmerzlich war.

In dieser Zeit habe ich einen Traum: Josef kommt nicht in der Eigenschaft als Patient, sondern als Freund an meine Haustür und bittet um Einlass. Auf meine Traumerzählung reagiert Josef freudig überrascht und fühlt sich bestätigt und angenommen. Die Intensivierung der Beziehung ermöglicht ihm, Anteile von mir in sich aufzunehmen und weiterhin Anteile von sich, an mich abzutreten. Erinnern wir uns doch an den Traum von ihm, in dem ich, die Therapeutin, männlichen Bart trage, als Beispiel für positive projektive Identifizierung (Kapitel 13, S. 153 ff.). Sein letzter Suizidversuch im Dezember 1990 verändert die therapeutische Beziehung. Im betrunkenen Zustand steigt er in die Isar; als das kalte Wasser Ernüchterung bringt, geht er nach Hause. Einen Tag später erzähle ich ihm, seine Eltern haben mich angerufen. Ich bin besorgt gewesen und sage ihm direkt, dass ich möchte, dass er weiterlebt. Natürlich werden auch die Umstände des Suizidversuchs besprochen. In einer der darauf folgenden Sitzungen berichtet Josef, wie sehr dieser eine Satz in seiner Erinnerung geblieben ist, denn für ihn ist wichtig, dass ein Mensch will, er möge weiterleben. Mit seinem Suizidversuch will er das auch bezwecken. Die Übertragung bekommt zunehmend positive, ja idealisierende Aspekte.

Der Umgang mit diesen primitiven Übertragungen als Spiegelung aktivierter, früh verinnerlichter Objektbeziehungen erfordert spezielle technische Parameter in einem Behandlungssetting, das der analytisch orientierten Psychotherapie entspricht.

Der Analytiker muss sich ständig vergegenwärtigen, dass nicht neurotische Strukturkonflikte, sondern Entwicklungsdefizite die Störung ausmachen. Der Schwerpunkt der regressiven therapeutischen Beziehung liegt eher im vorsprachlichen Bereich. Die Arbeit setzt nicht am Verdrängen, sondern am Defekt an: Die Übertragung wird zur Wiederholung objektiv erlebter Beziehungen (der frühen Mutter-Kind-Beziehung) um durch ihre entwicklungsfördernde und reparierende Haltung die Mutter-Kind-Beziehung wiederherzustellen.

Die Entwicklung positiver Übertragung wird gefördert, nicht gedeutet.

Auch negative Übertragung muss nicht immer gedeutet werden. Das freie Assoziieren nimmt erheblich geringeren Raum ein, stattdessen werden häufig Tagesereignisse aufgegriffen und besprochen.

Die psychische Belastbarkeit muss sehr genau geprüft werden, wenn man versucht, beispielsweise bei Wahn, mit Deutungen zu arbeiten. Hier hat Benedetti (1992) eine treffende Unterscheidung zwischen wahnexternen und wahninternen Deutungen vorgenommen. Die Erste beinhaltet die Konfrontation des Wahns mit unserer Realität. Die Zweite erfolgt durch ein positivierendes Symbol, das formal nach wie vor psychopathologischer Natur bleibt, aber bereits ein »Übergangssubjekt« darstellt, aus dem dann allmählich reale Verhältnisse hervortreten.

Die therapeutische Situation erfordert eine Strukturierung, die sich auf das äußere Leben des Patienten ausweitet (z. B. Unterbindung des Übertragungsagierens etc.).

Längere Schweigepausen, die dem psychotischen Menschen Angst machen, werden unterbrochen.

Bei Josef liegt nicht nur eine mangelnde Differenzierung zwischen Selbst und Nicht-Selbst vor, sondern auch eine völlig unzulängliche Integration der Selbst- und Objektrepräsentanzen kontradiktatorischer Natur. Die Spaltung der Selbstrepräsentanzen ist darin zu sehen, dass er sich einerseits als dunkelhaariger Mann minderwertig erlebte und andererseits als König auf seinem Anwesen verstanden wissen wollte. Die Objektspaltung besteht darin, einerseits die ideale Partnerin zu suchen, andererseits Prostituierte zu besuchen, die er zwar entwertet, mit denen er aber masochistische Praktiken ausübt. Die Abwehr des psychotischen Menschen bedarf eines umsichtigen Umgangs.

Es ist nicht mein Anliegen, einen Umriss der gesamten ambulanten Arbeit mit diesem Patienten zu geben. Vielmehr möchte ich anhand von ein paar Sitzungen meine Arbeit im Detail aufzeigen.

Am Ende einer Sitzung im Sommer zeigt mir Josef ein Bild (Bild 8, Seite 201), das er allein zu Hause gemalt hat. Ich bitte ihn, es mir zu erklären: Die zwei Bäume hätten die Eigenschaften Gutmütigkeit und Großzügigkeit. Der tiefer stehende sei sein Vater, der höher stehende er selbst. Da beide Bäume zu nah beieinander ständen, behinderten sie sich gegenseitig im Wachstum. Ein Stück Krone von Josefs Baum weise jedoch keine Behinderung mehr auf, deshalb könne er mehr Zweige produzieren. Die Zweige ständen für Interessen, für das feine Gespür und die erhöhte Aufnahmebereitschaft für die Umwelt.

Meine Interventionen beschränkt sich auf die Feststellung, dass beide

Bäume den Anschein machen, als seien sie ineinander verkrallt, und dass Josefs Baum mit den Wurzeln nicht auf der Wiese stehe, sondern in der Luft hinge, weswegen er den Vaterbaum brauche, obgleich dieser ihn behindere.

Diese symbolische Darstellung der Interaktion zwischen Vater und Sohn kann man sicherlich unter verschiedenen Aspekten betrachten. Mir scheint die hier dargestellte Ambivalenz am augenfälligsten: Er ist zu hilflos, um selbständig zu sein, und braucht Führung, bekommt aber nicht jene Weisung, die ihm den Weg zeigt und seinen Wunsch nach allmählicher schrittweiser Selbständigkeit berücksichtigt. Vielmehr wird er durch die Bestimmung des Vaters (z. B. auf dem Hof) klein gehalten und dominiert. Mit seiner Bitte um Weisung hängt er buchstäblich in der Luft. Wir sehen, dass die Ambivalenz keineswegs nur ein intrapsychischer Sachverhalt ist, sondern oft eine zwischenmenschliche Situation darstellt. Der psychisch Kranke, der in einer ihn bevormundenden Familie infantil geblieben ist, hat das »Recht«, sich gegen diese Familie aufzulehnen. Wenn er aber im gleichen Zug der Auflehnung ihre Folge fürchtet und spürt, der ersehnten Selbständigkeit nicht gewachsen, sondern auf die verhasste, jedoch noch schützende Autorität angewiesen zu sein, ist diese Haltung verständlich.

Zu Beginn der Therapie darf auf den Selbstwiderspruch nicht hingewiesen werden. Nur wenn die Berechtigung und die Notwendigkeit beider Tendenzen vom Therapeuten erkannt und angesprochen werden, kann dem Patienten weiter geholfen werden. Indem er sich selbst in den aufgespaltenen Seiten neu entdeckt, kann er über sich hinauswachsen.

Als »Antwort« bringt mir Josef zur nächsten Stunde wieder ein Bild (Bild 9, Seite 201). Diesmal hat er unbewusst versucht, seine lebensgeschichtliche Situation umfassender darzustellen.

Josef erklärt, auf diesem Bild repräsentiere die kleine Insel den Hof. Eltern und Sohn seien durch die drei Bäume dargestellt. Die Insel sei sehr karg, mit wenig Vegetation, deswegen brauche er ein Schiff, das Lebensmittel bringt. Er sei traurig, weil ihm die Luftballons (= seine Träume) davonflögen.

Zuerst erscheint es mir wichtig, das Gefühl der Traurigkeit über die vielen nicht gelebten, aber ersehnten, farbigen Lebensmöglichkeiten ernst zu nehmen. Ich frage: »Was kann man denn tun, damit die Träume nicht davon fliegen?« Josef antwortet, dass man sie nicht anbinden könne, weil sie die Bäume ausreißen könnten. Es erscheint mir fast überflüssig zu erwähnen, dass ich als Therapeutin das goldene Schiff symbolisiere und die basalen Bedürfnisse nach Liebe und Zuwendung, nach Akzeptanz der kargen seelischen Situation und Anerkennung für Geleistetes befriedigen soll.

In derselben Sitzung malt Josef als Antwort auf meine Frage ein neues Bild (Bild 10, Seite 202). Man brauche einen Felsen (Mutter?, Therapeutin?), berichtet der Patient, aus dem eine Süßwasserquelle komme. Außerdem sei der Felsen nötig, weil man dort Zuflucht nehmen könne, wenn das Meer die Insel zu überfluten drohe! Josef sei der linke Baum, in der Mitte stehe der Vater, rechts befinde sich die Mutter. Wichtig erscheint ihm jetzt die Tatsache, dass die drei Bäume ihre feste Verwurzelung hätten. Die zwei Ziegen (männlich und weiblich), sollen sich vermehren (Wunsch nach eigener Familie). Das Gras und das Weizenfeld stellten die günstigen finanziellen Bedingungen dar. Die Insel sei immer noch zu klein, auf ihr sei kein Platz für Menschen, kommentiert Josef. Er will eine neue Insel mit Brücke zum Festland malen, mit Haus und Familie darauf.

Die Inseln repräsentieren die psychische Fragmentierung, eine Art primitive Ich-Kerne. Diese Mitteilung wird über die Symbolisierung möglich. Indem sich Josef auf diese Weise darstellt und äußert, kann das Wesen dieser »fragmentierten Inseln« allmählich aufgedeckt werden. Benedetti und Peciccia (1994) meinen, die therapeutische Bedeutung des Symbols liege in seiner Fähigkeit, ein Stück Realität zu spiegeln, mit dem man sich auseinander setzen kann und bei dem die direkte Auseinandersetzung schwer fällt. Es geschieht etwas im Symbol, oft in Andeutungen, doch meistens im überschaubaren Rahmen; es wird dann zu einem Verbindungsglied zwischen Es und Realität. Es gehört zu der modifizierten Therapie, dass die Besinnung auf Probleme oft über die Handlung erfolgt. Das Veranschaulichen und Greifbarmachen der Konflikte erfolgt über ihre »Materialisation«. Die Handlung ist eine ursprünglichere Kraft als das Wort und stellt das erste Kommunikationsmedium des Menschen dar. Durch die Projektion auf Gegenstände, die sich als Symbol eignen, werden Identifikationsmöglichkeiten von verfügbaren, noch nicht integrierten psychischen Repräsentanzen entdeckt. Durch das Belassen im projektiven Feld (= Exteriorisierung) werden Selbst- und Objektimagines dialogisch geklärt, bis sie assimiliert werden können; man nennt das projektive Technik. Bei diesem Vorgehen werden dem Patienten seine Projektionen belassen, indem man mit ihm die Dynamik des »Anderen« in seinen Phantasien und Bildern diskutiert. Die inneren Bilder erfahren eine Verlagerung in den psychischen Außenraum. Der Patient kann sich auf diese Weise mit ihnen beschäftigen und nach entsprechender Auseinandersetzung versuchen sie zusammenzubringen. Jede Deutung, die zu schnell eine Zurücknahme der Projektion anstrebt, kann für den Betreffenden befremdlich wirken und von ihm als Entwertung missverstanden werden.

Wie bereits erwähnt, äußert Josef den Wunsch, eine Insel mit Brücke zum Festland zu malen. Da ich das angefertigte Bild nicht zur Verfügung habe, möchte ich es kurz beschreiben. Die erneut karg dargestellte Insel hat die Form eines in die Länge gezogenen Vierecks. Links ist eine Wiese gemalt, in der Mitte steht ein Kornfeld. Die rechte Seite wird von einem großen felsigen Berg ausgefüllt, aus dessen Mitte eine Quelle sprudelt, während seine vulkanische Spitze Feuer spuckt. Links neben der Insel befindet sich eine Andeutung von Festland in Form eines weiblichen Busens. Beide werden durch eine mit Akribie in sattem Braun gemalte Brücke verbunden. Die übrigen Farben erscheinen eher pastellig.

Das Festland habe die Form eines Busens, beschreibt Josef. Die Assoziation gefällt ihm nicht. Der Gedanke erinnert ihn an eine Domina, die ihn beherrschen möchte, das Festland sei ja größer als die kleine Insel. Zwar könne das Festland auch seine Therapeutin darstellen, denn die Brücke wäre mit Liebe zum Detail gemalt, kommentiert Josef, dennoch bleibt für ihn ein unangenehmes Gefühl.

Auf diese Bemerkung bin ich nicht eingegangen. Mag sein Kommentar unter dem Gesichtspunkt der Widerstandsanalyse betrachtet werden und somit eine Abwehr darstellen, so dürfen wir nicht vergessen, dass menschliches Verhalten selten eine einzige Absicht vertritt. Selbst in dem, was als Widerstand auftaucht, ist manchmal eine Offenheit verborgen. In der Psychotherapie mit Schizophrenen müssen wir uns immer vergegenwärtigen, dass Widerstandshaltungen als Schutz vor einer überwältigenden Empfindsamkeit und Abhängigkeit zu verstehen sind. Erschütternder als die neurotische Angst (wie z. B. vor Liebesverlust und Ablehnung) ist die Angst des psychotischen Menschen, die eigenen brüchigen Ich-Grenzen in der Begegnung mit einer anderen Person zu verlieren. Zu enge und bestimmende Objektbeziehungen, die den Patienten dominieren, können einen Identitätszerfall herbeiführen.

Ich versuche, sein Ich mit der Feststellung zu stärken, dass die Wikinger Bewohner einer Halbinsel waren, die die meiste Zeit auf ihren Schiffen (= kleinste Inseln) verbrachten. Sie seien auf dem Festland dennoch gefürchtet gewesen. Diese Bemerkung hätte ich besser nicht gemacht, weil ich vor dem Hintergrund seiner mangelnden Selbst-Objekttrennung außer Acht gelassen hatte, dass die Wikinger blond waren. Die gefürchteten Wikinger richten sich somit gleichzeitig gegen mich und gegen ihn!

In der nächsten Sitzung bringt mir Josef ein Bild (Bild 11, Seite 203), an dem er mehrere Stunden gemalt hat, und lächelt mich stolz an: »Das nenne ich Konfliktbewältigung!«

An der Nordseite seien hohe Berge, es näherten sich angreifende Wikinger, Schweden und Norweger. Seine Therapeutin sei das kleine »Manschgerl« rechts oben im Bild. In seinem Hass auf sie müsse er diese Figur klein malen, kommentiert Josef. Außerdem solle die Therapeutin die Suppe auslöffeln, die sie sich (ihm) eingebrockt habe. Sie müsse nun die Insel verteidigen: Diese Figur stelle seine »äußeren Abwehrmechanismen« dar. Die Schiffe stünden schon in Flammen und versänken. Auf der anderen Seite habe er sich gedacht: Die armen Wikinger, so ein kleines »Manschgerl« mache sie kaputt. Deswegen habe er am nächsten Tag einen schwarzen Drachen als Verstärkung für das »Manschgerl« malen müssen, damit das Gegengewicht besser stimme. Die »inneren Abwehrmechanismen« gegen das »Manschgerl« und den Drachen seien die Römer. Die römischen Legionen seien in Reserve. Sie sicherten den Frieden auf der Insel – sollte sich das »Manschgerl« gegen die Insel wenden wollen (= psychotisches Misstrauen gegen mich), dann müssten sie einspringen. Eine solche Wendung habe aber ein Gemetzel auf der Insel zur Folge. Doch in der Verbindung mit der bayerischen Flagge seien sie unschlagbar – erst danach könne er beruhigt zum Fischen gehen (s. zentrale Figur in der Mitte). Die Therapeutin könne aber nicht nur das »Manschgerl« und den Drachen repräsentieren, sondern möglicherweise auch die Sonne, die Quelle und das Pferd.

Ich beschränke mich in der Stunde darauf, die Bedeutung der einzelnen Symbole zu erfragen. Für ihn bedeutet die Sonne Wärme, die Quelle ist Leben spendende Weiblichkeit, das Pferd steht für Mütterlichkeit und der Drache stellt einen Schutz gegen die feindliche Umwelt dar. Danach strahlt er mich an und betont, dass das Bild Konfliktbewältigung bedeute. Gleichzeitig will sich Josef noch einmal vergewissern, ob ich gedenke, die Seiten zu wechseln. Denn an sich wolle er eine friedliche Insel, mit einer Familie ohne Kämpfer und ohne Herrscher. In der Stunde ist es nicht möglich, etwas anzusprechen, geschweige denn zu deuten. Ich behalte es im Hinterkopf, um in der kommenden Stunde, bei entsprechender Gelegenheit, über etwaige konstruktive Kommunikationsangebote der feindlichen Parteien und die Möglichkeit von Friedensverhandlungen zu sprechen.

Aus allen Äußerungen dieses psychotischen Menschen tritt uns die Angst vor Substanz- und Identitätsverlust entgegen (= Gemetzel auf der Insel). In seinen Bemerkungen sehen wir ein Charakteristikum der schizophrenen Gefährdung. Es ist die Aufspaltung in einzelne Seinsfragmente. Der Umgang mit schizophrenen Menschen fordert, dass wir zunächst im Vordergrund der Symptome und Ängste bleiben. Wir verweilen längere

Zeit bei den Bildern, anstatt sie vorschnell auf unbewusste Ursprünge zurückzuführen. Die Deutung ist sinnvollerweise mehr auf finale, als auf kausale Aspekte ausgerichtet. Der Therapeut soll nicht nach Ursachen suchen, mit denen der psychotische Kranke wenig anfangen kann, sondern Ziele ansprechen, die der Patient erreichen will, zu denen er aber den entsprechenden Weg nicht findet. In der Psychotherapie Ich-schwacher Patienten ist ein Bleiben in der mitmenschlichen Präsenz eine Notwendigkeit. Indem wir uns seinem Werdensbild zuwenden, fassen wir für ihn die gespaltenen Gegenpole zusammen. Hier gilt es, den großen Riss, der die Welt des Kranken in Gegensätze spaltet, sehr langsam in Frage zu stellen (Benedetti 1992).

In der nächsten Sitzung berichtet Josef, dass er die Klinikambulanz aufgesucht hat. Ein blonder Pfleger hat ihm beim Blutabnehmen wehgetan, was er paranoid als Quälerei erlebt hat, denn schließlich geschieht es auf Anordnung seiner Therapeutin. Beim EEG fordert ihn der Assistent auf, sich zu entspannen, und erzählt angeblich nebenbei, dass es auch Querulanten unter den Patienten gibt. Josef bezieht alles auf sich, obwohl er sich selbst nicht als Querulant erlebt. In paralogischer Weise verknüpft er diesen Zusammenhang mit dem roten Haus auf seiner Insel und fragt, was es heiße, wenn er dieses so male? Der Wunsch zu kämpfen, werde immer schwächer. In der folgenden Nacht ist ihm der Gedanke gekommen, dass EEG Elektrokrampftherapie sei. Ich, seine Therapeutin, habe es angeordnet, dass man ihn mit Elektrokrampftherapie behandeln solle. An dieser Stelle frage ich:»Nach Ihren eigenen Worten erleben Sie mich als hilfsbereiten Menschen, warum sollte ich Sie denn quälen wollen?« Seine Antwort kam prompt: In seiner Phantasie mache er mich zur strafenden Domina. Die römischen Legionen seien für ihn ein Symbol der Unbesiegbarkeit – ihr Problem sei nur, dass sie an vielen Fronten zerrissen kämpfen. Diesen Satz greife ich auf und sage:»Wenn man zerrissen kämpft, ist man schwach, wenn man vereint auftritt, ist man stark und unbesiegbar.« »Ja«, antwortet Josef, »aber Kämpfe sind doch sinnlos.« Diesen Gedanken will ich weiter positivieren und flechte ein:»Um auf Ihren Kampf auf der Insel zurückzukommen: Gäbe es vielleicht auch andere Möglichkeiten? Könnten nicht die Schweden auch eine friedliche Absicht haben?« Josef lachte daraufhin laut und befreiend auf. Ja, es gefiele ihm viel besser, sie könnten auch Geschäfte mit ihm machen wollen. Das Ergebnis dieser Stunde ist auf Bild 12 (Seite 204) zu sehen. Hier ist mein Versuch, die Symbolik seines »Konfliktbildes« zu entschlüsseln:

In Analogie zum Kernbergschen Verständnis der psychoanalytischen Objektbeziehungstheorie hat eine Regression auf Stadium II der internalisierten Objektbeziehungen stattgefunden. Undifferenzierte Selbst-Objekt-Vorstellungen des Typs »Gut« und »Böse« herrschen vor, mit der Folge, dass die Ich-Grenzen verwischt werden. Das introjizierte Objekt (= Therapeutin) wird nicht von Selbst-Teilen unterschieden und spaltet sich noch in das Bild der guten, Leben spendenden Mutter (= Sonne und Quelle) und das der bösen Mutter (= Menschen tötendes »Manschgerl« und schwarzer Drache); darüber hinaus ist es mit dem Mechanismus der projektiven Identifikation gekoppelt (= Angst, die aggressive Seite könnte sich gegen ihn richten). Die Aggression bekommt hier ein Doppelgesicht, einerseits ist sie Bote der Zerstörung, andererseits Träger der Kommunikation. Die innere Zerrissenheit äußert sich in römischen Legionen versus blonde Nordländer. Der versteckte Wunsch ist jedoch, endlich die innere Heimat zu finden (= bayerische Flagge). Durch die projektive Identifikation wird das römische Haus *rot*, voll kämpferischer Aggressivität erlebt. Die eigene destruktive Energie wird aber schuldhaft erlebt. Deswegen werden über das Über-Ich Schuldgefühle (symbolisiert durch die Befürchtung, die Polizei schaltet Querulanten aus) zu innerseelischer Qual. An dieser Stelle möchte ich noch etwas zum Thema Schuld in Bezug auf die Anordnung von Blutentnahme und EEG erwähnen. Man kann sie auch im »positiven Sinne« verstehen: Der Therapeut ist »schuld« daran, wenn ein bisher getragenes Leid sich selbst so vergegenwärtigt, dass der Kranke es unerträglich findet. Das ist die Vorstufe der Überwindung!

Das »Versagen« meinerseits wird folgendermaßen »angegangen«. Der Therapeut kann die Verantwortung übernehmen, soll aber den Patienten einbeziehen. »Ich stehe sowohl zu der Anordnung der Blutentnahme wie auch zu der Verantwortung, möchte diese jedoch mit Ihnen teilen.« Meine Äußerung wird mit einem wohlwollenden Nicken angenommen.

In der folgenden Sitzung wird ein Tagesereignis aufgegriffen. Josef berichtet mir, dass er im Zuge seiner Diät (von 99 kg vor einigen Monaten habe er sich auf 89 kg heruntergehungert) Bier und Coca Cola durch Buttermilch ersetzen wolle. Damit verbindet er die Frage, ob das Nikotin (er ist starker Raucher) auch durch die Buttermilch neutralisiert werde. Ich gebe zur Antwort, dass es wichtig sei, sich anzuschauen, warum er jetzt vermehrt Muttermilch trinken wolle. Meine Deutung wird verlegen aufgenommen, er greift jedoch prompt das Thema auf. Früher habe er masochistische Phantasien mit mir als Domina gehabt, obwohl ich immer darauf hinwies, dass es schädlich für die Therapie sei. Seit einiger Zeit könne er erkennen, wie viel Gutes ich ihm gebe, und sei imstande, es besser anzuwenden. Früher habe er zwei getrennte Bilder von mir gehabt – die Gute und die Böse, Dominierende, die ihm etwas »einprügele«. Jetzt versuche er das Weiblich-Giftige durch die gute Buttermilch zu neutralisieren. Ich muss mich fragen, inwiefern der Patient mit dieser Aussage Recht hat. Ich bin in der Vergangenheit dominant und bestimmend aufgetreten, indem ich ihn mehrmals gegen seinen Willen im akut psychotischen Schub einweisen ließ. Nicht unähnlich seiner Mutter, habe ich gewusst, was gut für ihn ist. Auch damals, nach seinem durchaus ernst gemeinten Suizidversuch, hätte ich ihn einweisen sollen – habe es nach reiflicher Überlegung aber nicht getan. Als gleichberechtigte Partner in der symmetrischen therapeutischen Beziehung haben wir, ohne stationäre Intervention, gemeinsam die Krise bewältigt. Seitdem ist auch kein stationärer Aufenthalt mehr nötig gewesen. Anzeichen psychotischer Dekompensation werden so gemeistert, dass wir intensiv arbeiten, und wenn nötig, verlangt Josef inzwischen von selbst nach einer höheren neuroleptischen Dosierung.

Als nächstes möchte ich über einen Traum des Patienten vom Oktober berichten: Es ist ein Haus, bestehend aus einem Raum mit drei Wänden. Die vierte Wand und das Dach fehlen. Darin befinden sich ihm unbekannte Leute, seine Therapeutin und er selbst. Josef vollführt Veränderungen und verstellt Möbel innerhalb des Zimmers. Als partieller Ersatz für die fehlende Wand stellt er ein niedriges Holzgestell hin. Vor dem Haus ist ein Tor mit Rahmen und Flügeln aus Draht. Das Grundstück wird jedoch nicht von einem Zaun umgeben. Josef reißt das Tor heraus, damit ein Schulkamerad namens Charly hereinkommen kann und sagt: »Lassen wir Charly herein.« Die dazugehörigen Assoziationen seinerseits sind folgende: Das Verrücken von Möbeln sei eine Versuchsaktivität. Die fehlende Wand und das fehlende Dach seien ein Symbol für die mangelnde Abgrenzung, aber mit dem hereinkommenden Charly würde die Abgrenzung besser werden – als Schreiner könne er die nicht vorhandenen Teile herstellen. Charly ist jähzornig, hat Durchsetzungsvermögen, kann sich gut abgrenzen und hat sogar Erfolg bei Frauen. Die Verarbeitung der Psychose im Traum ist offensichtlich. Josef versucht, das Ineinanderfließen von Innen und Außen durch Trennung zu überwinden. Er will nicht mehr ein ungeschütztes, offenes Haus für die Mutter sein. Es fehlen Abgrenzungen, vor allem das Dach und das Tor sind nicht mit einem Zaun verbunden. Aber er will mit Gleichaltrigen Kontakt aufnehmen und so die eigene Männlichkeit aufbauen. Josef braucht dazu ein Alter Ego (= Charly), eine Stütze für das eigene Ich (kein Leih-Ich des Therapeuten). Die Beschreibung von Charly beginnt mit einem Widerspruch in sich: Das Jähzornige, die Tatsache, dass Charly Aggressionen zulassen konnte, scheinen ihn zu beeindrucken. Gleichzeitig reißt Josef das Tor mit dem Stacheldraht (= eigene Aggression) heraus, um Charly hineinzulassen. Aber der Widerspruch ist nur scheinbar, denn die eigene Aggression wird als nicht akzeptabel erlebt und nach außen verlagert. Diese Verlagerung gibt Josef auf, um eine aggressive Durchsetzungskraft (= Charly) hereinzulassen. Außerdem ist Charly Schreiner – durch Aneignung der Fähigkeit zur Abgrenzung können Wand und Dach gezimmert werden. Und noch eine Eigenschaft des Schulkameraden ist wichtig: Er kann besser mit Frauen umgehen.

In der Psychotherapie mit schizophrenen Psychosen mache ich nicht ausschließlich von dem modifizierten psychoanalytischen Vorgehen Gebrauch. Es gibt Situationen, in denen sich ein kunsttherapeutischer Ansatz als hilfreich erweist. Ich will an dieser Stelle eine Einzelstunde aufgreifen: Josef kam ganz aufgebracht zur Sitzung. Er habe gerade eine aggressive Auseinandersetzung mit einem Mieter namens L. hinter sich. Diesen Menschen erlebte er als aufbrausend, böse und primitiv. Überhaupt sah er sich auf seinem Anwesen von lauter feindseligen Gestalten umgeben. Angesichts der massiven, diffus projizierten Aggressivität war es hilfreich, ihr eine Gestalt zu geben. Bereitwillig griff Josef zur Wachsmalkreide und malte innerhalb kurzer Zeit ein Bild (s. Bild 13, Seite 204).

Als erstes entsteht die schwarze Schlange, die für seine Eltern steht. Die anderen Mieter auf seinem Anwesen werden durch Ekel erregende Würmer repräsentiert. Der Mieter, mit dem er eben Streit hatte, nimmt einen großen innerseelischen Platz ein, denn er wird als überdimensional großer schwarzer Drache dargestellt, der Feuer speit. Die linke blasse Phantasiegestalt steht für eine weibliche Angestellte von Herrn L. Die drei roten Blitze oben im Bild stellen die Spannung auf dem Hof dar. Ganz zum Schluss fällt dem Patienten auf, dass er selbst auf dem Bild fehlt, und malt sich in Beziehung zu diesen Leuten als lichtgrüne Kugel. Da der Ärger draußen ist, malt er einen äußeren roten Ring um die Kugel.

Alles, was bisher über primitive Spaltungsmechanismen, projektive Identifizierung, strenges Auseinanderhalten von guten und bösen Selbstrepräsentanzen dargestellt wurde, findet hier komprimiert seine praktische Anwendung. Durch die hitzige Diskussion mit Herrn L. war eine früh internalisierte, unverdaute Objektbeziehung reaktiviert worden. Die Wiederbelebung solcher früh verinnerlichten Objektbeziehungen ist gekennzeichnet durch eine pathologische Verschränkung prägenitaler und genitaler Triebziele unter dem Primat prägenitaler Aggression. Man beobachtet ein Übermaß an prägenitaler, vor allem oraler Aggression, die überwiegend projektiv verarbeitet wird und damit zu einer paranoiden Verzerrung der frühen Elternimagines führt. Infolge der Projektion vorwiegend oral-, aber auch anal-sadistischer Triebimpulse wird die Mutter als potentiell bedrohlich erlebt. Der ursprünglich der Mutter geltende Hass weitet sich später auf beide Elternteile aus, wenn sie vom Kind als »vereinigtes Paar« wahrgenommen werden.

Durch die Kontamination der Vaterimago mit primär auf die Mutter projizierter Aggression, bei noch mangelhafter Differenzierung zwischen Mutter und Vater, entsteht eine bedrohliche Vater-Mutter-Imago, in der sich die Züge von beiden Eltern-Imagines vermischen. Dadurch werden später alle Beziehungen potentiell als gefährlich, von Aggression durchsetzt, erlebt. Infolge der projektiven Identifizierung erlebte Josef die Frustration, dass ihn nicht nur alle Frauen, sondern auch Männer ablehnten und ihm aggressiv begegneten.

Benedetti (Benedetti u. Peciccia 1994) benutzt bei den Bildern mit seinen schizophrenen Patienten eine bestimmte kunsttherapeutische Technik, von der ich hier modifiziert Gebrauch mache. Wenn das Gute in Josef gestärkt wird und das angeblich Aggressive von Herrn L. durchwirkt, kann ein positives Ergebnis entstehen. Die Projektion der Aggressivität auf Bild 13 ist der bildhafte Ausdruck dessen, von dem Josef ganz durchdrungen ist. Nach der bildhaften Darstellung liegt es gewissermaßen zunächst legitimerweise »draußen«. Es lässt sich von außen betrachten und erlaubt zugleich eine Lokalisierung des ausgedrückten aggressiven Affekts. Die Gestalt des Feuer speienden Drachen ist nichts Diffuses mehr, sondern bedeutet auch eine Abgrenzung. Der Boden für die Positivierung des psychotischen Erlebens ist somit vorbereitet. Das Schaffen eines »Übergangssubjekts« kann durch Stärkung nach der leihweisen Übernahme von therapeutischen Persönlichkeitsanteilen auf Bild 14 (Seite 205) erfolgen.

Der positivierenden Anregung der Therapeutin folgend kann Josef die kleine grüne Kugel in Bild 14 ausweiten und anreichern. Dadurch wird seine negative Selbstidentität stückweise korrigiert und die fehlende Positive aufgebaut. Das so gestärkte Selbst kann die Angst vor der Überflutung durch den »bösen« Drachen, das heißt durch die ausschließlich aggressiv besetzte Objektvorstellung besser bewältigen. Die Integrationsarbeit erfolgt auf Bild 15 (Seite 205).

Der Feuer speiende schwarze Drache verwandelt sich in eine weniger Angst machende lichtere Gestalt, die zumTeil sogar freundliche Züge erkennen lässt. Der innerseelische Entwicklungsprozess findet seinen Niederschlag auf Bild 16 (Seite 206).

Zur nächsten Stunde erscheint Josef gutgelaunt und berichtet, in der Nacht nach dieser Sitzung einen interessanten Traum gehabt zu haben: Frau S., eine Mitarbeiterin von Herrn L., macht eine wissenschaftliche Arbeit mit einem großen, bösen Gorilla. Josef erlebt sich im Traum als dieser Affe. Das Ergebnis dieser wissenschaftlichen Tätigkeit ist ein kleiner, fröhlicher, gutmütiger Gorilla. Frau S. ist mit ihrer Arbeit sehr zufrieden.

Der Patient deutet seinen Traum selbst: »Ich bin dieser Gorilla. Am Anfang der Bekanntschaft mit Frau S. verhielt ich mich provozierend, da sie mir attraktiv erschien. Jetzt ist daraus eine neutrale, freundliche Beziehung geworden. Frau S. hat durch ihre positive Ausstrahlung dasselbe mit mir gemacht, was wir zwei (Therapeutin und Patient) mit dem bösen Drachen gemacht haben, nämlich die Umwandlung vom bösen zum guten Tier!«

Diese Einzelstunde, in der die Verwandlung des Drachen erfolgt, ist ein anschauliches Beispiel dafür, wie ein kunsttherapeutischer Ansatz verschiedene Aspekte der traditionellen Psychotherapie vereint: Das Neuerleben der eigenen Konflikte und der negativen Affekte erfolgt in einem dualen Kontext, wobei durch die bildhafte Darstellung nicht nur eine Klärung der Probleme, sondern auch eine positive Einstellung zu ihnen als Fundament für die Entstehung neuer Entwicklungsmöglichkeiten stattfindet.

Das nächste Tagesereignis, über das ich berichten möchte, ermöglicht wiederum psychosynthetische Arbeit im verbalen Bereich. Josef kauft sich spontan ein Gemälde aus England, auf dem zwei Hähne und zwei Hennen auf einem Hof gemalt sind. Der Hintergrund stellt ein herrschaftliches Haus dar. Die Mutter hat es gesehen und sofort entwertet: »Was will er mit dem Schmarrn?« Er bringt das Bild in die Stunde und erzählt mir über seine Schwierigkeiten. Der große schwarz-weiße Hahn triumphiere über den anderen braunen Gockel. Es fiele ihm schwer, sich mit dem schwarz-weißen Hahn zu identifizieren, da die hellbraune Farbe des anderen eigentlich für den Löwen stehe, mit dem er sonst Stärke und Souveränität verbinde.

Nach Betrachtung des Gemäldes erkläre ich ihm, wie ich die Situation sehe. Er dürfe sich getrost mit allen beiden Hähnen identifizieren – der schwarz-weiße Hahn repräsentiere meiner Meinung nach seine erwachsene Seite, der hellbraune Gockel eine jüngere, nicht erwachsene Seite. Dabei lasse ich unerwähnt, dass das Schwarz-Weiß meinem Gefühl nach ein Symbol seiner starken Neigung zum Spalten ist, das Hellbraun als Mischung aus Hell und Dunkel für mich mit integrativer Tätigkeit gleichzusetzen ist. Wenn er beides annehme – das Erwachsene und das Jüngere – könne er das Bild akzeptieren, so wie es ist. In der Stunde danach erzählt Josef, dass ihm diese Betrachtungsweise Frohsinn und Wohlbefinden gebracht hat.

Eine andere Therapiestunde dreht sich um ein Messer – gleichzeitig ein Kastrationsobjekt – als Symbol für männliche Potenz. Josef berichtet, dass er aggressiv wird, wenn sein Vater beim Essen laut kaut. Anschließend hat er in der Sauna Zwangsgedanken entwickelt. Ein Messer schlitzt seinen Hodensack auf. Der Patient hat sich geholfen, indem er in der Phantasie aus dem Messer eine weiße Feder gemacht hat, mit der er seine Hoden streichelt. Auf meine Deutung, er möchte die schlechte (bedrohliche) Männlichkeit seines Vaters herausholen, bekomme ich als Antwort, dass er die Weichheit und Weinerlichkeit seines Vaters verachtet. Es ist wichtig, glaubt er, die minderwertige, weibliche Rolle des Vaters in ihm (Josef) zu verändern. »Ja, wenn wir etwas benennen, klar beim Namen nennen, wird es leichter!«, gibt der Patient zur Antwort. Das heißt die weniger bedrohliche Seite des Vaters (Weichheit etc.) – die entwertete Seite – ist benannt worden. Die existentiell-bedrohliche Seite (Josef hat Angst, dass der Vater = Menschenfresser, mit dem Messer in der Hand, ihn beim Kauen auffressen könnte) kann noch nicht als solche gedeutet werden. Der Patient versucht, sich durch phantasiertes Onanieren (Streicheln des Hodens mit der Feder = männlicher Schmuck) zu beruhigen, da das frei schwebende Messer (= aktiviertes, nicht assimiliertes böses väterliches Introjekt) noch zu bedrohlich erscheint. Erst wenn er das Messer geschützt in der eigenen Tasche hat, wird er ein ganzer Mann sein.

Ein halbes Jahr später berichtet Josef von einem weiteren Traum: Auf einer internationalen Messe (ich bin bulgarischer Abstammung) kauft er sich einen Dolch. Er bestellt sich dazu einen »Sicherungskasten«, um diesen aufzubewahren, muss sich mit der Lieferung aber noch etwas gedulden. Die Assoziation vom Patienten dazu ist: Der Dolch sei seine Männlichkeit, die er jetzt geschützt aufbewahren möchte. »Ja, wir sind beide dabei, den Sicherungskasten zu bauen«, äußert er zufrieden. Allerdings lasse ich unerwähnt, dass es noch eine ganze Weile dauern wird, bis dieser Kasten, sprich Nachreifung der Persönlichkeit, »fertig gebaut« ist.

Einige Zeit später erzählt mir Josef, dass an einem schönen Tag beide Eltern für mehrere Stunden fortgefahren sind. Mein Patient ist allein in der Küche geblieben und hat sich plötzlich einsam gefühlt – es ist eine »neue Erfahrung« für ihn, dass er die Mutter vermisst.

Die Separation-Individuation ist hier nicht gelungen. Der Patient bleibt in einer Umlaufbahn um die Mutterrepräsentanz: Nähe zu ihr verursacht Angst vor der Verschmelzung mit der »bösen« Mutter (dem Verschlungenwerden), Abstand von ihr verursacht Angst vor der Einsamkeit durch den Verlust der »guten« Mutter.

Volkan (1992) beschreibt diesen Zustand als das Bedürfnis-Angst-Dilemma. Ein Konflikt, der die Objekte gerade wegen der Übermäßigkeit seines Bedürfnisses nach ihrer Nähe übermäßig gefährlich und erschreckend macht, weil sie das Subjekt durch Verlassen zerstören können. Der Schizophrene hat ein übergroßes Bedürfnis nach äußerer Struktur und Kontrolle, da es ihm selbst an Substanz und Vermögen mangelt, sich selbst zu strukturieren.

Nach dieser neuen Erfahrung von Josef ist es möglich, die gegenseitige Abhängigkeit von Mutter und Sohn anzusprechen. Die Mutter scheint den Patienten für ihre Bedürfnisse zu nutzen, versucht ihn klein und durch Verwöhnung abhängig zu halten. Aber dieses Verhalten der Mutter bringt ihm nicht nur Nachteile, sondern er profitiert auch davon, denn es ist sehr bequem, wenn die Mutter im Haushalt alles für ihn tut. Solange er an diesem Gewinn festhält, kann sich wenig ändern.

Nach einigen Sitzungen berichtet Josef über einen Traum. Er macht als 18-Jähriger einen Schulausflug in die Berge. Zwei Mädchen beschuldigen ihn, sie früher sexuell belästigt zu haben. Es findet eine Verhandlung statt, in der alle Lehrer und Schüler die Hand heben und ihn für schuldig befinden. Seine Deutung: Die Mädchen müssen für die Mutter stehen, denn er hat sie früher sexuell belästigt, indem er sie beispielsweise in den Hintern oder die Brust zwickte, um sie zu ärgern. Diese Praktiken hat er seit einiger Zeit aufgegeben. Durch das Stilllegen der Landwirtschaft hat er weniger Frustrationen und ist ruhiger geworden. Auch die Mutter hatte früher mehr Anlass zum Schimpfen (wegen Aufsuchen von Prostituierten etc.), aber Josef hat dieses Vergnügen jetzt aufgegeben. So verläuft die Interaktion Mutter–Sohn ruhiger und friedlicher. Deswegen braucht Josef dieses Ventil (Mutter belästigen) nicht mehr. Auf meine Intervention, dass er dabei ist, in sich selbst Ordnung zu schaffen, antwortet der Patient: »Ja, wir haben viel erreicht. Früher habe ich mich gegen das, was die Mutter sagte (auch Alltägliches), schlecht wehren können und habe dagegen ›Denksätze‹ gebraucht. Ich habe es nicht für möglich gehalten, dass ich diese jemals aufgeben werde. Aber ich brauche sie nicht mehr. Ich kann mich besser schützen, die Bemerkungen der Mutter dringen nicht tief und nachhaltig in mich ein« (= bessere Subjekt-Objekt-Trennung). Früher hat beispielsweise die Mutter zum Kater Fettsack gesagt, Josef hat es sofort auf sich bezogen und darunter gelitten. »Wir haben etwas zuwege gebracht – an der äußeren Situation hat sich nicht viel geändert, wohl aber an der innerseelischen«, kommentiert Josef in der Stunde – er müsse nicht mehr soviel leiden.

Was bis zu diesem Zeitpunkt allerdings noch nicht zur Sprache kommt, ist der Problembereich der Homosexualität. Die Belästigung, die ihm die beiden Mädchen in seinem Traum vorwerfen, ist an sich nicht destruktiv. Es stellt kein böses Verbrechen dar. Josef hat keine »schlimmen« Sachen mit Frauen getrieben. Im Traum erfolgt eine Verschiebung – Mädchen werden hergenommen, wo auf einer anderen Ebene eigentlich Buben oder Männer gemeint sind, was eine Verdrängung der homophilen Neigungen darstellt.

Interessant erscheint im Traum die Tatsache, dass die Verhandlung auf einem Ausflug stattfindet. Der Ausflug stellt eine Situation dar, in der eher eine Annäherung möglich ist. Aber das Über-Ich ist noch recht destruktiv, da alle gegen ihn sind. Als 18-Jähriger besucht Josef die Fachoberschule für Landwirtschaft – in der Klasse sind überwiegend Buben. Im Traum übersetzt heißt es: Seine männlichen Anteile (Lehrer und Buben) helfen ihm bei der Verhandlung nicht, da alle gegen ihn sind. Darin erkennt man auch ein Stück masochistisches Verhalten, weil er sich von allen abgelehnt fühlt.

In einem Zeitraum von mehreren Wochen klagt Josef über nächtliche Sinnestäuschungen. Mitten in der Nacht wacht er auf und sieht, wie sich vermummte Verbrecher auf dem Balkon bewegen und hat Angst, diese könnten ins Zimmer eindringen. Dieses »Erlebnis« wird kunsttherapeutisch angegangen. Zwei vermummte dunkle Gestalten sind bis zu den Hüften sichtbar vor dem Balkonfenster. Eine davon hält eine Pistole in der Hand (s. Bild 17, Seite 207).

Nachdem die Zeichnung in meiner Anwesenheit entsteht, besprechen wir, wie es möglich sein könnte, die zwei Gestalten zu entmummen. Daraufhin zeichnet Josef zwei junge Männer auf Pauspapier (Bild 18, Seite 207).

Während des darauf folgenden Gesprächs »entdeckt« Josef plötzlich, dass es sich bei dem brünetten Mann, um A., bei dem blonden, um R. handelt – zwei junge Mieter bei ihm auf dem Hof, die ihn am Tag davor geneckt haben, er solle ihnen viel Geld schenken. Durch ihre »kindischfrechen« Forderungen hat sich mein Patient belästigt gefühlt. Den blonden R. erlebt Josef als Machotyp, daher die »männliche Pistole« in der Hand, durch die er sich bedroht fühlt. Anschließend ist es möglich, gemeinsam Bewältigungsstrategien bei künftigen »Neckereien« der beiden Männer zu entwickeln. In der Folgezeit tauchen die beiden Mieter als »Einbrecher« in die Ich-Grenzen von Josef nicht mehr auf.

An einem Sonntag im November hat Josef Geburtstag. Das Geschenk, das er sich von mir wünscht, ist eine Sitzung an diesem Tag, nachdem seine Freitagsstunde wegen eines Kongresses ausfallen muss.

Josef erzählt einen Traum: Der siebenjährige Josef und sein Freund fahren in die Schweiz zu Professor Benedetti. Sie kommen in sein luxuriöses Haus und möchten eine Therapie bei ihm durchführen. Herr Benedetti ist verwundert darüber, dass die zwei kleinen Jungen den weiten Weg zu ihm gemacht haben, lehnt aber die Therapie höflich ab. Als Begründung macht er die Tür seines Arbeitszimmers auf, in dem Hunderte von Patienten warten. Der Professor gibt ihnen aber die Adresse seiner Frau, die im Ort »Wunderdepp« wohne und ebenfalls Therapeutin sei. Die beiden Jungen wenden sich an sie. Frau Benedetti wohnt in einem großen Jugendstilhaus, das in die Jahre gekommen ist. Es ist etwas renovierungsbedürftig, beispielsweise muss der Putz erneuert werden. Aber die Therapeutin nimmt die beiden Suchenden freundlich auf und ist mit der Durchführung der Therapie einverstanden.

Nach der Traumerzählung will ich selbst verwundert von Josef wissen, wie er dazu kommt, von Benedetti zu träumen. Ich bekomme zur Antwort, dass ich vor längerer Zeit geäußert habe, dass Benedetti intensiv mit seinen Patienten arbeite und ich mich als seine Schülerin verstehe. Ich traue meinen Ohren nicht und vergewissere mich, ob ich erwähnt hätte, dass ich diese Tage Herrn Benedetti persönlich gesprochen habe. Nein, sagt Josef, ich hätte nur gesagt, dass ich am Freitag unseren üblichen Termin nicht einhalten kann. Ich habe also die Woche davor mit keinem Wort erwähnt, dass ich Herrn Benedetti über Josef berichtet hatte. Sein Unbewusstes hat offensichtlich auf nichtkognitivem Weg meine bewussten und unbewussten Regungen in Bezug auf Benedettis Person wahrgenommen und hat sich über mein Gespräch mit Herrn Benedetti Einlass in »das Haus von Benedetti« verschafft.

Die zwei Jungen sieht Josef als zwei kindliche Aspekte seiner selbst, die Therapie brauchen. Frau Benedetti im Traum ist logischerweise Frau Müller-Spahn, interpretiert er. Das Jugendstilhaus, in dem anschließend behandelt wird, ist die soziotherapeutische Abteilung der Klinik, es könnte aber auch Frau Müller-Spahn selbst sein, denn sie (*ich*) würde in letzter Zeit etwas müde, bleich und erholungsbedürftig ausschauen. Der Ort »Wunderdepp« ist Josef selbst, glaubt er. Es spiegelt die unterschiedlichen Verfassungen des Patienten. Manchmal macht er große Fortschritte in der Therapie, was ihm selbst als Wunder vorkommt, manchmal fühlt er sich wie ein »Idiot«, kann kein Wort herausbringen und »tut« sich schwer, seine Gedanken in Gang zu bringen. Das Haus von Herrn Benedetti im Traum ist luxuriöser als das von Frau Benedetti; es ist anzunehmen, dass die therapeutischen Möglichkeiten vom Professor deutlich größer sind, führt der Patient weiter aus.

Ich möchte diese Kasuistik (wir sind dabei, die Therapie allmählich erfolgreich zu beenden) ebenfalls mit Gaetano Benedetti abschließen. Für ihn stellt die Psychose eine Identitätsstörung dar, die er mit Vernichtung (= Verlust der Unterscheidungsfähigkeit zwischen Selbst und Nicht-Selbst) gleichsetzt. Benedetti setzt sich damit auseinander, wie sich die Psychose in der Gegenwart der therapeutischen Beziehung manifestiert. Er betrachtet die innere Realität als das entscheidende Element. Durch die Öffnung des therapeutischen Selbst für den dualen Raum wird die Psychopathologie progressiv gestaltet. »Intrapsychische Kohärenz wird … vom Kranken nicht nur über den Weg der rationalen Deutung, sondern auch über Introjizierung kohärenter Partnerobjekte vollzogen … Er durchlebt Symbiosen mit dem Therapeuten, in denen ursprünglich gefährliche Erlebnisse der Verschmelzung mit negativen Mächten eine mitmenschliche ›Transkription‹ erfahren, so dass Ich-Entgrenzungen in einem dualen, ich-konstituierenden Rahmen neu gefasst werden« (Benedetti 1983, S. 308f.)

In seinem Buch »Botschaft der Träume« spricht Gaetano Benedetti vom »dualen« Unbewussten (1998). Er beschreibt es als eine psychische Instanz, die dann auftaucht, wenn sich »zwei Menschen im Modus der Gefährdung erkennen« (1998, S. 127).

Ursprünglich liegt die Gefährdung des Patienten sowohl in seiner innerseelischen Erschütterung als auch in deren Widerspiegelung im sozialen Umfeld. Durch die Identifikation des Therapeuten mit dem Erlebten des kranken Menschen und durch die Verinnerlichung dessen Bilderwelt kommt es allerdings auch zu einer »Gefährdung des Analytikers«. So entstehen nach Benedetti (1992) Symmetrien und Symbiosen zwischen den Selbst-Systemen beider Partner. Dieses neu geschaffene duale Erleben beeinflusst auf subtile und nicht immer rational fassbare Weise die weitere Entwicklung der Therapie. Es ist wichtig, diese besonderen Verflechtungen in der dyadischen Beziehung nicht nur zu erkennen, sondern auch positiv und kreativ für den therapeutischen Fortgang zu nutzen, bis die erhoffte Selbstfindung des Patienten einsetzt. Josefs Traum und mein reales Erlebnis ist ein gutes Beispiel für diese Symmetrie, in der sich zeigt, wie das duale Unbewusste als ein gelungenes Übergangssubjekt erscheinen kann.

Bilder aus der Kunsttherapie

Bild 1

Bild 2

Bild 3

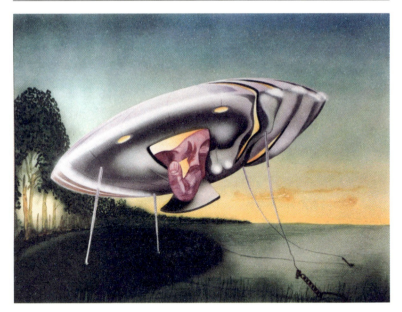

Bild 4

Bild 5

Bilder aus der Kunsttherapie

Bild 6

Bild 7

Bilder aus der Kunsttherapie

Bild 8

Bild 9

Bild 10

Bild 11

Bild 12

Bild 13

Bilder aus der Kunsttherapie

Bild 14

Bild 15

Bild 16

Bilder aus der Kunsttherapie

Bild 17

Bild 18

Zusammenfassung

Die komplexe Thematik, der weit gespannte Bogen von der Symbolik über Theorie und Interpretation des Traums bis hin zur modifizierten psychoanalytischen Behandlung psychotischer Menschen macht eine adäquate Zusammenfassung nicht leicht. Es ist mein Anliegen darzustellen, dass den Mythen eine universelle Symbolik zugrunde liegt, die sich mit den wichtigsten Fragen der Menschheit befasst. Meinem Interesse und meiner Vorliebe folgend, möchte ich mit der griechischen Mythologie beginnen. Die alten Griechen sind Meister, das Unbewusste mit Hilfe von Symbolen zu beschreiben. So schaffen sie in ihrer Götterwelt eine Vielzahl von Personen, bei denen sämtliche positiven und negativen (schwachen) menschlichen Charakterzüge vertreten sind – eine Welt des Geistes und der Materie, des Gefühls und Intellekts. Die zu bestehenden Abenteuer führen die Gottheiten und Helden zur Wiederentdeckung der eigenen Seele mit ihrem unbewussten Anteil und somit zur höheren Erkenntnis. Die bildhaften Darstellungen des Mythos bringen also universelle Themen zum Ausdruck.

Mythen, Märchen, Sagen und Träume sprechen durch ihre Bilder. Ihre gemeinsame Symbolsprache dringt auf direktem Weg in das menschliche Unbewusste ein. Die Symbolisierungsfähigkeit ist eine komplexe Ich-Funktion. Jede Kommunikation wird mit Hilfe von Symbolen durchgeführt – die Symbolbildung entscheidet über die Kommunikationsfähigkeit des Menschen. Sie setzt lebenswichtige Prozesse in Gang und ermöglicht den Austausch von Innen- und Außenwelt, gestaltet die Beziehung zwischen Subjekt und Objekt und integriert die infantilen, emotionalen Erfahrungen in späteren, gefühlshaften Erlebnissen.

Nach Freuds Begründung der Symbollehre entwickeln sich im Laufe des letzten Jahrhunderts verschiedene psychoanalytische Symboltheorien. Während die frühe Symbolschule das Symbol restriktiv unter dem Aspekt des Verdrängten betrachtet, ist es für die andere Richtung eine kreative, komplexe, vom Ich mit gestaltete, menschliche Erkenntnisleistung.

Zusammenfassung

Verschiedene moderne Philosophen setzen sich ebenfalls mit dem Mythos und seinem Ausdrucksmittel, dem Symbol auseinander. Cassirers erkenntnistheoretischer Ansatz versteht die »Symbolische Form« als sinnfällige Manifestation geistiger Inhalte. In seinem Sinne wird die Geistesgeschichte als Symbol gestaltender Ideenprozess aufgefasst. Die präsentativen, symbolischen Formen von Mythos, bildender Kunst und Musik sind für Langer (1942) ein logisches Bild der Emotionen und somit eine Leistung des menschlichen Geistes. Auch für Eliade gehören das Symbol, Mythos und Bild zur Substanz des geistigen Lebens. Blumenberg versteht die Imagination als Indikator eines sich wandelnden Wirklichkeitsverständnisses.

In der pythagoreischen Idee der kosmischen und weltlichen Ordnung bilden Gegensätze wie Hell und Dunkel, Gut und Böse eine konstituierende Kraft, denen Zahlenkombinationen zugeordnet werden. Farben als Symbole stellen eine bevorzugte Ausdrucksform des Unbewussten dar und sind nach Jung archetypische Kräfte, die den Gegenständen Sinnhaftigkeit vermitteln können. Durch ihre archetypische Qualität können Farben verschiedene, sowohl positive wie negative Stimmungen und Verfassungen anschaulich widerspiegeln.

Im antiken Griechenland wird auch der Traum mit seinem symbolischen Gehalt verständlicherweise ernst genommen. Er gilt zum einen als »göttlicher« Hinweis, der Gefahren ankündigt oder Positives antizipiert. Zum anderen wird er als eine Art therapeutisches Instrument verstanden, durch das man heilend einwirken kann (z. B. im »Abaton« von Asklepieion).

Im 20. Jahrhundert beschreiten Traumtheorie und Trauminterpretation neue Wege. Die Trauminhalte werden als Bildersprache der Seele entdeckt, der latente Gedanken vom manifesten Traum unterschieden.

Das Unbewusste wird als ein großes Reservoir an Symbolen verstanden, aus dem der Traum gespeist wird, er stellt somit eine mehrdimensionale Schöpfung der Psyche dar. Seit der Zeit der Ich-Psychologie gilt der Traum nicht mehr als Es-Leistung. Als Ergebnis der verschiedenen inneren Kräften ist er das Produkt einer komplexen Ich-Leistung auf hohem Niveau. Die moderne Trauminterpretation umfasst mehrere Ebenen. Je nach Niveau der Persönlichkeitsorganisation unterscheidet sich der psychoanalytische Umgang mit Träumen. Wenn der Klient eine ausgereifte Ich-Struktur besitzt, geht der Therapeut klassisch vor. Der Träumer wird angehalten zu assoziieren, kontrolliert zu regredieren und zu früheren Entwicklungsphasen samt ihrer affektiven Erlebnisweisen hingeführt. Unbewusstes Material wird gefördert und die verdrängten Konflikte offenbaren sich durch den latenten Traumgedanken. Bei den frühen Störungen stehen die strukturellen Mängel, die aufgrund der unreifen Abwehr nicht verdrängt werden können, sowie die Schwäche des Sekundärprozesshaften im Vordergrund. Eine regressionsfördernde Vorgehensweise würde das schwache Ich einer Überflutung durch primärprozesshafte Inhalte aussetzen. Hier ist der Therapeut gefordert, sich mit seiner ganzen Person einzubringen und zunächst Containerfunktion von unerträglichen Gefühlen zu übernehmen. Durch das Annehmen dieser Emotionen und deren Deutung verändert sich die Patientenbeziehung und macht einer langsamen, allmählichen Integration abgespaltener Selbst- und Objektbeziehungsanteile Platz.

Anhand von kasuistischen Beispielen wird im letzten Teil des Buches ein modifiziertes psychoanalytisches Verfahren zur Behandlung von psychotischen Störungen dargestellt.

Ich hoffe, es ist mir gelungen, die psychotische Symptomatik als eine Form der Krisenbewältigung darzustellen. Die produktiven Symptome können als eine Kompromissbildung im Sinne einer Reaktion auf einen reaktualisierten Entwicklungskonflikt, analog zur Neurose, verstanden werden.

Die mangelnde basale Fähigkeit, in einen lebendigen Austausch mit Mitmenschen zu treten, sich zu öffnen und etwas annehmen zu können, kombiniert mit der Unfähigkeit, sich abzugrenzen und das Gefühl für die eigene Identität zu bewahren, bedingt das innerseelische Dilemma. Der schizophrene Mensch lebt nicht auf dem Boden der Realität, sondern in seiner Traum-Welt. Hier ist das Charakteristikum der schizophrenen Gefährdung in der Aufspaltung einzelner Seinsfragmente zu suchen. Deswegen bleiben wir als Therapeuten zunächst im Vordergrund der Symptome und Ängste. Es bedeutet, dass wir uns längere Zeit auf der symbolhaften Ebene bewegen, die gebotenen Bilder und symbolhafte Sprache übernehmen, statt sie zu deuten und auf kausale Aspekte zurückzuführen. Denn damit kann der psychotische Kranke nur wenig anfangen. Die beiden dargestellten Kasuistiken von Bernd und Josef zeigen nur zu deutlich, wie sehr der therapeutische Erfolg davon abhängt, wie verständlich der gebotene, symbolträchtige Kommunikationsstil für den Patienten ist, damit er ihn auch richtig dechiffrieren kann. Auf jedem Persönlichkeitsorganisationsniveau (psychotisch, Borderline, neurotisch oder gesund) ist und bleibt das Unbewusste hochproduktiv und schafft sich seine universelle wie auch persönliche Symbolik. Je ausgeprägter die strukturellen Mängel sind, desto mehr tritt die verbale Sprache in den Hintergrund. Umso wichtiger ist es deshalb für den Therapeuten, das gebotene bildhafte Material und die

Inszenierung der therapeutischen Geschichten zu entziffern und richtig zu beantworten.

Die psychoanalytische Behandlungstechnik bei Psychosen möchte widersprüchliche zwischenmenschliche Beziehungsmuster verändern. Sie erreicht dies, indem sie die Spaltungsvorgänge verringert und eine bessere Differenzierung von Selbst- und Objektrepräsentanzen ermöglicht. Das Ergebnis resultiert in einer besseren Ambivalenztoleranz und in einer gesteigerten Fähigkeit zur Realtitätsprüfung, welche sich positiv auf die zwischenmenschliche Kommunikation auswirkt.

Profunde Kenntnisse der Symbolkunde und das Verständnis der introjektiv-projektiven Übertragung bilden das Fundament dieses speziellen psychoanalytisch orientierten Settings. In diesem therapeutischen Klima wird es dem Patienten ermöglicht, in seinem ganz individuellen Tempo, all die unzähligen, kleinen therapeutischen Situationen und Stationen zu durchlaufen, Deutungen anzunehmen und integrierende Erfahrungen zu machen.

Kommentar zum Buch

Die Anwendung des bildhaft Anschaulichen und der Metaphorik innerhalb der psychoanalytischen Therapietechnik hat erst in den letzten Jahren eine breitere Akzeptanz gefunden. Wir wissen heute, dass sonst unüberwindliche defensive kommunikative Barrieren zwischen Therapeuten und Patienten dadurch gelockert werden können, weil es mit Hilfe dieser Mittel gelingt, den Patienten über andere als die üblichen Kanäle zu erreichen. Je mehr man aber begann, die großen Vorteile eines solchen Vorgehens zu schätzen, desto deutlicher wurde, dass in der psychoanalytischen Ausbildung ein gewisser Mangel an theoretischen Kenntnissen und praktischen Erfahrungen auf diesem Gebiet besteht, was auch die spätere therapeutische Kompetenz des selbständigen Behandlers beeinträchtigen dürfte. Gerade aus diesem Grund ist es sehr zu begrüßen, dass es Frau Müller-Spahn mit ihrem Buch gelungen ist, diesen Mangel zu beheben und die hier bestehende Lücke zu schließen. Bei diesem Buch handelt es sich nämlich um eine ausgewogene Mischung aus einer theoretischen Einführung (gleichsam eine Propädeutik) im Bereich der Mythen-, Zahlen-, Farben- und Traumsymbolik einerseits und der Illustration der praktischen Anwendung dieses symbolischen Verstehens bei der psychotherapeutischen Arbeit – besonders bei psychotischen Störungen – andererseits. Diese gelungene Vermittlung von wichtigen Kenntnissen und diese Präsentation von wertvollen eigenen Erfahrungen wird jedem auf diesem Gebiet tätigen Psychotherapeuten von großem Nutzen sein.

Prof. Dr. Stavros Mentzos

Literatur

Abelin, E. L. (1975): Some Further Observations on the Earliest Role of the Father. Int. J. Psychoanal. 56: 293–302.
Abraham, K. (1909): Traum und Mythos – Eine Studie zur Völkerpsychologie. Clinical Papers, London. In: Cremerius, J. (Hg.): Psychoanalytische Studien zur Charakterbildung und andere Schriften. Frankfurt a. M. 1969.
Adam, K.-U. (2000): Therapeutisches Arbeiten mit Träumen. Berlin u. a.
Altman, L. (1994): Praxis der Traumdeutung. Frankfurt a. M.
Arieti, S. (1955): Interpretation of Schizophrenia. New York
Bachofen, J. J. (1861): Das Mutterrecht. Basel.
Battegay, R. (1971): Psychoanalytische Neurosenlehre – Eine Einführung. Frankfurt a. M. 1986.
Baumann, H. (1959): Mythos in ethnologischer Sicht. Stud. gen. 12.
Benedetti, G. (1983): Todeslandschaften der Seele. Göttingen.
Benedetti, G. (1992): Psychotherapie als existentielle Herausforderung. Göttingen.
Benedetti, G. (1998): Botschaft der Träume. Göttingen.
Benedetti, G.; Peciccia, M. (1994): Das progressive therapeutische Spiegelbild. In: Schottenloher, G. (Hg.): Wenn Worte fehlen, sprechen Bilder. München.
Binswanger, L. (1994): Ausgewählte Werke, 4 Bde. Bd. 4: Der Mensch in der Psychiatrie. Heidelberg.
Bion, W. R. (1954): Notes on the Theory of Schizophrenia. Int. Jour. Psycho-Anal. 35: 113–118.
Bion, W. R. (1962): Eine Theorie des Denkens. Psyche 17: 426–435.
Bion, W. R. (1967): Second Thoughts: Selected Papers on Psycho-analysis. London.
Bion, W. R. (1970): Attention and Interpretation: A Scientific Approach to Insight in Psychoanalysis and Groups. London.
Bion, W. R. (1990): Learning from Experience. London (Dt.: Lernen durch Erfahrung. Frankfurt a. M.)
Blanck, G.; Blanck, R. (1974): Ego Psychology: Theory and Practice. Columbia.
Blumenberg, H. (1996): Arbeit am Mythos. Frankfurt a. M.
Boyer, L. B.; Giovaccini P. L. (1967): Psychoanalytic treatment of schizophrenic and characterological disorders. New York.
Brenner, C. (1976): Psychoanalytic Technique and Psychic Conflict. New York. In: Brenner, C.: Praxis der Psychoanalyse. Frankfurt a. M., 1982.
Campbell, J. (1949): The Hero with a Thousand Faces. New York. (Dt.: Der Heros in tausend Gestalten. Frankfurt a. M. 1978).

Campbell, J. (1969): Der Flug der Wildgans. München 1994.
Campbell, J. (1985): The Inner Reaches of Outer Space. New York. (Dt.: Die Mitte ist überall. München 1992).
Cassirer, E. (1953): Philosophie der symbolischen Formen. Bd. I–III. Darmstadt.
Ciompi, L. (1982): Affektlogik. Stuttgart.
Cremerius, J. (1979): Gibt es zwei psychoanalytische Techniken? Psyche 40: 577–599.
Creuzer, G. F. (1836): Symbolik und Mythologie der alten Völker, besonders der Griechen. Bd. I–IV. Leipzig u. Darmstadt, 1942.
Dornes, M. (1993): Der kompetente Säugling. Frankfurt a. M.
Eckes-Lapp R. (1980): Psychoanalytische Traumtheorie und Trauminterpretation. Göttingen.
Eckes-Lapp R. (1983): Ich-psychologische Aspekte des Traums. In: Ermann, M. (Hg.): Der Traum in Psychoanalyse und analytischer Psychotherapie. Heidelberg.
Eliade, M. (1952): Ewige Bilder und Sinnbilder. Frankfurt a. M. 1998
Eliade, M. (1961): Mythen, Träume und Mysterien. Salzburg.
Eliade, M. (1980): Die Schöpfungsmythen. Darmstadt.
Eliade, M. (1984): Kosmos und Geschichte. Der Mythos der ewigen Wiederkehr. Frankfurt a. M.
Endres, F. C.; Schimmel, A. (1984): Das Mysterium der Zahl. München 1996.
Erikson, E. H. (1954): Das Traummuster der Psychoanalyse. Psyche IX/1955: 561–604.
Erikson, E. H. (1956): The Problem of Ego-Identity. In: Jour. Am. Psychoanal. Ass. 4: 56–121
Ermann, M. (Hg.) (1983): Der Traum in Psychoanalyse und analytischer Psychotherapie. Heidelberg.
Ermann, M. (Hg.) (1996): Die hilfreiche Beziehung in der Psychoanalyse. 2. Aufl. Göttingen.
Fairbairn, W. R. D. (1941): A Revised Psychopathology of the Psychosis and Neuroses. Int. Jour. Psycho-Anal. 22: 250–279.
Fairbairn, W. R. D. (1952): Psychoanalytical Studies of the Personality. London.
Fenichel, O. (1932): Psychoanalytische Neurosenlehre. Frankfurt a. M. 1983.
Fox, W. S. (1944): Greek and Roman Mythology. Mythology of all Races, Bd. I. New York.
Freud, A.: Das Ich und die Abwehrmechanismen. Frankfurt a. M. 1984.
Freud, S.: Gesammelte Werke I. IMAGO Publishing, London 1942
Freud, S. (1900): Gesammelte Werke II/ III: DieTraumdeutung. Über den Traum. IMAGO, London 1942
Freud, S. (1905): Gesammelte Werke V: Drei Abhandlungen zur Sexualtheorie.
Freud, S. (1908): Gesammelte Werke VII: Der Dichter und das Phantasieren.
Freud, S. (1912): Gesammelte Werke VIII: Zur Dynamik der Übertragung.
Freud, S. (1916–17): Gesammelte Werke XI: Vorlesungen zur Einführung in die Psychoanalyse.
Freud, S. (1923): Gesammelte Werke XIII: Das Ich und das Es.
Freud, S. (1926): Gesammelte Werke XIV: Hemmung, Symptom und Angst.
Freud, S. (1932): Gesammelte Werke XV: Neue Folgen der Vorlesungen zur Einführung in die Psychoanalyse. Revision der Traumlehre. IMAGO, London 1944.
Fromm, E. (1957): Märchen, Mythen, Träume. Reinbek 1981.

Fromm, E. (1981): Sigmund Freuds Psychoanalyse – Größe und Grenzen. Stuttgart 1982.
Fürstenau, P. (1977): Die beiden Dimensionen des psychoanalytischen Umgangs mit strukturell Ich-gestörten Patienten. Psyche 31: 197–207.
Greenson, R. R. (1967): Technik und Praxis der Psychoanalyse. Stuttgart 1981.
Grotjahn, M. (1977): Die Sprache des Symbols. München.
Hartmann, H. (1939): Ich-Psychologie und Anpassungsproblem. Psyche 14: 81–164.
Hoffmann, S. O.; Hochapfel, G. (1984): Einführung in die Neurosenlehre und Psychosomatische Medizin. Stuttgart.
Horkheimer, M.; Adorno, T. W. (1947): Dialektik der Aufklärung: Philosophische Fragmente. Amsterdam.
Jacobi, J. (1977): Die Psychologie von C. G. Jung. Frankfurt a. M.
Jacobi, J. (1969): Vom Bilderreich der Seele. Olten 1992.
Jacobsen, E. (1967): Psychotischer Konflikt und Realität. Frankfurt a. M. 1972.
Jacobsen, E. (1964): The Self and the Object World. New York.
Jones, E. (1918): Die Theorie der Symbolik. Internationale Zeitschrift für ärztliche Psychoanalyse V, 1919.
Jung, C. G. (1935): Über Grundlagen der analytischen Psychologie. Frankfurt a. M. 1975.
Jung, C. G. (1954): Von den Wurzeln des Bewusstseins. Zürich
Jung, C. G. (1981): Welt der Psyche. München.
Kächele, H. (1988): Bewältigung und Abwehr: Beiträge zur Psychologie und Psychotherapie schwerer körperlicher Krankheiten. Berlin u. a.
Kast, V. (1990): Die Dynamik der Symbole. Olten.
Klein, M., (1930): The Importance of Symbol Formation in the Development of the Ego. Int. Jour. of Psy. Anal. 11. (auch in: The Writings of Melanie Klein. Bd. I, S. 219–232)
Kemper, W. (1977): Der Taum und seine Be-Deutung. München.
Kerényi, K. (1951): Die Mythologie der Griechen. Die Götter- und Menschheitsgeschichten. Zürich.
Kerényi, K. (1958): Die Mythologie der Griechen. Die Heroen-Geschichten. Zürich.
Kernberg, O. F. (1975): Bordeline Conditions and Pathological Narcissism. New York. (Dt.: Borderline Störungen und pathologischer Narzissmus. Frankfurt a. M. 1983)
Kernberg, O. F. (1988): Innere Welt und äußere Realität. München.
Kernberg, O. F. (1989): Objektbeziehungen und Praxis der Psychoanalyse. Stuttgart.
Kernberg, O. F. (1993): Psychodynamische Therapie bei Borderline-Patienten. Bern.
Kocicka, F. (1984): Das Magische in uns. München.
Kohut, H. (1979): Die Heilung des Selbst. Frankfurt a. M.
Kranz, W. (1912): Die älteste Farbenlehre der Griechen. Hermes 47 – Zeitschrift für Klassische Philosophie: 126ff.
Kranz, W. (1941): Die griechische Philosophie. Birsfelden-Basel 1955.
Kris, E. (1946): Regression in the Service of the Ego. The Yearbook of Psychoanalysis. London.
Langer, S. (1942): Philosophy in a New Key. (Dt.: Philosophie auf neuem Wege. Frankfurt a. M. 1965)

Lazar, R. A. (1990): Supervision ist unmöglich! Wilfred R. Bions Modell »Container-Contained«: Seine Relevanz und Anwendung in der Supervision von Einzelnen und Gruppen. In: Pühl, H. (Hg.): Handbuch der Supervision: Beratung und Reflexion in Ausbildung, Beruf und Organisation. Berlin, S. 371–394.
Lazar, R. A. (1993): »Container-Contained« und die »helfende« Beziehung. In: Ermann, M. (Hg.): Die hilfreiche Beziehung in der Psychoanalyse. Göttingen, S. 68–91.
Lempp, R. (1973): Psychosen im Kindes- und Jugendalter – eine Realitätsbezugsstörung. Eine Theorie der Schizophrenie. Bern.
Leuner, H. (1985): Lehrbuch des katathymen Bilderlebens (katathym-imaginative Psychotherapie). Bern.
Lévy-Bruhl, L. (1923): Primitive Mentality. New York.
Lévy-Bruhl, L. (1926): How Natives Think. London.
Lorenzer, A. (1974): Die Wahrheit der psychoanalytischen Erkenntnis: Ein historisch-materialistischer Entwurf. Frankfurt a. M.
Lorenzer, A. (1970): Kritik des psychoanalytischen Symbolbegriffs. Frankfurt a. M.
Lurker, M. (1990): Botschaft der Symbole. München.
Maeder, A. E. (1908): Die Symbolik in den Legenden, Märchen, Gebräuchen und Träumen. Psychiatrisch-Neurolog. Wochenschr., X. Jg.
Maeder, A. E. (1910): Zur Entstehung der Symbolik im Traum, in der Dementia praecox, etc. Zentralblatt f. Ps.-A. I/1911.
Maeder, A. E. (1912): Über die Funktion des Traums. Jahrb. f. psychoanalyt. Forsch. IV.
Mahler, M. (1975): Die psychische Geburt des Menschen. Frankfurt a. M. 1980.
Malinowski, B. (1925): Komplex und Mythos unter dem Mutterrecht. Psyche, Jan.
Mentzos, S. (1989): Neurotische Konfliktverarbeitung. Frankfurt a. M.
Mentzos, S. (1991): Psychodynamische Modelle in der Psychiatrie. Göttingen.
Mentzos, S. (Hg.) (1992): Psychose und Konflikt. Göttingen.
Mertens, W. (1992): Psychoanalyse. Stuttgart.
Morgenthaler, F. (1990): Der Traum – Fragmente zur Theorie und Technik der Traumdeutung. Frankfurt a. M.
Neumann, E. (1956): Die große Mutter. Zürich.
Nietzsche, F. (1871): Die Geburt der Tragödie. Stuttgart 1955
Otto, W. F. (1955): Die Gestalt und das Sein. Darmstadt 1974.
Piaget, J. (1945): Problem der Entwicklungspsychologie. Frankfurt a. M. 1993.
Preller, L. (1854): Griechische Mythologie I. Theogonie und Götter. Leipzig.
Racker, H. (1978): Übertragung und Gegenübertragung: Studien zur psychoanalytischen Technik. München.
Rank, O. (1909): Der Mythos von der Geburt des Helden. Leipzig/Wien.
Ranke-Graves, R. (Graves, R.) (1960): Griechische Mythologie, Bd. I u. II. Reinbek.
Rapaport, D. (1967): The Conceptual Model of Psychoanalysis. New York.
Rapaport, D. (1967): The Theory of Ego Autonomy. New York.
Rapaport, D. (1967): On the Psychoanalytic Theory of Motivations. New York.
Rapaport, D.; Gill M. (Hg.) (1967): The Autonomy of the Ego. New York.
Riedel, I. (1983): Farben in Religion, Gesellschaft, Kunst und Psychotherapie. Stuttgart.
Riedel, I. (1988): Bilder in Therapie, Kunst und Religion. Stuttgart.
Rohde-Dachser, C. (1979): Das Borderline-Syndrom. Bern 1995.

Rohde-Dachser, C. (1983): Träume in der Behandlung von Patienten mit schweren Ich-Störungen. In: Ermann, M. (Hg.): Der Traum in Psychoanalyse und analytischer Psychotherapie. Heidelberg.
Rosenfeld, H. (1990): Sackgassen und Deutungen. München u. Wien.
Rosenfeld, H. (1989): Zur Psychoanalyse psychotischer Zustände. Frankfurt a. M.
Schafer, R. (1968): Aspects of internalization. New York.
Scharfetter, Ch. (1990): Schizophrene Menschen. München.
Schilling, I., Schilling G. (1996): Symbolsprache Farben. München.
Schmidbauer, W. (1999): Mythos und Psychologie. München.
Schultz-Hencke, H. (1968): Lehrbuch der Traumanalyse. München.
Schwab, G. (1990): Die schönsten Sagen des klassischen Altertums. 18. Auflage. Bindlach.
Searles, H. F. (1964): Phasen der Wechselbeziehung zwischen Patient und Therapeut bei der Psychotherapie der chronischen Schizophrenie. Psyche 18: 494ff.
Segal, H. (1983): Melanie Klein – Eine Einführung in ihr Werk. Frankfurt a. M.
Segal, H. (1990): Notes on Symbol Information. Int. Jour. of Psych.-Anal. 38: 391–397. (auch in Segal, H.: Traum, Phantasie und Kunst. Stuttgart 1996)
Spillius, E. Bott (Hg.): Melanie Klein heute. Stuttgart.
Spitz, R. (1965): The First Year of Life. New York. (Dt.: Vom Säugling zum Kleinkind. Stuttgart 1992).
Treumann, R. (1997): Die Elemente. München.
Volkan, V. D. (1978): Psychoanalyse der frühen Objektbeziehungen. Stuttgart.
Volkan, V. D. (1992): Eine Borderline-Therapie. Göttingen.
Winnicott, D. W. (1965): Reifungsprozesse und fördernde Umwelt. Frankfurt a. M. 1993.
Winnicott, D. W. (1969): Kind, Familie und Umwelt. München.
Wundt, W. (1910): Völkerpsychologie. Bde. 4-6, Mythos und Religion. Leipzig 1922.
Wundt, W. (1913): Grundriss der Psychologie. Leipzig.
Zauner, J. (1983): Der Traum, ein Stiefkind der heutigen Psychoanalyse? In: Ermann, M. (Hg.): Der Traum in Psychoanalyse und analytischer Psychotherapie. Heidelberg.
Zimmer, H. (1946): Myths and Symbols in Indian Art and Civilisation. In: Campbell, J. (Hg.): The Bollington Series VI. New York, S. 3f.

Danksagung

Zuerst möchte ich mich bei all den Patienten bedanken, die mir erlaubt haben, nicht nur ihre Falldarstellungen, sondern auch Persönliches und Intimes zu veröffentlichen.

Ebenso gilt mein Dank den Zuhörern meiner Seminare, Workshops und Vorlesungen, die mich immer wieder angespornt haben, meine Erfahrungen zur Symbolik, Traumdeutung und zum Umgang mit psychischen Störungen schriftlich niederzulegen.

Peter Buchheim und seine Frau Marianne halfen mir durch ihre Anregungen und Unterstützung, dass ich Ende der 70er Jahre unter den biologisch orientierten Kollegen an der Psychiatrischen Universitätsklinik München meinen Weg in die Tiefenpsychologie finden durfte. Auf Diesem gelangte ich schließlich auch zu Hanscarl Leuner, der mich nicht nur K.I.P. (katathym-imaginative Psychotherapie) lehrte, sondern auch meine Begeisterung für die Symbolkunde und für jungianisches Gedankengut weckte.

Meine tiefe Dankbarkeit gilt Frau Elisabeth Marx, die mich mit sanfter und sicherer Hand durch die Klippen der Lehranalyse führte. Als Supervisorin ließ sie mich später an ihrem profunden Erfahrungsschatz in der Psychotherapie mit Psychosen teilhaben und war so prägend für meinen therapeutischen Stil. Ohne ihre wertvollen Hinweise und konstruktive Kritik wäre das vorliegende Buch nicht entstanden.

Meine wissenschaftliche Arbeit mit psychotischen Störungen sehe ich auch in enger Verbindung mit dem Namen Gaetano Benedetti. Seit einem Jahrzehnt ist er mir mit seinem fachlichen Wissen, praktischen Können und seiner persönlichen Note im Umgang mit kranken Menschen ein Vorbild und Mentor gewesen. Seine spontane Bereitschaft, das Vorwort zu diesem Buch zu schreiben, macht mich sehr glücklich.

Mein Dankgefühl gilt auch meinem langjährigen Freund Wolfgang Pfau, der sich die Zeit nahm, das Manuskript zu lesen. Mit seinem Engagement und seinen kritischen Fragen sowie Gestaltungsvorschlägen und Korrektur war er ein geschätzter Gesprächspartner.

Nicht zuletzt möchte ich Frau Tomaszewski meine Anerkennung ausdrücken für ihre Mühe, das Manuskript zu schreiben.

Ein unverstandener Traum ist wie eine unerhörte Antwort

Jürgen Körner / Sebastian Krutzenbichler (Hg.)
Der Traum in der Psychoanalyse
2000. 211 Seiten mit 10 Abb., kartoniert
ISBN 3-525-45875-4

Ralf Zwiebel / Marianne Leuzinger-Bohleber (Hg.)
Träume, Spielräume I
Aktuelle Traumforschung
Psychoanalytische Blätter, Band 20.
2002. 133 Seiten mit 8 Abb. und 2 Tab., kartoniert
ISBN 3-525-46019-8

Träume, Spielräume II
Kreativität und Persönlichkeitsentwicklung
Psychoanalytische Blätter, Band 21.
2003. 143 Seiten, kartoniert
ISBN 3-525-46020-1

Holger Bertrand Flöttmann
Träume zeigen neue Wege
Systematik der Traumsymbole
2. erweiterte Auflage 2004.
340 Seiten, kartoniert
ISBN 3-525-46194-1

Christa Schmidt
Das entsetzliche Erbe
Träume als Schlüssel zu Familiengeheimnissen
2003. 176 Seiten, kartoniert
ISBN 3-525-46201-8

Gaetano Benedetti
Botschaft der Träume
Unter Mitarbeit von Elfriede Neubuhr, Maurizio Peciccia und J. Philip Zindel.
1998. 297 Seiten mit 11 Abb., kartoniert
ISBN 3-525-45803-7

Rainer Schmidt
Träume und Tagträume
Eine individualpsychologische Analyse
3., überarbeitete Auflage 2005.
231 Seiten, kartoniert
ISBN 3-525-46221-2

Christoph Werner / Arnold Langenmayr
Der Traum und die Fehlleistungen
Psychoanalyse und Empirie, Band 2.
1. Auflage. ca. 240 Seiten, kartoniert
ISBN 3-525-45006-0

Norbert Matejek / Thomas Müller (Hg.)
Symbolisierungsstörungen
Forum der Psychoanalytischen Psychosentherapie, Band 12.
2005. 104 Seiten mit 3 Abb., kartoniert
ISBN 3-525-45113-X

Vandenhoeck & Ruprecht